国家社科基金
后期资助项目
GUOJIA SHEKE JIJIN HOUQI ZIZHU XIANGMU

约翰·洛克
宽容思想研究

袁朝晖 著

社会科学文献出版社
SOCIAL SCIENCES ACADEMIC PRESS (CHINA)

图书在版编目（CIP）数据

约翰·洛克宽容思想研究 / 袁朝晖著 . -- 北京：
社会科学文献出版社，2024.5（2025.8 重印）
国家社科基金后期资助项目
ISBN 978-7-5228-3623-2

Ⅰ.①约… Ⅱ.①袁… Ⅲ.①洛克（Locke, John
1632-1704）-哲学思想-思想评论 Ⅳ.①B561.24

中国国家版本馆 CIP 数据核字（2024）第 092185 号

国家社科基金后期资助项目

约翰·洛克宽容思想研究

著　　者 / 袁朝晖

出 版 人 / 冀祥德
责任编辑 / 李期耀
文稿编辑 / 周浩杰
责任印制 / 岳　阳

出　　版 / 社会科学文献出版社
　　　　　地址：北京市北三环中路甲 29 号院华龙大厦　邮编：100029
　　　　　网址：www.ssap.com.cn
发　　行 / 社会科学文献出版社（010）59367028
印　　装 / 唐山玺诚印务有限公司

规　　格 / 开　本：787mm×1092mm　1/16
　　　　　印　张：14.5　字　数：230 千字
版　　次 / 2024 年 5 月第 1 版　2025 年 8 月第 2 次印刷
书　　号 / ISBN 978-7-5228-3623-2
定　　价 / 79.00 元

读者服务电话：4008918866

国家社科基金后期资助项目
出版说明

后期资助项目是国家社科基金设立的一类重要项目，旨在鼓励广大社科研究者潜心治学，支持基础研究多出优秀成果。它是经过严格评审，从接近完成的科研成果中遴选立项的。为扩大后期资助项目的影响，更好地推动学术发展，促进成果转化，全国哲学社会科学工作办公室按照"统一设计、统一标识、统一版式、形成系列"的总体要求，组织出版国家社科基金后期资助项目成果。

全国哲学社会科学工作办公室

缩写凡例说明

《人类理解论》——ECHU（后注部分、章、节）

例：ECHU，1.4.2，即《人类理解论》第一部分第四章第二节。

《政府论·上篇》——Ⅰ

例：Ⅰ，5，即《政府论·上篇》第五节。

《政府论·下篇》——Ⅱ

例：Ⅱ，8，即《政府论·下篇》第八节。

《宗教宽容书简》第一封信——L1

例：L1，22，即《宗教宽容书简》第一封信第 22 页（下同）。[1]

《宗教宽容书简》第二封信——L2

例：L2，72，即《宗教宽容书简》第二封信，全集第 72 页[2]（下同）。

《宗教宽容书简》第三封信——L3

《宗教宽容书简》第四封信——L4

目 录

前　言

为什么要关注宗教宽容？

为什么要研究约翰·洛克（John Locke，1632～1704）的宗教宽容思想？

因为，你或许不会和信仰相遇，但你一定会和信仰者共同生活在同一个地球上。多元，意味着承认和尊重彼此的差异，而走到这一步，并非易事，特别是在信仰领域。不得不承认，以信仰为名的暴力，有一段漫长而血腥且绵延的历史。

在21世纪，从全球的角度来看，信仰/宗教偏执、迷信、狂热、极端与暴力，以种种新的形态和"表演"的"多元"方式成为一种主要的甚至可能是最主要的犯罪与暴力的"力量"源泉。

乔纳森·斯威夫特，这位17～18世纪英国著名的讽刺作家、散文家、诗人和教士以及《格列佛游记》的作者在评论他那个时代面对的几个世纪以来因宗教名义发生的流血事件时写道："我们有足够的宗教来使我们仇恨，但却不足以使我们彼此相爱。"

从历史背景来看，宗教与国家关系问题是中世纪以来西方政治文化中的一个重要议题。

在中世纪，欧洲各国普遍实行的是教权高于王权或者教权与王权相互融合的政教合一的国家体制，宗教被理解为国家的内在形式，国家被理解为宗教的外在工具。教会自认为是神的王国，或最低限度是天国的"进阶"和"前院"，而把国家看作尘世王国，即空幻的有限的王国，从而主张国家应当以教会为目的。特别是罗马天主教廷始终力图在整个欧洲建立教权的绝对统治，一方面在精神领域用残酷的手段打击异端和异教徒，扼杀精神自由；另一方面在政治领域运用各种手段干预各国的主权和内政，试图将各个民族国家控制在自己的羽翼之下。随着文艺复兴、宗教改革和启蒙运动的相继兴起，在政治上彻底摆脱教权的控制就成为理性主义政治文化的主导倾向，信仰自由和政教分离成为启蒙运动最为重要的政治主张。

宗教自由是欧美国家标榜的一项基本原则，却有着复杂的历史。尽管过去几个世纪在推进自由方面取得了重大进展，但欧美社会也会在宗教自由的解释、实施和保护方面"挣扎"。

这些不断提醒我们，宗教自由的复杂性。

从中世纪至近代的身体制裁到 21 世纪的宗教仇恨（言论）犯罪，世界改变的只是"外衣"。在许多情况下，这种宗教犯罪往往演化或者表现为宗教、宗派或种族之间的威胁、冲突和迫害。在某些情况下，冲突的宗教、宗派和种族又大都"动态"纠缠在暴力背后的复杂力量网络中。

宗教自由是国家和宗教之间关系的核心，一些国家给予宗教少数群体一定程度的自治权力，但其实对他们的行动和活动有严格的法律和实际限制，要了解欧美社会当今宗教自由的复杂性和脆弱性，就必须知道欧美社会是如何走到这一步的，过去是什么力量阻碍了自由的发展，以及支配其最终发展的历史进程。

约翰·洛克在这一过程——英国 1688 年革命、法国大革命、美国建国[1]——中起着至关重要的、承前启后的巨大作用，如果要找寻、开启对宗教自由理解的大门，洛克或许是最重要的一把"钥匙"。

梯利在其《西方哲学史》中，引用了席勒的一句话来评价洛克：他骨子里有精华，可以持续几个世纪。"洛克的学说形成了许多思想路线的出发点，他的影响像笛卡尔一样，远远超出了他的时代和国界。"[2]尽管就洛克时代欧洲更广泛的有关"宽容"的辩论——这场辩论起源于 16 世纪，在宗教改革之后，欧洲分裂成敌对的，有时是交战的各方，并迫使各国人民思考实际问题——而言，洛克并非第一人，但洛克对自由主义传统产生了开创性的影响。这是我把洛克看作宽容思想第一人——从哲学、道德、神学、政治、国家治理等诸多方面系统阐释和梳理宽容理念并对后世产生实质性影响的第一人——的理由所在，也是本书希望说明与理解的"任务"。

为了说明本书为什么关注洛克的宗教宽容思想，特别是为汉语学术界所忽视的洛克-普罗斯特辩论（Locke-Proast debate），笔者觉得有必要对光荣革命之后的英国政教关系史做一番概览。[3]

如果我们想正确地理解文本和思想的内容，就必须将其"放置"并"展开"于特定的时代背景下，因此，要正确理解洛克的思想，首要的也是最为关键的是将其"放置"于洛克所处的时代来进行解读，而非对其"臆想"或是"膜拜"。

在早期现代欧洲，信仰是政治权威、政府本质、男女关系、教育以及神圣和世俗关系的来源和裁判。作为神圣一词的代表，教会是具有独特影响力的机构，其影响遍布生活的各个领域，包括政治、家庭和教育等领域。在英格兰，整个17世纪关于教会在社会中的作用以及宗教与政治的关系的争论非常激烈，最终导致内部纷争和严重的迫害。

洛克一生对于宗教宽容的关注和时代的命运息息相关。

在1642~1651年的英国内战中，议会公开挑战王室的权威，从而使英国走上了有限的民主政府的道路。在整个17世纪，英国君主都在努力围绕英国教会重建一个稳定的政治-宗教平衡，但每次尝试都失败了。查理二世公开信奉天主教的弟弟詹姆士二世的继任，终于引发了第二次危机和它的解决方案——光荣革命。

1688年11月，威廉在49艘战舰的护卫下，率领步兵1.1万人、骑兵4000人，分乘200艘运输舰在英国登陆。不久之后，越来越多的头面人物开始背弃詹姆士二世。天主教复辟和专制统治的梦魇过于可怕，于是英国人决定抛弃他们的国王。詹姆士二世仓皇逃往法国，丢掉了自己的王位。

1688年的光荣革命是一场"不流血的"的宫廷政变。无论是在克伦威尔时代还是王朝复辟时期，议会经常成为"宫廷集团玩弄手段争权夺利的场所"。光荣革命的结果是，议会战胜国王，确立了自己的主权地位，这解决了长期困扰英国人的国家最高权力归属的问题。

1689 年 1 月，新议会在伦敦召开，宣布詹姆士二世"废弃国王与人民之间订立的原初契约，……离开了王国，退出了政府，因而王位虚悬"，于是将王位授予他的女婿和女儿——威廉和玛丽。威廉和玛丽在登上王位之前，签署了一份《权利宣言》[《权利法案》（Bill of Rights）初稿]，其中谴责了詹姆士二世滥用王权的种种行为，如迫害七主教、建立常备军等，同时重申了英国人自古就有的权利与自由。它的内容主要包括：第一，国王无权废止法律或停止法律实施；第二，征税权属于议会；第三，臣民可以自由请愿；第四，议员可以自由发表政见；第五，反对酷刑和重税；第六，议会须定期召开。此外，它还规定今后不允许天主教徒登临英国王位，也不允许英国君主嫁、娶天主教徒，这些规定消除了在英国产生专制政体和出现天主教君主的可能性。就这样，一种新的秩序得以确立，即在国王与议会的关系中，君主不能再凌驾于议会之上，而必须受制于议会和法律。此后，君主不再享有传统特权，而议会则掌握最高主权。事实上，新的国王是由议会确立的，议会打破王位继承顺序，将詹姆士二世及其男性后裔排除于继承权之外，这成为一种新的定制，也即形成了一种新的传统。通过光荣革命，英国完成了从绝对君主专制向多元寡头政制的转化，从这个意义上来说，这是一次真正的革命。议会又陆续通过了几个法案：1689 年颁布《兵变法》（Mutiny Act），议会由此控制了军权；同年颁布《宽容法案》（Toleration Act）；1694 年颁布《三年法案》，它规定每三年必须召开一次议会，且每三年必须改选议会，这就使得国王任意关停议会成为过去式；1695 年颁布《叛国法》（Treason Act），为反对派提供法律保护；1701 年颁布《王位继承法》，规定威廉、玛丽若无子女，则由安妮公主继位，安妮若无子女，王位转给詹姆士一世的外孙女索菲亚（Sophia of Hanover）及其后代，这就是后来汉诺威王朝（House of Hanover）统治英国的法律依据。从这些文件可以看出，议会的地位已经确定了，英国创造了一种新的政治制度，即君主立宪制。随着君主立宪制的建立，英国作为一个整体，不再属于君主个人，而是属于整个民族。这样，真正意义上的英国民族国家终于建立了起来。[4]

不过，1688 年光荣革命后，英国圣公会教徒和持不同意见的新教徒之间的紧张关系仍在继续，信仰战场上依然硝烟弥漫。1689 年，临时议会解决了宗教问题并通过了《宽容法案》。《宽容法案》规定，没有皈依国教的新教徒拥有宗教信仰自由，他们还可以在地方治安法官允许的情况下建立教堂、举行宗教活动。这是一次非常有限的改革，由于没有废除《宣誓法案》，罗马天主教徒没有得到充分的宗教信仰自由，甚至新教徒也没有享受充分的政治权利。尽管如此，这依然带来了一个重要的变化，因为这是英国第一次允许臣民可以不参加国教。统一的宗教不再强制执行，并且接受了宗教的多元化，这一趋势在 1689 年之后愈加显著。

戈尔迪（Mark Goldie）在谈到和洛克"争论"的乔纳斯·普罗斯特（Jonas Proast）时，描述了圣公会教士的政治，特别是那些像普罗斯特这样在大学里任职的人：在政治上他们倾向于专制主义，尽管他们保护教会。在教会学中，他们仍然充满了消灭异见者的好战欲望。他们的胜利时期是 1681～1685 年，当时他们着手建立一个纯正的圣公会和托利党政体，并对异见者进行了前所未有的野蛮攻击。普罗斯特在公开场合表达了他对查理二世复辟之前的那段时期的恐惧，当时清教主义盛行，英国圣公会遭到围攻：我所说的宽容的果实，并没有鼓励人们希望我们的作者的宽容对真正的宗教有任何好处，这是被称为"祝福的改革"时期，是除了英国国教的几乎所有人所享有的。对于它的果实，即它产生的宗派和家族的数量之多、质量之高，有些至今健在的人仍记忆犹新，而那些时代的作家却已充分地发现了这一点。因此，考虑到人们在过渡期对宽容的反对，普罗斯特也同样反对 1689 年的复兴，《宽容法案》赋予持不同政见者的宽容是有限的。正如戈尔迪告诉我们的："普罗斯特是 1689 年通过《宽容法案》后宗教统一制度的捍卫者，也是那些谴责该法案的托利党人的发言人。"[5]

此时，洛克作为光荣革命的"胜利者"回到了英国。

1689 年，57 岁的洛克匿名出版了《论宗教宽容——致友人的一封信》（A letter Concerning Toleration）。[6]

而今，洛克的《论宗教宽容——致友人的一封信》已作为经典文本为人所熟知，在世界范围内，它的单行本和各种不同的译本亦广为人知。也正因为第一封信的广传与盛名，让我们以为《宗教宽容书简》只有短短的 52 页。事实上，《宗教宽容书简》在约翰·洛克所有著作中是真正的"大部头"，[7]也是思考和酝酿时间最长的"一部"著作（从1667年开始算起到洛克逝世，一共是37年）。长期以来，其在欧美学术界备受瞩目，与此大相径庭的是《宗教宽容书简》在汉语学界始终未得到应有的重视，汉语学界甚至对其缺乏基本了解。[8]

　　1689年是洛克一生出现转折的一年。此前，1688年光荣革命的成功给洛克的生活带来了巨变，革命前那个隐姓埋名、客居他乡的流亡者成了富有政治影响力的人物，或许在某些领域还是唯一具有影响力的人物，他和他的朋友们受到胜利者和国家的"拥抱"，"这个文人世界里的小人物、他所生活于其中的那个荷兰知识圈的报纸撰稿人、笔记和草稿作家，终于变成了一名作家，先是《论宗教宽容——致友人的一封信》，然后是《政府论两篇》，都在这年秋天出版，但都是匿名。12月，他在《人类理解论》署上自己名字：约翰·洛克——它（《人类理解论》——引者）使他成为国家制度的塑造者和享有国际声誉的人物"。[9]在此后的15年中，也就是在和普罗斯特"争吵"的15年中，洛克已然是"只手操控英国知识生活半壁江山，把它牢牢控制在手、并使它最终转入由他选择的方向"[10]的人。享有这样的地位和尊崇，洛克却"屈尊"同普罗斯特——这位名不见经传，如果不是因为这场论战，注定是会被历史所遗忘的普通人、教士——展开了旷日持久并让洛克为之倾注了巨大精力的争论。[11]

　　在生命最后的15年中，身体羸弱的洛克先后做出三次回应，第四封信因为洛克的辞世而停留在了40余页。洛克对于普罗斯特的态度是如此"认真"，他在回应中，几乎是逐字逐句地进行反驳。已经享有盛誉的洛克用被世人誉为"一颗渴望拥有真理的头脑"在最后的岁月回应一个"普通人"，为回应普罗斯特耗尽才智和心血，如果不是出于对宗教宽容背后蕴含的哲学、政治问题的强烈关怀，洛克是不会如此富有"激情"的。[12]

　　洛克的《论宗教宽容——致友人的一封信》是用拉丁文写成的，这就意味着洛克的这本著作是写给整个欧洲人的。因为宗教问题，准确说就是宗教宽容问题是洛克从青年时期就开始思考的主题，从洛克大量的日记、笔记和草稿中可以看出，他对于宗教宽容问题在不同时期有不同的思考，这些观点也并非始终一致的，呈现出不断发展的态势，甚至不同阶段的观点相互抵牾。随着洛克档案的公开，欧美学界对洛克宽容思想的研究更加深入。需要说明的是，对洛克宗教宽容思想的理解不能简单地政治化和时代化，洛克提出宗教宽容思想绝非只是为了满足当时的政治需要，即清除天主教在英国政治中的势力，围绕圣公会建立一个独立的民族国家。洛克与普罗斯特争论也使洛克对其哲学、宗教思想作了一次总结，《宗教宽容书简》也是难得一见的充满"战斗精神"的文本，它反映了一个不同以往的、决不妥协的洛克，仅此足见洛克对于自己宗教宽容理论的重视，以及对人们有可能"误读"和"歪曲"其宗教宽容理论的担心与愤怒。

　　通过历史，我们清晰地看到洛克对《宗教宽容书简》的"重视"。[13]

　　1691 年，在洛克的《论宗教宽容——致友人的一封信》出版后两年，普罗斯特进行了第一次、正式的质疑，和洛克一样，他匿名发表了题为 *The Argument of the Letter Concerning Toleration，Briefly Considerd and Answerd* 的小册子。[14]

　　在这个小册子中，普罗斯特显然认同洛克《宗教宽容书简》很多方面的论述，对其中的很多观点和分析表示了赞同，特别是洛克关于信仰与灵魂之关系的论述。但普罗斯特坚持认为，适当的强力（force）对于信仰绝非毫无价值。普罗斯特认为，强力的恰当使用，事实上可以引导人们去留意或关注一些他们之前没有留心注意到的观点。

　　这和洛克的表述看似差别细微，实际上就是一种对洛克观点的否定，在洛克眼中，普罗斯特这种说法甚至已经在鼓吹宗教迫害了。

　　于是，仅仅数月之后，洛克"快速"予以"回击"。1691 年 5 月 27 日，他发表了"*A Second Letter Concerning Toleration*"，[15]并使用了笔名"Philanthropus"［意为人之友（friend of man）］，并在行文上小心翼翼，以避免让人知晓"Philanthropus"就是《论宗教宽容——致友人的一封信》的作者。[16]洛克用温和但坚决的态度与言辞回应了普罗斯特的质疑。然而，事情并未就此告终，普罗斯特也很快做出了新的回应，匿名发表了 79 页、篇幅稍显"冗长"的文章来"还击"。

　　此后，洛克用了一年的时间，在 1692 年的 6 月 20 日沿用笔名"Philanthropus"出版了一部在洛克著作中不是专著的"专著"，这是一部

"大部头"著作,共 400 多页,几乎是逐字逐句批驳了普罗斯特的观点,这"占据了我(洛克——引者)的健康所允许的非常多的时间"。[17]

这种态势下,普罗斯特没有马上做出反馈,他似乎认为自己遭遇了诡辩和不公平的论战,从辩论的结果看,自己俨然已经成为胜利的一方。[18]

就在普罗斯特"偃旗息鼓"的十年时光中,洛克将自己的全部精力都集中于对基督教的研究。[19]

不过,后来普罗斯特显然意识到自己的判断"不恰当",于是在 1704 年以"Philochristus"(friend of christ,即"基督之友")的名义发表了"A Second Letter to the Author of the Three letters for Toleration"的文章重新发起了"挑战"。

此时的洛克虽然病入膏肓,但依然奋起疾书,最终在遗作"A Fourth Letter For Toleration"仅写了 40 余页便告别人世,此文遂成绝笔。[20]

马克·戈尔迪指出,在革命前和革命后的几年里,牛津大学和英国圣公会的政治环境很差。在 1688 年革命之后,圣公会当局通过抵制英国国教内部的理解而将异议者从建立的教会中排除,发现自己陷入了各大教派的内部斗争中,他们更愿意对教会及其原则采取广泛、温和且更具包容性的态度。因此,"在英国国教内,反对高教会派的人部分由旧式的清教徒组成,部分由新式的自由主义者组成"。戈尔迪认为,在与普罗斯特的交流中,洛克代表了这一分歧中的自由主义者的利益,而普罗斯特则代表了高阶教会的利益。因此,根据戈尔迪的说法,他们的冲突反映了 1688 年后英国国教内部各派系之间更广泛的斗争。正如戈尔迪所说:"在攻击他的过程中,洛克坚定地将自己置身于国教内部的高级教会和低级教会之间不断发展的争吵中。他公开把自己和自由主义派联系在一起,特别是与 1691 年至 1694 年坎特伯雷大主教约翰·蒂洛森的圈子有关……在洛克和普罗斯特的较量中,关键的两极不是在英国国教和持不同政见者之间,而是在被废黜的大主教威廉·桑克罗夫特的高阶教会派理想与一种新型的教堂制度之间,这种制度试图在《宽容法案》之后控制牧区的主动权。如果蒂洛森要取得进展,那么牛津神学家队伍必须被击败,他们为桑克罗夫特的教堂提供了教义支柱,而普罗斯特是他们的助手。在这项任务中,洛克是蒂洛森的仆人。"戈尔迪通过指出一些特殊的不满,为洛克-普罗斯特辩论补充了具体的背景，他说普罗斯特反对约翰·蒂洛森建立并得到洛克支持的新圣公会制度，这与普罗斯特想要重新担任牛津万灵学院的牧师有关。1688 年，普罗斯特被学院院长开除，因为他参与了大学选举以反对院长的候选人资格，众所周知，院长是詹姆士二世的委托人。戈尔迪将普罗斯特视为上述高级教会成员之一，他们以恢复复辟时期的解决方案（restoration settlement）及其理想的名义，反对詹姆士的掠夺，但是他们发现，革命后的政权脱离了他们愿意为之牺牲的理想。正如戈尔迪描述的那样，这些人具有自己的立场："他们英勇地抵抗了詹姆士国王，但当詹姆士被击败后，他们就被抛弃了。"戈尔迪说结果是，"普罗斯特的挑衅立场是高教会派不愿接受 1689 年《宽容法案》，且坚持恢复正统观念的表现"。[21]

由是可见，谈论洛克，不能脱离历史，但也不能拘泥于历史。因为洛克的《宗教宽容书简》于笔者看来，是写给他的那个时代，也是写给"新秩序"的。

1688 年光荣革命这场"不彻底的革命"硝烟散尽，重建的主题取代了革命的主题，洛克经历了英国史上的弑君、复辟、危机、叛乱、阴谋、革命和新时代，在洛克看来，问题依旧没有得到解决，旧日的恐惧不过是被新的恐惧所取代，这种恐惧以胜利者的"宽容"姿态而被人所"期待"。[22]1689 年的《宽容法案》赋予不从国教的新教徒们礼拜自由，这看起来的确是一个巨大的进步或说是让步，但事实上，不从国教的新教徒们还是不被允许担任任何政治职位，表面的宽容被事实上的不宽容所掩盖；天主教徒连公开礼拜的自由都没有获得，这种局面一直维持到 1791 年，也就是 100 年以后，此后又过了将近半个世纪，直到 1829 年，天主教徒和不从国教者才被允许担任公职。[23]

就这样，在现实中，"信教自由"并不是"不容异教"的对立面，而是它的花样翻新。二者都是专制主义。一种自赋压制"信仰自由"的权利，另一种则授予这个权利；一种是用火与柴束武装起来的教皇，另一种则是教皇出售或授予免罪证。前者是教会和国家，后者是教会和买卖。[24]

洛克不是空谈宗教自由和宗教宽容，洛克的宗教宽容思想是他的政治思想的组成部分，只有充分理解洛克的政治思想，才能准确理解洛克宗教宽容思想的真实意蕴和目标指向。洛克认为，国家是由人民通过契约自愿组成的具强制性的机构，目的是维护公民的自然权利和促进他们的利益，包括生命、自由、健康及财产等，却不包括灵魂的救赎。灵魂救赎是每个人自己的事，并不属于政府管辖的范围，官员的权力"不能也不应当以任何方式扩及灵魂拯救"。[25]不论是个人还是教会甚至包括国家、政权在内，无论是谁，都没有正当的权利以宗教的名义侵犯他人的公民权和世俗利益——必须严格区分公民政府事务与宗教事务，并明确二者之间的界限。

因此，我们应该在了解洛克《宗教宽容书简》内容和其与普罗斯特论战中的态度的基础上，辅以洛克成熟时期的其他著作，从自由主义思想先驱的背景和欧洲社会变革的时代出发，对洛克《宗教宽容书简》，特别是洛克在古典个人自由主义哲学的大框架下对于政教关系的思考，给予公正、历史、客观的评价和研究。

本书共有四章。

第一章讨论的是"宽容的基础"——洛克的理性信仰观。洛克在《宗教宽容书简》中提出的问题之一就是什么是"真正的宗教"，但对于究竟什么是"真正的宗教"、什么是"真正的信仰"的回答，却在《人类理解论》中。

第二章将阐明"宽容的前提"。《政府论·上篇》是遭受不公正对待的和被忽视的作品，如果认真研读洛克《政府论·上篇》，会发现一个"革命"的甚至是"可怕"的，属于时代却影响深远的洛克呈现在我们的眼前。在《政府论·上篇》中，洛克将"火力"直接瞄准了自己信仰的根本——上帝和《圣经》，并在此基础上将"锋利"的"尖刀"刺进了政治上的"上帝"即君主制（基于"君权神授""天赋王权"）的"胸膛"，让真正理性的人重获"权力"，正视"自由"、"平等"和权利。这种革新与洛克在《宗教宽容书简》中的阐述是一致的。《宗教宽容书简》在保留一种耳熟能详但被稀释的信仰的同时，带着信徒离开了普世教会，进入普遍的自由和公民政府中，它使得信徒带着对自由主义的向往而离开基督教国家。《政府论·上篇》所做的革新是《宗教宽容书简》这一工程的基础：只有真正实现平等与自由，才有真正的信仰。

　　第三章论述的是"宽容的含义"。这一章将探讨《政府论·下篇》和《宗教宽容书简》中宗教宽容思想的联系。笔者认为，基于洛克宗教宽容思想的政教分离原则是这样的：理性的个体是权利的基石、政治的主体和信仰的载体的结合。政治权力建立在保障公民的信仰自由权利不受侵害的基础上，而教会（宗教）权力则被限定在不侵害信仰者的公民权利的前提下。在正义的框架前提下，这种个体、政治和宗教之间形成的权力和权力之间的相互制约的权利体系和制度保障，恰恰可以充分保护个体的生命、自由与财产，从而实现灵魂与身体上的真正的平等与自由。如果我们相信接受一种宗教就是接受一种世界观的话，任何一个人都有权利基于自己的信仰构筑生活方式，因而，就必然要求在政治的非宗教化和宗教的非政治化下消解信仰的排他性，宗教宽容是民主法治国家的基础。维系多元社会的结构必然以宽容为基础，唯此方能实现人基于理性、自由，自主地选择自己的信仰。这种三角关系的动态平衡所确立的维护个人自由、政治自由和信仰自由的稳定秩序就是洛克所找寻的。

　　第四章讨论的是"宽容的限度"。包括以下内容。①洛克关于强力和信仰关系的看法，即洛克反对任何形式的强力，无论是基于权威的还是非权威的，他认为这都是对"据同意而治"的政治原则的破坏和对人的基本自由的侵犯，但对于强力的抗争和敏感并不意味着人可以放弃"服从"的义务，一个合理的政治-宗教框架是：在"对抗自由"的"张力"下，最大限度地在"约束自由"中实现"基本自由"——人的根本自由或者说是"自然自由"。也即人因自保或"恐惧"暴力和失序（反抗——对抗自由），遵守（服从——约束自由）国家权威（法律）与政治权力（政府），从而在最大限度上实现个人的全面自由（同意——基本自由）。洛克的这个态度事实上也是自由主义中立性的表达。②"同意——基本自由"、"服从——约束自由"和"反抗——对抗自由"这三组相联系的概念构成了洛克对于自由的思考逻辑，因此梳理此三组相联系的概念在洛克宗教宽容思想中的运用对于理解洛克与普罗斯特的争论是有巨大帮助的。③阐述洛克对于"强力"同信仰关系的评价、对自由主义政治制度的捍卫、对自由主义中立性的态度以及其在现实政治生活中的难以实现的困境。此外还讨论了洛克的"宽容悖论"，如何宽容"不宽容"——即使我相信自己掌握了真理。第四章将结合当代西方政治哲学的最新发展，展现洛克宗教宽容思想的持久生命力和现实困境。

实际上，从章节结构上可以看出，笔者是基于理性的人（第一章）—人的基本权利（第二章）—人的政治权利（第三章）—人的信仰自由权（第四章）展开论述的。本书将约翰·洛克宗教宽容思想置于马克思主义政教哲学理论诠释框架下和欧洲历史的变革大背景中进行研究，细致分析洛克《宗教宽容书简》以及其在当时西方学术语境中的意义，这在国内尚属首次。研究洛克的宗教宽容思想，有助于我们正确理解西方政治制度下政教关系的实质。

第一章

宽容的基础

> 我们如果不能解决自己应当在什么范围内受理性的指导，什么范围内受信仰的指导，则我们虽互相争辩，亦不能互相晓谕宗教的道理。
>
> ——约翰·洛克《人类理解论》

每当谈及宗教宽容的时候，总会有人问：如果我相信我掌握了真理，为什么要去"宽容"那些"无知"的人？如果掌握了真理，却任由"谬误"产生，甚至宽容、忍让和容忍"错误"的发生、传播和产生影响，这难道不是一种"错误"的行为甚至是"犯罪"吗？至少是对真理的亵渎和不敬。

在实践层面上，无止境的宽容是不可想象的，也是不可能实现的，更是难以接受的。在一定的界限内，宽容"某事"是一件好事。但跨出界限之后，进一步地宽容"某事"也许就不再是"好事"，而是一件"坏事"，一件几乎和被宽容的"坏事"一样严重的、糟糕的、匪夷所思的"坏事"。而且，宽容似乎应该是，但在现实中很难是"相互性"的一种美德。这就导致了一个更难缠的问题，或许宽容是好事，但当对某个事情的宽容本身成为问题的时候，宽容本身是不是也不值得宽容，而宽容和被宽容之间的相互性的美德也就变得不那么"美好"的时候，还需要宽容吗？难道不该反对吗？

这样的问话和反诘蕴藏着的假设是，真理或者说终极真理可以为人类确认吗？

2001 年 11 月，比尔·克林顿（Bill Clinton）在哈佛大学发表演讲，提出了一个案例："塔利班和本·拉登，就像今天以及古往今来世界各地的宗教激进主义狂热分子一样，相信自己掌握了真理。然而我们相信，人类客观条件的限制使任何人无法获得绝对的真理。"[1] 克林顿没有继续就支撑这一论点的理论进行讨论。实际上，除非他能够论证"人类客观条件的限制使人无法获得绝对的真理"，否则他只是单纯反对"狂信者"和我们所相信的"真理"之间的冲突，实则是"以信仰对抗信仰"。

可见，对人类理性的有限性的研究本质上似乎不涉及政治，但实际上人类理性的有限性是政治-神学的认识论基础。基于这一点，可以将洛克宗教宽容思想理解为将自己所认为的"真正的宗教"强加于他人是错误的。因为洛克认为，构成事物之所是的"实在本质"是不可知的，宗教不是知识，由衷地相信宗教是因为真理而接受它，但没有人真正知道自己所相信的宗教是不是真理。这样看来，洛克认为没有达成宗教上的宽容似乎源于狂热，[2] 即一个人所信仰的"真正的宗教"，其真理性是不可确知的，而对这种不可确知的真理的盲信就是"狂热"。就像伏尔泰说的那样，"由于他们不是疯狂者，所以开始值得被宽容"。

约翰·洛克在他的《人类理解论》中谈到的就是这个棘手的问题。

洛克的《人类理解论》和《政府论》、《宗教宽容书简》之间的联系长期被忽视。[3]《人类理解论》是洛克最著名的作品，也是最有影响力的作品，更是洛克唯一以其真名发表的作品，但书中内容与洛克的政治哲学、宗教哲学的关系问题，一直困扰着学者们。彼得·拉斯莱特（Peter Laslett）认为必须将哲学家洛克与政治理论家洛克分开来理解，[4] 对于这一点笔者并不认同。笔者以为，洛克将他的宗教宽容学说建立在神学的废墟之上，即建立在洛克所诠释的理性的信仰观的基础上。在洛克式的政治体（commonwealth）中政教关系可以概括为：建立在个人自由基础上，由社会平等保障的理性的宗教宽容；个人自由是根本，社会平等是条件，宗教宽容则可以使人基于理性、自由，自主地选择自己的信仰。最大限度地在政治体中保障人的自由与平等以及社会的和平和发展，这是约翰·洛克的核心观点。

笔者首先要讨论的是洛克的理性信仰观。具体而言，是基于《人类理解论》第四卷的研究——洛克宗教宽容思想理解的基石和经常被忽视的重要的证据——展开论述。众所周知，洛克在《宗教宽容书简》中提出了问题，即什么是"真正的宗教"，但对于究竟什么是"真正的宗教"、什么是"真正的信仰"的回答，却在《人类理解论》中。洛克在《宗教宽容书简》中明确表示："真正的宗教并不是为了制定浮华的仪式，也不是为了攫取教会的管辖权或行使强制力，而是为了依据德性和虔诚的准则，规范人们的生活。"[5] 如何能做到依据德性和虔诚的准则规范人们的生活、不去攫取教会的管辖权或行使强制力，答案在《人类理解论》和《政府论》中。也就是说，宗教宽容思想是洛克哲学与政治思想的"水到渠成"和"自成一体"的必然产物，《宗教宽容书简》更像是政治-神学的综合体论述。如果我们能在洛克烦琐、啰唆、隐晦的逻辑和不得不适应当时时代"精神空气"而为之的"春秋笔法"之中看到真正的洛克，就会发现洛克哲学的整体性和思考的连贯性。[6]《人类理解论》篇幅巨大，但洛克真正所要做的是"探讨人类知识的起源、确度（certainty）和范围，以及信仰的、意见的和同意的各种根据和程度"，[7] 其目的是"搜寻出意见和知识的界限来，并且考察我们应当借着什么准则对于我们尚不确知的事物，来规范我们的同意，来缓和我们的信仰"。[8] 在笔者看来，《人类理解论》前三卷的讨论为第四卷中洛克解决理性和信仰关系问题打下了坚实的认识基础，[9] 洛克这样做是为了避免走错了路，[10] 并在"开始考察那类问题之前，我们应该先考察自己的能力，并且看看什么物象是我们的理解所能解决的，什么物象是它所不能解决的"。[11]

迈克尔·奥克肖特（Michael Oakeshott）指出，洛克的学说是富有神学意味的说教，即个人主义是每个人都具有的特征，人是上帝的平等而独立的仆人，个体性是万能的造物主的礼物。[12] 沃尔德伦（Jeremy Waldron）也认为，洛克所探讨的是一种可能性，即人是否天生就值得彼此以平等的身份互相对待,[13]这对洛克至关重要。因为,如果否定所有人的基本平等,那么洛克便"只能放弃自由主义的政治大业"。[14]奥克肖特进一步指出,正如世上万物各不相同,人类除了个体性这一共同特性,自然还有其他不同的特征,但是,这一特性是共有的。这只是洛克个人主义理论哲学化的一般概括,但不能因此而忽略它。事实上,对于作为欧洲自由主义先驱的清教徒洛克而言,这样一个神学概念比任何其他概念都更为重要,每个人都有拯救自己的责任,这一切最终会决定其个体性。[15]如此,人就是在不断寻找世界和生命的意义的过程中不断地生成新的关于世界和生命的意义,个体才是理解洛克哲学的起点,而理性——人与动物的最大的区别——是开启理解人和人的生活、人的社会以及属人的一切活动的钥匙。

本章要回答四个问题,即在洛克的哲学中:

(1)理性何谓?信仰何为?理性和信仰的作用有何不同,以及理性和信仰形成的途径有何差异?

(2)理性和信仰的各自范围是如何的?在洛克的哲学体系中,理性和信仰之间的"分界"为何如此重要?

(3)何谓"过分的信仰",为什么"排弃理性的信仰"的"狂热"不是真正的宗教的标记?

(4)作为理性个体的人,究竟为什么会陷入宗教狂热和对宗教不宽容的状态中?[16]

本章所做之事将为正确理解洛克的政治-宗教观奠基,[17]也在一定程度上厘清了很多对于洛克思想的不同态度,并阐述了笔者对于洛克理性和信仰观念的认知,以及其理性和信仰观念与政治-宗教观的哲学关系,[18]因为如果想要真正读懂《宗教宽容书简》,就必须首先读懂《人类理解论》中洛克对于理性和信仰、启示和真理的关系的论述。[19]

第一节　信仰只是建立于最高理性上的一种同意

实际上,洛克在《人类理解论》一开始就告诉人们,这本书源起于一次五六位朋友小聚。这些人聚集在一起,不免高谈阔论一番,在谈到当时存在的一些问题时，洛克提出，没能把"打扰"我们的困难都解决了，是不是因为走错了路，在开始解决那类问题之前，是不是应该先考察自己的能力，看看什么物象是我们的理解所能解决的，什么物象是它所不能解决的？大家对此皆表示认同。于是第二次聚会时，洛克就把自己"从来未想过的草率、粗疏的思想写出来，作为这篇谈论的入门。不过这个议论的开始，既由于偶然，其赓续亦由于顿促；写的时候又是东鳞西爪，毫不连贯；又是往往搁置多日，随后兴会所至，机缘所值，乃又重理旧业；最后，避世闲居，摄养康健，此书乃能成就今日的模样"。[20] 是什么人和洛克在一起聚会？这些人究竟谈论了什么？是什么使洛克对人类理解能力产生了质疑和浓厚的兴趣？以前的路走错了，那么以前的路是什么路，让人陷入思维困境的这条路究竟是什么？为什么《人类理解论》是洛克唯一用自己真名刊发的作品？而洛克又为什么对《人类理解论》一改再改，不断拷问、反驳、修订和"折磨"自己呢？实际上，洛克和他的朋友们，面对的是一本渲染宗教不宽容的、引发强烈反响和现实政治效果的小册子。

　　从洛克的《人类理解论》副本的手稿笔记中，人们知道了泰瑞尔（James Tyrrell）就是参与那场讨论的"五六位朋友"之一。泰瑞尔记录下了这场足以载入哲学史册的小范围的聚会。这次聚议讨论的主题是，道德原则、天启宗教及它们之间的关系中人类理智本质的问题。[21] 他说，洛克所言的那个讨论是关于"道德和天启宗教的原理的"。因而，正是考察道德和神学问题时出现的那些困难，促使洛克普遍地考察人心的能力和限度。而且，还有一个很实际的理由。洛克发现，"我如果能发现了理解的各种能力，并且知道它们可以达到什么境地，它们同什么事情稍相适合，它们何时就不能供我们利用——如果能这样，我想我的研究一定有一些功用，一定可以使孜孜不倦的人较为谨慎一些，不敢妄测他所不能了解的事情，一定可以使他在竭能尽智时停止起来，一定可以使他安于不知我们能力所不能及的那些东西——自然在考察以后我们才发现他们是不能达到的。这样，我们或者不会再莽撞冒昧装作自己无所不晓来发出许多问题，使我们自身及他人都烦虑，来争辩我们理解所不能知悉的事物，来争辩我们心中所不能清楚知觉到的事物，来争辩我们完全意念不到的事物（这些事情或者是很常见的）。如果我们能发现出，理解的视线能达到多远，它的能力在什么范围以内可以达到确实性，并且在什么情形下它只能臆度，只能猜想——我们或者会安心于我们在现在境地内所能达到的事理"。[22]这当然是《人类理解论》提出的中心问题。由此可知，写作《人类理解论》的洛克和写作《宗教宽容书简》的洛克面临的是相同的问题，不同的是回答的角度。写作《人类理解论》的洛克面临的基本问题是宗教分裂和由宗教分裂引发的对国家的普遍不信任，有着不同信仰的人没有共同认可的基础和规则，这种分裂与政治上宗教和政权的相互借用融会在一起导致了不断的社会冲突和不安、怀疑、恐惧与死亡，每个个人、每个群体、每个社会团体都有着自己的规则和追求，也只认为自己的规则是合理的和合法的，无视对方，仇恨对方，彼此杀戮。不同信仰的人要走在一起，这种"裂隙"必须得到弥合。对于洛克来说，极端的理性和极端的信仰一样都是不可取的，极端的信仰引发不可调和的冲突，而极端的理性也会带来彼此的对立，相信自己已经掌握真理的人显然觉得自己不可能无视他人对于"谬误"的执着，极端的信仰和极端的理性都会使人完全无法统一在一个系统内。但洛克的政治哲学认为，在一个以"同意"为目的的政治社会中人必然要接受一定的、共同的"同意"的规则以实现共存，这就需要构建一个拥有不同信仰、不同理性的人都"同意"的秩序。

和洛克同时代的普芬道夫也有着同样的认识。普芬道夫认为由宗教差异所导致的战争是不可调和的，因此，针对新的政治秩序，一种能够取得所有欧洲人同意并能带来和平的新道德，并不取决于分化的忏悔的差异性，而是仍然允许在道德的框架内信仰和实践彼此对立的宗教。[23]在这种语境之下，秩序是政治哲学最早关切的问题，也是洛克最关心的。正如苏珊·桑塔格基于"疾病的隐喻"而对政治体自马基雅维利（也译作马基雅维里）以降到洛克的保护人和密友的沙夫茨伯里对于"秩序（政治）疾病"的不同解决方式作为"治疗手段"的描述一般，如果说社会永远不会患上一种不治之症，而政治失序只是一种病态的反应方式的话，马基雅维利的"先见之明"和霍布斯式的"预谋杀害"显然都不是洛克和他的政治伙伴所期待的。[24]对于洛克来说，沙夫茨伯里的容忍才是正确的"治疗"之道。

> 必须让人类的某些体液有发泄的机会。就其自然本性来说，人的思想与身体全都屈从于骚动……正如血液中存在着一些奇特的酵素，在众多的身体里引起了异乎寻常的发泄……倘若医生们费尽心机地去平息身体的骚动，去阻断这些已经处于此种喷发状态的体液，那他们就不是在提供治疗，而可能是在不遗余力地引发一场瘟疫，把春天的疟疾或秋天的暴饮暴食恶化成了一种恶性的流行性热病。他们无异于政体中那些非要千方百计地干预心理喷涌的庸医们，这些庸医在疗治迷信瘙痒症和拯救灵魂于狂热传染症的堂皇托词下，使得整个自然都陷入骚乱中，硬是把青春期冒出来的那么几处红斑，恶化成了狂热炎症和道德坏症。

沙夫茨伯里的观点是，容忍一定量的非理性（"迷信""狂热"）是理性的，而严厉的压制措施却可能使混乱恶化，而不是使其得到整治，实际上是把本来不过令人厌恶的东西恶化成了一场灾难。对政体不应该过度施以药石：不应该为每一种混乱都寻找到一剂药。[25]不应"针锋相对"，求得"你死我活"，在可以共存的环境中人们才能寻找到适合自己和他人的生活方式。由此可见，无论是马基雅维利的"先见之明"和霍布斯式的"预谋杀害"，抑或是沙夫茨伯里也就是洛克式的"有限容忍"，都可视为某种合宜的治国术，它们能够防范致命的混乱。三者尽管"处方"不同、疗效各异，导致的后遗症也不可能被预料，但都将社会设想为大体上是健康的，认为疾病（混乱）大体上总是能被控制的，问题的关键是找到症结所在和对症下药。洛克循着沙夫茨伯里的道路[26]给出的"药方"就是，将具有不同信仰的人聚集在一起的，或者说大家可以"共处"的基础是人对真理的渴求，因为

> 人心之爱真理，有过于眼睛之爱美丽，而且在理解看来，撒谎是最丑陋，最不可耐的。因为许多人虽然可以满意地在自己胸怀间拥有一个不甚美的妻子，可是谁敢大胆明说，他接受了一个伪说，并且在

其胸怀内拥有丑如谎言其物的一种东西呢？现在各党派的人们，只是把他们的教义塞在他们所能支配的人们的喉咽内，而不让他们来考察自己教义之为真为妄的；他们并不让真理在世界上有公平显露的机会，并且亦不让人们来追求真理。那么在这方面，我们能希望有何种进步呢？那么在道德科学中，我们还能期望有较大的光明么？幸而天主把他自己的灯光亲手植在人心中，使人的气息或权力，完全不能消灭它，若非如此，则各地只管盲目信从的人们，既然受了埃及人所受的束缚，当然只能得到埃及人所处的黑暗了。[27]

我们可以先简要地理解洛克的逻辑：洛克是一个虔信的教徒，他的基督教背景对理解他的全部学说至关重要。[28]但洛克不是一个"盲信"的信徒，作为一个基督徒，洛克所信仰的上帝是道德律令的来源，而这些律令对其造物来说，无论从理性还是从启示来看，都甚为清楚明白。自然法和《圣经》教导说，人必须互相尊重。正如洛克指出的，在自然状态中，人具有处理人身或财产的无限自由，但是没有毁灭自身或所占有其他生物的自由，除非有一种比单纯地保存它来得更高贵的用途要求将它毁灭。有一种为人人所应遵守的自然法对自然状态起着支配作用；而理性，也就是自然法[29]，教导着有意服从理性的全人类。[30]从这个意义上说，人都是平等和独立的。正因如此，任何人不得侵害他人的生命、健康、自由或财产。洛克明确地指出，信仰与理性是相容的，而且信仰是建立于最高理性上的一种同意。[31]在洛克的哲学中，理性与信仰并不矛盾，事实上，理性的反面是暴力，而非信仰。而且，需要注意的是，这种"暴力"就是洛克在《宗教宽容书简》中及此后和普罗斯特的论战中始终"高度紧张"和"抗击"的"强力"的同义词。

《人类理解论》共有四卷，洛克在以笛卡尔为"假想敌"的语境中批判了天赋观念论（第一卷）之后，提出了他著名的关于知识起源的理论（第二卷），即一切观念都是源于感觉或反省——"我们可以假定人心如白纸似的，没有一切标记，没有一切观念，那么它如何会又有了那些观念呢？人的匆促而无限的想象既然能在人心上刻画出几乎无限的花样来，则人心究竟如何能得到那么多的材料呢？他在理性和知识方面所有的一切材料，都是从哪里来的呢？我可以一句话答复说，它们都是从‘经验’来的，我们的一切知识都是建立在经验上的，而且最后是导源于经验的。我们因为能观察所知觉到的外面的可感物，能观察所知觉、所反省到的内面的心理活动，所以我们的理解才能得到思想的一切材料。这便是知识的两个来源：我们所已有的，或自然要有的各种观念，都是发源于此的”。[32] 在这里，洛克将前一个来源称为感觉，将后一个来源称为反省。由前一个来源我们得到了颜色、声音、滋味、气味、触觉等各种感觉观念，由后一个来源我们得到了知觉、思想、怀疑、信念、推理、认知、意欲等反省观念。洛克认为感觉和反省是我们一切观念的“唯一”来源，他将人的理智比作黑屋，将感觉和反省比作黑屋的两扇窗子，知识之光只有通过这两扇窗子才能射入屋里。不论我们的思想如何崇高，不论人心如何玄思妙想，都不能稍微超出感觉和反省所提供的思想材料之外。[33] 而此后，洛克在讨论了观念的起源、各类观念的性质的基础上也讨论了相关的语言问题（第三卷），这基本属于《人类理解论》前三卷的内容。

　　在哲学史上常有这种情况，被作者认为是他的著作中最重要的那部分结果是无足轻重的或者是错误的，而作者评价不高，或者仅仅从属于他的主要目的的那部分，却成为后来重要进展的基础。比如在《人类理解论》第一卷中，洛克将矛头指向了“天赋”这个哲学概念，批判地考察了天赋观念论对知识起源的阐述，这种理论在洛克那个时代是广为流行的。这种理论的倡导者们认为，某些种类的人类知识并不是在通常的经验过程中获得的，它们是人心的原始资质，是天赋的。[34] 今天在我们看来，这样一种学说似乎相当荒谬，不值得从理性上加以考虑。不过这种学说在哲学史上却有着重要地位，如柏拉图和奥古斯丁在他们的认识论中就依靠这种学说。因此，洛克之所以必须认真对待这种理论，不仅因为他的许多同时代人这样做了，而且因为这种学说给他自己的经验论提供了一个对立面。因此，他必须首先清除这个对立面，然后才能提出自己关于人类知识起源的看法。在这方面，洛克无疑是成功的和伟大的。可以说，洛克在认识论方面的重要成果存在于《人类理解论》的前三卷中，但请记得在“引论”中洛克规定了《人类理解论》的目的：“探讨人类知识的起源、确实性和范围，以及信仰、意见和同意的各种根据和程度。"可是到《人类理解论》第三卷结束，洛克只论及了这个纲要的很小一部分，他讨论了知识的起源及知识可能的范围，其余部分在第四卷中呈现。[35]不过在哲学史上，《人类理解论》第四卷显然不如前几卷那么重要，唯一的亮点就是"我们在这一卷的末尾（第四卷第十八章和第十九章）看到了对理性和宗教信仰之间关系的卓越讨论，这的确是一个极好的，在当时又是十分大胆的论述，可以说是这个棘手问题的发展史上的一个里程碑。这些观点尽管是附属于洛克的主要论题的，但却有持久的重要性，而且是《人类理解论》最后一卷中惟一使该卷具有哲学价值的部分"。[36]这也正是现在笔者所要讨论的问题。

　　在这一卷中，洛克考察了人类知识的范围。洛克认为，我们的知识范围是狭隘的，我们在许多方面是无知的。这种无知的原因和我们的感觉能力的有限相关，人的感觉能力并不能完全为我们提供足够的观察材料，而人也无法发现事物的性质和观念之间及观念和观念之间的联系。人虽然有一些观念，但是不能超出这些观念得到关于事物本质的确实知识。此外，由于对语言的滥用和词义的不确定，我们不能对概念做正确的推演。这不但限制我们的真知识的扩展，而且使我们的各种学说被视作胡说和妄断。因此，如果人们可以抛弃自以为是、无所不知的幻想，就可以使许多无谓的争论得到平息，使真正有用的知识得到发展。洛克对知识范围的限制与欧陆理性主义者对理性知识至上性的信念背道而驰，他驳斥了理性主义者关于理性可以提供一切形而上学真理的论断。洛克认为人只能认识现象，无法认识到事物的本质，因此人的认识只应以事物的现象为界限，这里他主张的是一种现象论的观点。当他强调事物的现象归根结底只是人的感觉（观念），感觉对人的知识具有最直接的确定性和实在性时，他实际上主张的是一种感觉论的观点。后来贝克莱和休谟对洛克的观点加以发挥，推动了英国经验主义的发展。[37]具体到信仰和理性的关系，洛克在《人类理解论》第四卷的最后部分进行了集中讨论后明确指出，信仰也只是建立于最高理性上的一种同意。这是洛克对理性、启示和信仰的最简明答复（见表1-1）。

表 1-1　洛克对理性、启示和信仰的最简明答复

启示	信仰	理性
不许我们怀疑，只使我们明知，不许我们反对，只凭单纯的证据就要求人们最高的同意	对启示所表示的同意叫作信仰，但信仰也只是建立于最高理性上的一种同意	在英文中，reason 一词有以下几种含义：有时它指正确而明白的原则，有时它指基于这些原则的推理，有时它指原因，尤其是指最后的原因。不过"我这里所将考察的它那个意义，完全与这些不相干。在这里，它是指着人的一种能力言的；这种能力正是人和畜类差异之点所在，而且在这方面，人是显然大大超过畜类的。洛克认为，理性是人的一种能力，是其与动物区分的标志"。[38]洛克还区分了理性与经院哲学家推崇的三段论式推理。他认为，理性作用的对象是特殊的对象所引起的具体观念，目的是给出证明和发现新知识，而三段论只是关于知识的诡辩，无法带来新知识，在论证真理和概然性方面毫无用处。另外，洛克还区分了理性和直觉，认为直觉直接明白两个观念是否契合，无须证明，也不能加以证明，具有最高的确定性。在这种意义上，理性是一种推论能力，与直觉相对，甚至依赖于直觉所发现的确定性定理。[39]洛克指出，我们需要理性，是因为理性可以增加我们的知识和调解我们的同意。理性可以发现一系列观念中各环节间的联系，把两端连接起来。因此，它就把所追求的真理一目了然，这就叫作推论（inference）。推论之所以成立，就是因为人心在演绎的每一步骤中知觉到各个观念的联系。人心的这种推论能力就是理性。借着这种能力，人心就知道任何两个观念之间是契合还是相违，就如在解证中便是；它借此也看到概然的联系，就如在意见中便是；在前一方面，它就得到知识，在后一方面，它就予以同意或不同意。感官和直觉并不能达到多远。人的绝大部分知识都是依靠于演绎和中介观念的。理性可以在解证的每一阶段，发现各个观念或证明间的必然而不可避免的联系以产生知识，就是在它以为应当同意的推论中，它亦可以在每一阶段之间发现各个观念或证明间的概然的联系。这就是我们所谓理性的最低阶段。"因为人心如果看不到这个概然的联系，如果看不到究竟有那样的联系没有，则人们的意见一定不是判断的产品，或理性的结论，一定只是偶然和机会的结果，只是自由飘荡，无选择，无方向的人心的结果。"[40]此外，洛克在这一节中还着力批判了经院哲学推崇的三段论式的推论[41]

　　之所以用一定的篇幅阐述洛克在《人类理解论》第四卷中对于理性的分析，是因为洛克直言：信仰也只是建立于最高理性上的一种同意。这句话是否暗含一个预设：理性高于信仰？理性与信仰可以分离？如此，也

意味着启示不必然在理性的理解范围内？那么，进一步的预设就是：信仰宗教的人和理性人并不必然冲突，因为他们在不同的层面。[42]毕竟"我们对于神灵并无任何自然的观念，我们只是在可以观察到的范围内，借反省自己灵魂的动作，才能推想出神灵的观念来"。[43]笔者认为，洛克的理性信仰观可以概括为，理性引导信仰，信仰以理性为基础，启示不能"违背"理性，即启示不能违背人确定的知识。因此，任何超乎理性的宗教狂热（国教徒）和宗教对于理性权威的攫取都是不可接受的。对此，洛克指出，理性和信仰不是互相反对的。洛克认为，一般意义上的理性一词，还有另一种功用，在那种功用方面，它是和信仰相反的，虽然这种说法是很不适当的，可是习俗已经认定了这种说法，因此，如果反对它，或希望来修正它，那是很愚蠢的。不过，我们确定：信仰仍只是人心的一种坚定的同意。这种坚定的同意如果调节得当，又只有依据很好的理由才能赋予任何事物，因此，它是不能和理性相反的。[44]对于一个信仰者来说，洛克很明确地指出，一个人如果不论在什么情形下都要依照自己理性的指导来信仰或不信仰，则他已经指导好自己的同意，安置好自己的同意了，也就是找到了真理。[45]洛克对于"虚伪的信仰"（王权）和"盲从的信仰"（大众）深恶痛绝，这种观点在《宗教宽容书简》中也一再被洛克"愤怒"地喋喋不休地谈论着。在洛克看来，一个人如果没有信仰的理由就来信仰，则他只是沉溺于自己的幻想，并不是在找寻真理，他"妄用"造物主给他的分辨能力，之所以说是"妄用"，是因为造物主给他分辨能力是让他免于错误的。人如果不能尽其所能来应用这些能力，即使他得以不谬，也只是由于偶然。[46]而且，这种偶然的幸运是否能为他那种不合规则的方法辩护显然是存疑的，得之偶然方式的人对于自己所犯的过错是必须要负责的。另外，一个人如果能应用上帝所赐的能力，并且诚心用自己所有的能力来发现真理，则他已经尽了理性动物的职责，纵然求不到真理，他亦会得到真理的报酬，因为一个人如果不论在什么情形下都依照自己理性的指导来信仰或不信仰，则他已经指导好自己的同意，安置好自己的同意了。另一个人如果行事与此相反，他就误用了天赐的才能，因为上帝给他那些才能是为了让他追寻较明白的确实性，遵循较大的概然性。[47]

　　基于理性，洛克认为可以将命题分为三类：合乎理性、超乎理性、反乎理性的。

（1）合乎理性的——我们可以凭考察自己的感觉观念和反省观念来发现它们的真理，并且可以借自然的演绎知道它们是正确的，或可靠的。

（2）超乎理性的——我们并不能凭理性由那些原则推知它们的真理或概然性。

（3）反乎理性的——与我们那些清晰而明白的观念相冲突、相矛盾。

对此，洛克依旧是用理性信仰的观点解释了这三类命题：唯一上帝的存在是与理性相合的，两个以上的上帝的存在是反乎理性的，死者的复活是超乎理性的。而且，所谓"超乎理性"有两层含义，一是就超乎概然性而言的，二是就超乎确实性而言的。洛克还提出，"我想所谓反乎理性有时亦可以有这两种宽泛的意义"。[48]

第二节　信仰和理性的各自范围

明晰了概念后，洛克开启了对理性和信仰的严格的划界工作。

笔者在前文中已经述及洛克写作《人类理解论》的最初"触动"：信仰者对宗教不宽容的"堂而皇之"的煽动和统治者利用宗教实现政治目的的"卑劣无耻"，以及普通人盲信盲从"叠加"在一起的社会失序与信任流失。在洛克看来，如果信仰和理性之间不划一条界限，则我们便不能反驳宗教中的狂热或妄诞，这也就是宗教不宽容的"沃土"。如果不为信仰和理性划界，则在宗教的事理方面，理性便完全无立足之地。因为，现实中的人是"趋利避害"也是"趋炎附势"的，"我们如果一考察世上各教派的大多数信徒，我们就会看到，关于他们所热心信仰的那些事情，他们全没有自己的意见，不但如此，而且我们更不能相信，他们是先考验了概然性的各种论证和可靠程度才来采取那些意见的。他们所以决心服从某一党派，只是因为他们受了那种教育或有那种利益。他们在那里，会如军队中的兵丁似的，只是依照他们长官的指导，来表现自己的勇敢和热忱，却不来考察甚或不知道自己所为之斗争的主义是什么样的，一个人的生活既然表示出他对于宗教并不认真关心，那么我们有什么理由想他会绞脑汁来寻思自己宗教中的教条，并且费心来考察各种教条的根据呢？他只服从自己的领袖，准备好自己的手和舌来卫护公共的立场，并且在能擢升自己并在那个社会中保护自己的人面前，邀得宠信就是了"。[49]因此，理性和信仰之间的界限是必须划定的，否则：

（1）如果缺乏观念，则必然得不到任何知识。

（2）如果没有证明，则便得不到合理的知识。

（3）如果缺乏明白的、决定的物种观念，则我们便不能得到概括的知识和确实性。

（4）如果没有自己的知识、没有他人的证据来安立自己的理性，则便不能得到概然性来指导自己的同意。

洛克认为，必须为理性和信仰划界。如若不然，世界上许多纷乱，纵然不是由于人们不知道这层分别起的，至少许多激烈的争辩和荒谬的错误，是由这种原因起的。因为"如果不能解决自己应当在什么范围内，受理性的指导，什么范围内，受信仰的指导，则虽互相争辩，亦不能互相晓谕宗教的道理"。[50]这种区分对于"真正的教会"和"真正的宗教"也是有益的，因为洛克发现在现实中，任何教派在理性所能指导的范围内都爱利用理性，可是在理性不能帮助他们时，他们却呼喊着说那属于信仰范围，不是理性所能解决的。可是，如果没有划定信仰和理性的精确界线、明晰各自的限度，那么一个反对者如果有同样的口实，则他们怎样能说服人呢？在关于信仰的一切争辩中，信仰和理性的界线是应当首先确定的。

> 　　理性的作用是在于发现出人心由各观念所演绎出的各种命题或真理的确实性或概然性（这里所谓各种观念，是人心凭其自然的官能——感觉或反省——得来的）。在另一方面，信仰则是根据说教者的信用，而对任何命题所给予的同意；这里的命题不是由理性演绎出的，而是以特殊的传达方法由上帝来的。这种向人暴露真理的途径就叫做启示。[51]

洛克将"启示"区分为"传说的启示"和"原始的启示"。事实上，洛克"攻击"的是"传说的启示"——教会的权威。

洛克对"传说的启示"的批判有三层（见表1-2）。

表 1-2 洛克对"传说的启示"的批判

（1）	"没有一个受了上帝灵感的人可以借启示向别人传来他们所不曾由感觉和反省得到的任何新的简单观念。因为不论他从上帝亲手接受了什么印象,而他总不能用文字或其他标记把那些印象传达给他人。这实际上否认了中世纪以来天主教会的世俗权力"
（2）	"凡由我们的自然理性和观念所能发现出的那些真理,启示亦可以发现出来,传达出来,因此,上帝亦可以借启示向我们发现出几何中任何命题的真理来,正如人们应用其自然的官能自己来发现了那些真理似的。此举消解了教会的'中介'作用,强调了个体可以直接'认识'上帝"
（3）	纯粹是信仰的事情,理性并与它们直接无关,如天使的背叛、死者的复生,这是理性不能发现的,事实上,洛克所"含蓄"点明的是:迷信不是信仰,更不是宗教

具体来说,对于第一点,洛克指出,人要相信自己的理性和判断,因为各种声音在作用于我们心中时,并不能引起别的观念,只能引起它们的声音观念。它们之所以能在人的心中引起潜伏的观念来,只是因为人常用它们来代替那些观念,而且它们所唤起的观念亦是限于以前就在那里存在的那些观念。所见的各种文字只能在人的思想中唤起它们常常标记的那些观念来,并不能引进完全新而为以前所不知的任何简单观念来。至于别的标记,亦都可以这样说,它们都不能向我们表示我们从未观念到的任何事物。因此,不论保罗在神游第三天时看到什么东西,不论他心中接受了何种印象,而他向别人叙述那个地方的情形只不过是说,那些事物是"人眼所不曾见,耳所不曾闻,心所不曾想的"。纵然上帝借其神力让一个人看到木星或土星上的一种具有六个感官的生物（人没有否认星球上有生物存在）,并且使其在心中有了那些生物由其六个感官所接受的印象,而那个人亦不能借文字、语言在别人心中把那六个感官所传达的观念产生出来,正如我们不能借文字和声音,在只具有四个感官而完全不能视的人心中产生出颜色观念似的。因为我们的简单观念（它们是一切意念和知识的基础和材料）都完全依靠于我们的理性,就是都完全依靠于我们的自然官能,我们并不能由传说的启示来接收到它们。[52]在这里,洛克提出了"原始的启示"的定义:上帝在人心上所直接印入的印象。至于"传说的启示"则是就用文字语言向他人所传的那些印象而言的,亦是就平常互相传达思想的那种途径而言的。

　　对于第二点认识的途径，洛克认为人可以依靠理性认识上帝，所以"我们亦不需要启示，因为上帝已经给了我们以发现它们的自然的、较妥当的方法。因为我们如果由思维自己的观念而发现了各种真理，则那些真理一定比由传说的启示而来的真理较为确定一些。因为我们知道这种启示原始是由上帝来的，永不能为我们之明晰地看到各种观念的契合或相违，那样确实"。[53]而且"任何东西都不能借启示之名动摇了明白的知识，或者在它与理解的明白证据直接冲突以后，让人来相信它是真的。因为我们在接受那些启示时，所起的各种官能的明据，并不能超过（纵然相等）直觉知识的确定性，因此，任何事理如果与我们的明白的、清晰的知识正相冲突，则我们万不能相信它是一种真理"。[54]任何命题只要和人的明白的直觉的知识相冲突，则便不能把它作为神圣的启示。而以启示所需要的同意加以同意，因为这样我们就会把一切知识、明证和同意的原则和基础都动摇了；如果可疑的命题代替了自明的命题，确知的东西让步于容易错误的东西，则真理和虚妄的差异就泯灭了，信仰和怀疑的界限亦就消除了，这是不可接受的也是危险的。人是理性信仰的动物，洛克直言，信仰并不能使我们承认与知识相反的任何事物，因为信仰虽然建立于上帝的证据，而且他在启示任何命题时不能撒谎，但是我们虽相信这个命题真是神圣的启示，可是这种信念并不能超过我们的知识。因为我们所以确知那个命题之为真实，全是因为我们知道那个命题是上帝所启示的，不过我们所假设为启示出的那种命题如果与理性或知识相反，则我们所知的那种启示正是很有疑问的。因为我们不能设想上帝——仁慈的造物主——何以会把虚妄的命题传授给人们，使他来把他自己所给我们的知识的一切原则和基础都推翻了，使我们的一切官能都无用了，使他的最神妙的作品——人的理解——都毁灭了，并且使人处于少光明、缺指导的地步，比要神随形灭的禽兽还更可怜。因为人心如果只分明知道自己理性的原则，而且它对于神圣启示所有的知识并不比那种知识更为明白，或者还不及那样明白，则它万不能离弃自己理性的证据，而让步于一个启示出的命题，因为那种启示并不比那些理性的原则更为明白。[55]

　　"原始的启示"是理性的。在"原始的启示"中，一个人亦是要运用自己的理性，并应当服从自己的理性。洛克称，至于别的人们如果不妄谓自己受了启示，而且他们如果只是被人命令来服从他人，并接受（由文字或语言所传来的）向他人所启示出的真理，则理性更有重要作用，而且是唯一指导我们接受那些真理的东西。因为属于信仰的事体既然只是神圣的启示，而不是别的，因此，所谓信仰（就是平常所谓神圣的信仰）只能涉及被认为由神所启示出的那些命题。因此，

> 人们如果以启示为信仰的唯一对象，他们怎样能够说我们之相信某书中的某一命题为神圣的灵感，乃是信仰的事情，而非理性的事情；……

如果没有那种启示，则我们是否相信那个命题或那部书为神圣的权威，那并不是信仰的事情，而只是理性的事情。我们只有运用自己的理性，才能同意它，而凡与理性相反的东西，理性又是不能允许我们相信的；理性所视为非理性的东西，它是从不会加以同意的。因此，在各种事物方面，我们只要根据自己的观念得到明白的证据和上述的知识原则，则理性便成了当然的判官。至于启示，则在它和理性相契时，固然可以证实理性的意旨，可是在它和理性不相契的情节下，并不能减弱理性的命令。[56]

至于第三点，超乎理性是指人并不能凭理性由那些原则推知它们的真理或概然性，洛克举例说：死者的复活是超乎理性的。这也是基督教教义的核心所在。显然，和后来的启蒙哲学家们的"激进"相比，洛克是宽容的，也是客观的。与启蒙运动相伴的是对基督教的批判，这不妨说也是自欧洲皈依基督教以来基督信仰所遭遇的最为严峻的思想挑战。有些启蒙思想家甚至认为基督教与理性相违背，故而是谬误。他们以理性的名义拒斥基督教的传统观念，譬如三一论、宝血救赎、洗礼、圣餐、最后审判以及圣徒交通等，他们还拒斥原罪说这个基督教的基本观念，否认人性在本质上存在缺陷，并且反对如果没有神的佑助，人便注定会在建立公正道德的社会时一再受挫这种观点。对于包括伏尔泰和休谟在内的这些启蒙批判者而言，基督教只是一种迷信的形式，而当人类进入新纪元的时候，基督教必定会被抛诸身后。在他们看来，教会的历史无异于一部宗教战争、迫

害、屠杀、残暴和宗教不宽容的黑暗史。他们认为，数世纪以来，基督教的教职人员一直都在诉诸人们惧怕想象的惩罚与期望虚幻的非常的心理来控制束缚他们，各大教会一直都在支持，并将继续支持欧洲大陆的各个政府压迫民众，支持它们通过神秘、魔术及权威这些手段操纵普通大众。不过，现在才真正有希望获得解放。伏尔泰说过，"要消灭臭名昭著的东西"，这正是他号召人们对教会展开启蒙之战的响亮口号。[57]

洛克指出，天使的背叛、死者的复生，这是理性不能发现的。真正的宗教不是迷信，洛克明确表示："任何被假设为启示的事情，如果同理性的明白原则相反，如果同人心对自己明白而清晰的观念所有的明显的知识相反，则我们必须听从自己的理性，因为这事情正是属于理性的范围的。因为一个人纵然知道，与自己的明白原则和明显知识相反的那个命题是由神圣所启示的，或者知道自己已经正确地了解了传达启示的那些文字，可是他更知道相反的说法乃是真的，而且前一种知识敌不过后一种知识的确实可靠。因此，他必须把那个命题当作理性的事情而加以考察，万不能不加考察，就把它当作信仰的事情，而吞咽下去。"[58]反对教会、反对权威、反对迷信，在理性和信仰（启示）的关系上，理性引导信仰（启示），理性高于信仰（启示）。

此外，理性和信仰"各司其职"要求我们先回答两个问题：①理性何种情况下"听从"启示（信仰）；②启示（信仰）何种情况下听从理性。第一个问题的回答很简单：凡是超乎理性的——也就是迷信——完全是"信仰"的事情。显然，这里所谓的"信仰"不是真正的信仰，不是理性的信仰。一旦理性能供给确定的知识，则人必须听从理性。信仰的领域应该以此为限，在那个限度内，信仰并不能毁灭理性，或阻止理性。因为一切知识的永久源泉、新发现的真理并不会损毁、搅扰理性，只会扶助理性、促进理性。而"凡上帝所启示的都是确乎真实的，我们并不能怀疑它。这正是信仰的固有对象。不过它究竟是否是神圣的启示，则只有理性能来判断"。[59]而且理性是最高的"判官"——任何东西只要和理性的显见的、自明的命令相冲突、相矛盾，人就不能说它是不与理性相干的一种信仰的事情，而且纵有人如此主张，我们亦不该同意他。"任何神圣的启示自然都应该范围我们的意见、偏见和利益，而且我们应该充分地相信它。不过我们的理性虽然这样服从信仰，可是这并取消不了知识的界石；这并不足以摇动理性的基础，我们仍可以应用我们的官能，以来求得上天原来赋给它们时的目的。"[60]亦有学者指出，在《论奇迹》中，洛克对理性如何利用奇迹证明启示做了进一步的说明。奇迹是超越了因果法则的超自然现象，也超越了我们的自然理解能力。不过，理性的任务不是去试图理解奇迹的超自然内容，而是找到充足的理由来证明任何非凡的作为确实是一个奇迹。洛克指出，某个奇迹之所以神圣，一定带有某个标记，而且这个标记比那些似乎在反对它的东西具有更为强大的力量。例如，埃及的巫师和摩西一样都变出了蛇、血和青蛙，但是摩西的蛇却吞吃了巫师变出来的蛇，这显然说明了摩西宣扬的道具有确定的神圣性。另外，耶稣在宣传教义时的奇迹形态各异，强大有力，彰显出非凡的神力，这些奇迹也因此证明他的启示来自上帝。[61]

洛克在《人类理解论》中也回答了《圣经》的权威问题。

洛克认为：

> 只有信仰并不能证明启示——这种内在的光明，或我们所认为由灵感而来的任何命题，如果与理性的原则相契合，或与上帝的文字语言（就是证明过的启示）相契合，则我们的理性会保证它，我们亦可以坦然地认它为真的，并且在我们的行动和信仰方面以它为指导。如果它不能为这两条规则所证明，则我们便不能把它视为启示；甚至也不能视它为真的；在这种情形下，我们必须除了空空相信其为启示以外，还当有别的标记，来证明它是启示。因此，我们常见古时的圣人们，在受了上帝的启示时，必不能只在自己心中有这种信仰的内在光亮，此外还必须有一些别的东西，证明它是由上帝来的。他们虽亦相信那些启示是由上帝来的，可是他们还有外面的标记，使他们相信那些启示的发动者。他们在从事于教导他人时，亦被上天赋了一种能力，用以证明自己由天所受的那种委任是真实的，而且他们还可以借着有形的标记，来建立他们使命的神圣的权威。[62]

内在的保证在任何情况下都是不够的，甚至在《圣经》预言的情况下也是如此。这些古时的圣人，他们内心的信心已被神迹所证实。洛克在《论奇迹》中对这个问题进行了详细的论述，洛克生前并没有出版这本书。他在书中重申："要知道任何启示都是来自上帝的，传递它的信使必须是上帝派来的，而这只能由上帝本人给他的某种凭据才能知道。"问题是描述奇迹的话语"在我看来，这样的凭据，不会无误地指引我们正确地寻求神圣的启示"。奇迹是"一种理智的行为，它超出了旁观者的理解能力，在他看来，与既定的自然进程相反，它被他认为是神圣的"。关于《圣经》，洛克说，"我认为最谨慎和最怀疑论的人在面对福音的神圣启示时也无所疑问"，也允许"每个人都可通过自己对自然的认识以及对自然力的看法（在不同的人中有所不同）来判断［自然］的那些定律，这不可避免地是一个奇迹"。此外，"天生的或造物的终极是什么，最伟大的人也无法全知"，因此，他们也无法发现"没有全能的上帝赐予的神圣的力量，无人能完成任何行动"，如此看来，奇迹并非无懈可击，因此不能充当无懈可击的凭证。[63]洛克理性地接受了《圣经》作为神所启示的话语，但他又坚持说，理性不仅引导我们去判断启示的事实，而且引导我们去判断话语的意义，也就是要坚信任何被假设为启示的事情，如果同理性的明白原则相反，如果同人心对自己明白而清晰的观念所有的明显的知识相反，则我们必须听从自己的理性，"因为这事情正是属于理性的范围的"。[64]理性不仅要判断事实，还要判断启示的意义。在这里，由于"文字的不完善"，特别是道德文字如荣誉、信仰、恩典、宗教、教会等出现困难和不确定，对大多数人来说，这些话只不过是些空洞的声音；当它们具有某种意义时，这种意义在很大程度上只是一种非常松散的、不确定的因而模糊而混乱的意义。即使出自那些能说得清楚的人之口，这些话也是可疑的，这只能说明混合模式的名称自然是多么不确定。正因为如此，信条永远不可能有一个明确的解释，不管这些信条是神的还是人的。人的理性才是自己的"爱儿"[65]。

第三节　过分的信仰

洛克在《人类理解论》第四版中加入了批判宗教狂热的一章。本节即基于此，回答三个相互联系的问题：

（1）何谓"过分的信仰"？

（2）为什么"排弃理性的信仰"的"狂热"不是真正的宗教的标记？

（3）作为理性个体的人，究竟为什么会陷入宗教狂热和对宗教不宽容的状态中？

这实际上又涉及了"真理之爱和狂热信仰"的关系问题，洛克在《人类理解论》中对宗教狂热的批判和洛克在《宗教宽容书简》中的态度是密切关联的。[66]

（1）"过分的信仰"。"过分的信仰"就是对理性的背弃，对真理的抛弃和"在本无启示处，妄来建立启示"。洛克指出，即使是真理也是有限度的，而且真正爱真理的人占少数，因为真正的真理之爱有一种无误的标记，就是说，人对于一个命题所发生的信仰，只以那个命题所依据的各种证明保证的程度为限，并不超过这个限度。一旦超过这个同意的限度，则人之接受真理，并非由爱而接受，并非为真理而爱真理，接受这种真理的人其实一定有别的目的。"他对那个命题所有的同意程度，如果超过那种确知的程度，则他的过分的信仰，一定在于别的情感，而非由于他的真理之爱。不论我在何种范围内确知一个命题是真的，我的真理之爱一定不会使我对它的同意超过那个范围，这个正如我在确知一个命题为不真时，我的爱真理的心不能使我同意那个命题似的。倘或不如此，则我之爱真理，正是因为其有不真的可能性或概然性了。"[67]任何真理，如果不以自明的强光、解证的力量来盘踞人心，则能使人同意的各种论证就只有能使那种真理成为可靠的那些证据和尺度，而且人对那种真理所有的同意，亦只应以那些论证在理解中所提示的证据为衡。每个人对一个命题所赋的信任或权威，如果超过了它从支撑它的那些原则和证明所得到的，则已经说不上是为真理而爱真理了。不过真理既然不能因为人的情感或利益而增加其明显性，因此，真理也并不能因为它们而添了色彩。

（2）"过分的信仰"不是"真正的宗教"。"过分的信仰"——狂热也有权威，因为有了狂热这种偏颇不良的判断，所以有些人就爱专横地发布自己的命令，狂放地支配他人的意见。因为一个人既然欺骗了自己的信仰，他不是很容易来欺骗他人的信仰吗？一个人在对自己时，他的理解还不曾习于论证和确信，那么你还能希望他在别人面前有论证和确信吗？因为他已经损毁了自己的官能，凌虐了自己的心理，并且把真理所有的特权侵犯了，真理的特权，就在于用它自己的权威来支配人的同意（那就是说，我们的同意，是必须和真理的明白性成比例的）。[68]因此，对于宗教而言，所谓狂热就是要排弃理性，在本无启示处，妄来建立启示。如此的结果是把理性和启示都排除了，而以一个人脑中的无根据的幻想来代替它们，并且把那些幻想作为自己意见和行为的基础。我们必须清醒地看到，理性是自然的启示：永恒的光的天父和一切知识的源泉就借理性把人类的自然官能所能达到的一部分真理传达给他们。

> 启示乃是自然的理性，理性在这里，只是为上帝所直接传来的一套新发现所扩大，不过那些新发现仍待理性来证实其为真实，就是理性要借各种证据来证明它们是由上帝来的。[69]

人如果取消了理性，而为启示让路，就等于把两者的光亮都熄灭了。

狂热是不曾建立在理性或神圣的启示上，而是由兴奋的或傲慢的脑中的幻想来的，因此，狂热一旦立住脚，它就比理性和信仰还更能影响人的信念和行动。

（3）理性之光的"照亮"。人心中的真正光亮，只是任何命题所含的明显真理；它如果不是一个自明的命题，则它所有的一切光明都只是由它所依的那些证明的明显性和妥当性来的。启示是必须为理性所判断的，在任何事情上，我们都必须以理性为最后的判官和指导，信仰并不能证明启示。

> 我们必须求助于理性，必须考察上帝所启示出的命题是否可以为自然原则所证明，而且在不能证明时，我们就当排斥了它。我的意思乃是，我们必须依靠理性，必须借理性来考察那个命题是否是由上帝

而来的启示；理性如果发现它是由上帝所启示出的，则理性会拥护它，一如拥护别的真理似的，因此，理性亦就会把它作为自己的一道命令。我们如果只依据信念的强度来判断信念，则凡能彻底激动我们想象的任何意想都可以成为一种灵感。因此，理性如果不依据各种信念自身以外的东西，来考察各种信念的真理，则灵感和幻觉，真理和虚妄，都将互相混同而不可分别了。[70]

而且，

> 任何行动或意见如果契合于理性或圣经，则我们可以看它是有神圣的权威的；不过我们自己的信念却不能给它以这一层烙印。我们的心向纵然十分喜爱它；不过那只足以指示出它是我们自己的爱儿，并不足以证明它是上天的产儿，并不足以证明它是由神圣而来的。[71]

在笔者看来，洛克是一个构筑"体系"的哲学家，但他不是黑格尔意义上的形而上学的体系哲学家，洛克带有英国哲学深刻的烙印，"英国哲学家并不是伟大的体系构造者"，但洛克始终将让"人类追求更美好的生活"作为自己的信念，并以此为目标构筑了一个由哲学、政治、信仰、教育等组成的庞大的思想体系。因而，考察洛克关于人的理性和信仰的基础，便也成为认识洛克宗教宽容理论的当然的起点。[72]

所以，在对洛克理性与信仰的认识论基础做过考察后，有必要回到《宗教宽容书简》和《人类理解论》之间密切的联系上来再总结一下。可以说，洛克试图说明的是人类是盲目的，因此，他的认识论对于神学而言是否定性的，就像洛克在《宗教宽容书简》第四封信中说的，我们"缺乏对于真正宗教的某些可证明知识"。[73]更进一步说，根据洛克的观点，"上帝并没有为我们提供适合于神学思考的能力。我们可以通过观察我们的官能适合做什么，我们的官能适合实际的、世俗的目的，来推断神对我们的旨意"。[74]洛克这样做是有"政治目的"的，"就自然神学而言，我们所能知道的是非常有限的。没有什么可讨论的，更没有什么可争的了。在自然宗教之外，仅仅是信仰，就其定义而言是不确定的，最坏的情况下，是盲目遵守民意的产物，最好的情况下，是上帝没有为我们创造的一种推测的产物。这种信仰的唯一实际成果就是冲突"。[75]洛克的论述是基于对人的关注而非神学的，从这个意义上说，真正的神学问题应被宽容所取代，宽容才是真正教会的主要标志。[76]

第二章

宽容的前提

> 政治的目的绝不是把人从有理性的动物变成畜生或傀儡，而是使人有保障地发展他们的心身，没有拘束地运用他们的理智；既不表示憎恨、愤怒或欺骗，也不用嫉妒、不公正的眼加以监视。实在说来，政治的真正目的是自由。
>
> ——斯宾诺莎

在当时的欧洲，自由与平等萌生于教会和国家权力的相互对立中。[1]自由和平等根源于、存在于免遭国家权力任意干涉的私人内部领域之中，而对良知的尊重与敬畏是所有公民自由的萌芽，是基督教用以促进自由的方法，[2]也是《政府论·上篇》[3]中的主题。国家就是国家，不是用国家这个新的"上帝"取代旧"上帝"——信仰的上帝，所以，《政府论·上篇》所呈现的洛克的形象是破坏性的，即彻底"摧毁"旧秩序的根基即《圣经》，为在瓦砾上建设新的秩序——理性的秩序，或者说真正的平等——打扫干净。

同洛克其他看起来并不"用心"的作品，如《教育片论》（对西方乃至全球教育哲学有巨大影响）和被视为西方经济学重要著作之一的《论降低利息和提高货币价值的后果》相比，《政府论·上篇》是遭受不公正对待的和被忽视的作品。在任何领域，《政府论·上篇》长期以来都不被人们重视和认真研究，尽管它是政治哲学的经典文本，也是在实践层面上真正改变世界面貌的《政府论·下篇》的开始。但如果认真研读洛克《政府论·上篇》，会发现一个"革命"的甚至是"可怕"的，属于时代却影响深远的洛克形象呈现在我们的眼前。在《政府论·上篇》中，洛克将"火力"直接瞄准了自己信仰的根本——上帝和《圣经》，并在此基础上，将"锋利"的"尖刀"刺进了政治上的"上帝"——君主制（基于"君权神授""天赋王权"）的"胸膛"，让真正理性的人重获"权力"，正视"自由"、"平等"和权利。这种革新与洛克在《宗教宽容书简》中的阐述是一致的。在《宗教宽容书简》中，洛克称"宽容"为"真正教会的基本特征的标志"，"真正的宗教的生命和力量"在于"心灵内在的完全信念"，宗教必须"将宽容作为其自身自由的基础"，不得鼓吹与社会所需的"道德规则"相对立的观点。这里事实上出现了一个悖论，因为"每个教会在它们自己看来都是正统的"。的确，"每个君主的宗教对他来说都是正统的"。无论洛克是如何地关注信仰的真诚以及教会的独立，他所讲的宽容到头来仅仅宽容那些具有宽容性和公民性的宗教，并不宽容其他宗教，即之前的所有其他宗教。由于没有正统和真正的教会，洛克关于"真诚"的这一著名学说使得信徒可以信仰任何他们恰好信仰的东西。这不正好哺育了在自由之地上出现的蕴含信仰的主观性、不可避免的自我质疑，以及众多相互竞争且不具有绝对说服力的宗派？解决的方法就是"公民权利在哪都是一样的"。《政府论·上篇》所做的革新是《宗教宽容书简》这一工程的基础：只有真正实现平等与自由，才有真正的信仰。

费尔默（Robert Filmer）用《圣经·创世记》来"证明"上帝在对政府的最初授权中，给了第一个人类——亚当以无限的财产权利、绝对的政治权力和对于一切事物包括其他人类的统治权。亚当作为全世界的父亲和独裁的君主，依靠神权进行统治。在等级秩序中，所有个体都不同程度地从属于君主，而这个等级秩序就是：女人服从男人，年轻的兄弟服从长子，长子服从父亲，父亲服从国王。洛克回应了三个问题。其一，洛克的宗教批判集中于《政府论·上篇》，也就是和费尔默的争论中，其中的主题就是对于《圣经》的批判和由此对上帝统治的一系列批评。其二，基于前一个问题，洛克在《政府论·上篇》最后一章（第十一章）对"天赋王权"的政治现实发起了"总攻"。其三，"谁该拥有权力"是洛克《政府论·上篇》的主题，他还阐明了自然自由的可能。

在"排斥危机"[4]中，费尔默的理论成为王权至上论的犀利武器，谈论洛克的反驳不能离开这个背景。对于费尔默的理论，简单地说，父权论可以概括为社会关系是父亲权力的自然发展结果。父权论者认为，因为每一个人都是父母（通常是父亲）的自然臣属，所以谁都不曾自由地从零开始组建政府。政治社会源于家庭，国家并不是什么其他的产物，而仅仅是家庭的联合和扩大。在父权制的家庭中，父亲是最高的领导，统治女人（包括他的妻子）和孩子，继承的规则是由继承惯例确定的，即众所周知的长子继承制。那么，洛克怎么会从对费尔默的《父权制》（*Patriarcha*）的驳斥转到了对于上帝、《圣经》的"无情"的批判？他是如何小心翼翼地做完了这一切的？他的目的是什么？

我们应该清醒地认识到，不能低估《圣经》在这些过渡性的年月中所发挥的作用。事实上，在17世纪的英国，如果不以《圣经》话语来塑造理论，就很难从理论上说明政治问题。无论一名政治著作家想要为君主专制政体辩护还是想要为社会契约论确立基础，《圣经》都是相互对抗的各种政治理论的战场。而《圣经》在这一时期产生影响的最重要的途径之一就是通过父权论。费尔默的理论于今日和本书的主题相去甚远，我们仅仅在一般概括的基础上可以得出结论，费尔默基于《圣经》的论述认为：一切政府都是绝对君主制；所能根据的理由是，没有人是生而自由的。[5]对费尔默来说，所有人一出生就服从于某种权威，"无论在哪里，只要孩子的服从是自然的，那里就不可能有任何自然的自由"。正如费尔默所推论的，"如果不否定亚当的创造，就不可能设想人类的自然自由"。显然，我们不能像很多当代的哲学家那样，站在今日的立场和历史功过"盖棺定论"的胜利者立场上来看待费尔默。对于洛克来说，费尔默是那个时代的"一个著名的绝对权力的拥护者和绝对权力的崇拜者们的偶像人物"，[6]是"那时代一股活生生的政治力量"，[7]甚至"人们已承认他把这种论点发挥到了极点，并且认为他已经达到了完美无缺的地步"。[8]

　　洛克认为，费尔默"为了谄媚君主们"，[9]而"硬是要认为不管君主们用来建立和进行统治的法律如何，无论他们取得权力的条件如何，也不管他们答应要遵守这些法律的庄严诺言和誓词是如何用海誓山盟的方式确立下来的，君主们都享有神权赋予的绝对权力"，[10]并进而在此基础上"否认了人类的天赋自由权，从而只尽其所能地使一切臣民遭受暴政和压迫的莫大灾难"。[11]更吊诡的是，他也"动摇了君主们的称号并震动了君主们的宝座"，因为根据费尔默的理论，"君主们，除了仅有的一个以外，也全都是天生的奴隶，而且根据神权，他们也都是亚当的嫡嗣的臣民"，[12]这就好像"立意要对一切政府宣战，并妄图要动摇人类社会的根基似的"。[13]

　　接下来，我们循着洛克的逻辑分析，看看洛克是如何用《圣经》摧毁"圣经"的。[14]即

　　（1）上帝创造了亚当（人），因此亚当是否因为上帝的创造就拥有了独一无二的权力呢？

　　（2）上帝给予亚当对夏娃的统治权，即对于堕落的惩罚权力。

　　（3）亚当作为父亲享有对其他子女的统治（权力）。[15]

第一节　上帝没有赋予亚当对于人类的特殊权力

　　　　能给人以支配别人人身的权力，而只有契约才可以给人以这种权力。[16]

　　对于洛克来说，上帝也许创造了亚当，但上帝并没有给予亚当任何对人类特殊的权力。在这个话题上，笔者总结认为，洛克从三个角度对费尔默的观点进行了"回击"：创生和授权不是同时的，"选任"充满了荒谬，"可笑"的表面上的统治者。这一切围绕着《圣经·创世记》展开。

　　洛克针对的是费尔默所谓的"基于上帝的明白授予，亚当一创生，就是世界的所有者，因为基于自然的权利，亚当应该是他的后裔的统治者"。[17]他认为，基于《圣经·创世记》的论述而说上帝在亚当创生时就对他实行授予是谬误的。[18]而且，即使亚当一创生，"上帝的真实赐予就把他

选任为世界的君主"一事是真的，但是所提供的理由却仍不足以说明这一点。无论如何，上帝以一种明白的赐予选任亚当为"世界的君主，因为基于自然的权利，亚当应该是他的后裔的统治者"，事实上这个说法是一种谬误的推理。因为既然天赋给他以统治的自然权，就不需要有明白的赐予，至少绝不能把这个说法当成这样一种赐予的证据。所以，创生和授权不是同时发生的事情。另外，如果把"上帝的选任"当作自然法，而把"世界的君主"当作人类的至高无上的统治者来说明，不见得对事情有什么帮助。因为，如此一来逻辑就变成了"基于自然法，亚当一创生，就是人类的统治者，基于自然的权利，亚当应该是他的后裔的统治者"；这句话等于说，亚当是基于自然权利的统治者，因为亚当是基于自然权利的统治者。但是"如果我们承认一个人是他的儿女们的'天生的统治者'，亚当仍不能因此'一创生就成为君主'；因为他是他们的父亲被作为这种自然权利的依据，既然只有父亲才享有这权利，亚当怎样可以在他还未做父亲之前就有充当'统治者'的'自然的权利'，我认为是很难想象的。除非我们的作者要使他在没有做父亲以前就做父亲，在没有取得称号以前就取得称号"。[19]

洛克"紧逼"费尔默的"诡辩"，费尔默退而求其次地说，亚当或许是一个"表面上的而不是实际的统治者"。洛克揶揄道："做一个统治者而没有政府，做一个父亲而没有儿女，做一个君王而没有臣民，这应是很巧妙的方法吧！"[20]不过在嘲笑之余，洛克将费尔默的亚当的权威直接逼到了死角：这里的问题不在于亚当对统治权的实际行使，而在于他是否实际享有统治者的权限。[21]洛克顺带批评了格劳秀斯以来对自然法思想影响很深的态度——"父母由于生育而获得的对儿女的权利"。因为如果按照费尔默的推理或判断方法，亚当一创生，只有一种"外表上的而不是实际上的"权限——他在实际上根本没有权利。[22]洛克进一步推论认为，假使亚当既然有生育儿女的可能，就有做统治者的可能，因此取得统治那些从此繁殖出来的儿女们的自然的权利而不管这权利是指什么，但这与"亚当的创生"似乎并无关系，无法证明亚当一创生就是世界的君主。而且，更荒谬的观点是，亚当一生出来就是世界的君主，理由是除了他自己的后裔以外，亚当有在全人类中独自活下来的可能性，可到底亚当的创生与他的统治的权力之间有什么必然的联系，从而可以说"如果不否认亚当为神所缔造，人类的天赋自由就不可设想"呢？洛克看不出这种必然的关系。[23]

洛克再一次强调，上帝也许创造了亚当。但是依洛克之见，这一创造并没有给亚当任何对于人类的特殊权力——创造仅仅是生育，而生育本身并不给予生育出来的第一个人以某种特殊权威。毕竟，"亚当是为上帝的直接权力所创造，或仗着这种权力而开始其存在，不须父母的参与，也不须事先有任何相同种属的存在来把他生养出来，只要上帝愿意，他便被创造出来；在他以前，百兽之王的狮子，也就是这样，上帝的同一的创造力创造了它；如果单是因为这些创造力而取得存在，并单凭那样的方式，就毫不费力地给予亚当以统治权，那么，我们的作者根据这种论证也可以给予狮子与亚当同样的权力，而且当然地比他更为古远"。[24]更进一步说，既然上帝吩咐人类生育繁衍，上帝自己就必须给予全体人类以一种利用食物、衣服和其他生活必需品的权利——这些东西的原料上帝已为他们作了那样丰富的供应——而不是使他们的生存从属于一个人的意志。上帝从来没有让一个人处于唯命是从的地位，以至于只要高兴，就可以随便将他人饿死。作为一切人类之主和父亲的上帝，没有给予他的任何一个儿女以对世界上的特定一部分东西的这种所有权，反给予了他的贫困的兄弟以享受他的剩余财物的权利，以便一旦他的兄弟有迫切的需要时，不会遭到不正当的拒绝。所以一个人不能够基于对土地的所有权或财产权而取得别人生命的正当权利，因为任何有财产的人如果不能从他的丰富财物中给予他的兄弟以救济，任他饥饿而死，这将永远是一种罪恶，正如正义给予每个人以享受他的正直勤劳的成果和他的祖先传给他的正当所有物的权利一样，"仁爱"也给予每个人在没有其他办法维持生命的情况下以分取他人丰富财物中的一部分，使其免于极端贫困的权利。一个人如果乘人之危，利用拒绝拿出上帝要求他提供给贫困兄弟的救济的办法，强迫他成为自己的臣属，这种行为之不义，不差于一个力量较强的人进攻一个弱者，逼他服从，拿着匕首对着他的咽喉，威胁他不当奴隶就得死亡。[25]

第二节　上帝给予亚当对夏娃的统治权？

接下来，洛克将视角转向了"亚当与夏娃"——两性关系，即使在如今的政治哲学中，它依然是核心话题之一。"从上帝及上帝的义中解放出来，在洛克对夏娃的解释中浮出水面。正如沃尔德伦所言，这一解释将女性从因其原罪而获得的神的惩罚中解放出来。但是，洛克的说法其实还要激进：洛克似乎想要解放全人类。"[26]

沃尔德伦深入而精辟地将洛克、费尔默关于两性是否平等的争论的意义道破。他认为，洛克的靶子是费尔默的特殊的（particular）不平等主义，而非对人类的任何普遍分类。洛克想要攻击的费尔默的观点是，某个特殊的人有权支配其余的人。但是，在洛克反驳那种特殊的不平等主义的过程中，他必然也会承认他的时代（甚至有时也出现在我们的时代）引来作为更加普遍的不平等之基础的某些主张。《圣经》中的夏娃从属于亚当，这种占有权可被视为亚当自己及其特定（男性）后嗣的特权，或者，也可被视为男人对于女人或丈夫对于妻子的普遍特权。通过设法削弱和贬低费尔默从夏娃从属亚当这一点做出的特殊推断，洛克必然也会削弱对上述两种更加普遍的主张之诉求。尽管沃尔德伦不认为洛克对这种结果完全感到满意，但是无可怀疑，洛克的最具根本性的前提在引导着他，而从文本中能够看出，洛克在努力接受一个事实，那就是女人同男人一样，都是依照上帝的肖像所造的，并且都被赋予了稍许理性，而这种理性在洛克看来是人类平等的标准。[27]

洛克与费尔默的争论源起于《圣经》的记载，我们不妨将《圣经》的原文、费尔默的观点和洛克的反驳放在一起来分析。

《圣经》记载：

> 耶和华神对蛇说：你既做了这事，就必受咒诅，比一切的牲畜野兽更甚；你必用肚子行走，终身吃土。
>
> 我又要叫你和女人彼此为仇；你的后裔和女人的后裔也彼此为仇。女人的后裔要伤你的头；你要伤他的脚跟。

又对女人说：我必多多加增你怀胎的苦楚；你生产儿女必多受苦楚。你必恋慕你丈夫；你丈夫必管辖你。

又对亚当说：你既听从妻子的话，吃了我所吩咐你不可吃的那树上的果子，地必为你的缘故受咒诅；你必终身劳苦才能从地里得吃的。

地必给你长出荆棘和蒺藜来；你也要吃田间的菜蔬。

你必汗流满面才得糊口，直到你归了土，因为你是从土而出的。本是尘土，仍要归于尘土。

亚当给他妻子起名叫夏娃，因为她是众生之母。

耶和华神为亚当和他妻子用皮子做衣服给他们穿。[28]

费尔默的根据是"你必恋慕你丈夫；你丈夫必管辖你"——这就是政府的最初授予。

洛克的反驳如下。

（1）这是诅咒，不是授权。

洛克明确指出，这些话是上帝对女人的诅咒，因为女人最先、最急进地违反意旨。如果考虑到上帝此时此刻是在对亚当和夏娃违反意志的行为宣布判词和表示愤怒，那么我们就不能认为上帝是在这个时候给予亚当以特权和特许，授予他以尊严和威权，提高他到享有统治权和君主权的地位。而且需要注意的是，虽然夏娃作为诱惑的一方和共同犯规者，但结果却是亚当因为她受到较大的处罚，也就是说，亚当在原罪"堕落"中也一样有份，亚当也是被处罚了的；那么，"很难指出上帝竟会在同一个时候使他成为全人类的普遍君主，又是终身的劳动者。把他赶出乐园去'耕种土地'，而同时又赐给他以王位和属于绝对权威的一切特权与舒适生活，有这样的事吗？"

（2）只是习惯，不是圣言。

洛克表示，即使退一步，如费尔默所言真的有这样的君主，那么"上帝也不过只是让他成为一个很可怜的君主，其可怜的程度，使我们的作者自己（费尔默——引者）也不会把这样的君位看作是什么大的特权"。[29]

根据《圣经》，上帝命亚当去做工来养活自己，好像只是把一把锄头交到他手里，让亚当去制服土地，而不是交给他一个王笏去治理地上的居民。上帝对亚当说："你必汗流满面才得糊口。"也许有人会说，这是不可避免的，因为那时亚当还没有臣民。然而，《圣经》里的上帝说："不然，除了你的妻以外没有别人帮助你，而且你一天活在世上，你一天要靠自己的劳动生活。""你必汗流满面才得糊口，直到你归了土，因为你是从土里而出的，本是尘土，仍要归于尘土。"[30]

对于费尔默的辩称，洛克反驳嘲弄道："如果我们的女王玛利或伊丽莎白和她们的任何一个臣民结婚，根据这段《圣经》，她们在政治上就应从属于他，或他因此就对她享有'君主的统治权'呢？据我看上帝在这段经文中并没有给予亚当以对夏娃的权威，也没有给予男子以对其妻的威权，而只是预言女人可能遭受的命运，即依照上帝的意旨他想要作出规定，让她必须服从她的丈夫，正如人类的法律和各国的习惯规定的那样，我认为世间这种规定是具有一种自然的基础的。"[31]

（3）婚姻权力而非政治权力。

《圣经》记载：

> 亚伯拉罕的儿子以撒的后代记在下面。亚伯拉罕生以撒。以撒娶利百加为妻的时候正四十岁。利百加是巴旦·亚兰地的亚兰人彼土利的女儿，是亚兰人拉班的妹子。以撒因他妻子不生育，就为她祈求耶和华；耶和华应允他的祈求，他的妻子利百加就怀了孕。孩子们在她腹中彼此相争，她就说："若是这样，我为什么活着呢？"她就去求问耶和华。耶和华对她说：
>
> 两国在你腹内；
> 两族要从你身上出来。
> 这族必强于那族；
> 将来大的要服事小的。[32]

洛克指出，"将来大的要服事小的"——"没有人认为上帝这话是使雅各成为以撒的统治者，而只是预言将来事实上要发生的事而已！"[33]因此，洛克反驳费尔默道："如果这里对夏娃所讲的话，定要当作是一条束缚她和一切其他女人，使之从属的法律的话，这种从属也只是每个妻子对于她的丈夫应有的从属，如果把这个就当作是'政府的最初的授予'和'君权的基础'，**那么，世界上有多少丈夫就应该有多少君主了。**所以，如果说这话给予了亚当以任何权力的话，它只能是一种婚姻上的权力，而不能是政治权力——在家庭中丈夫作为财物和土地的所有者而具有的处理有关私人事务的权力，以及在一切他们的共同的事务上，丈夫的意志优越于他的妻子的意志；但不是对妻子有生杀之权的政治权力，对其他的人就更谈不到了。"

这里笔者已经尽可能"精简"了洛克冗长、反复的论述和对于费尔默毫不留情的嘲笑，但有一点仍需强调，洛克十分明确地表示，费尔默的观点根本在《圣经》中找不到依据。

需要补充的是，洛克对于"原罪"问题的处理存在争议。沃尔德伦就认为，对于洛克在原罪问题上所持的观点，人们一直存在争议——这也是人们指控他为索齐尼派的众多根据之一。他认为，洛克大体上倾向于将亚当和夏娃传递给后代子孙的罪或罚降至最低程度。[34]

洛克在《基督教的合理性》中如此表示：

> 对于这一类不怀偏见地阅读圣经的人而言，亚当堕落后所失去的，显然就是**绝对服从**[35]的状态。[36]

"绝对服从的状态"——"秩序"。正是在"圣经"批判的基础上，洛克意谓上的"秩序"讨论进入了主题。[37]

> 由于这次的堕落，亚当失去了拥有安宁和生命树的乐园，即失去了天福和永生。关于这一点，亚当由于违背律法所受到的惩罚，以及上帝所宣布的判决，足以能够证明。惩罚是这样的："你吃的日子必定死。"（《创世记》第 2 章第 17 节）惩罚是如何执行的呢？亚当的确吃了，但是在他吃的那天，他并没有真的死去，而是被逐出了乐园，离开了生命树，并且永远不能返回，"以免他从树上摘果子，永

远地活着"。这就表明乐园里是永恒不死的状态，是无尽的生命，而这一切在他吃的当天就失去了。从这一天开始，他的生命变得短暂，亏缺了，而且有一个尽头。从这一天开始，到确实死亡，他就像一个罪犯，已经被判了死刑，等待着被处决，而且在不久的将来必定会被处决。从此，死亡走了进来，露出了他的面孔，而此前死亡被关在门外，而且不为人知。因此保罗在《罗马书》第 5 章第 12 节中说："罪是从一人入了世界，死又是从罪而来的。"这里指的就是死亡的状态。还有《哥林多前书》第 15 章第 22 节："在亚当里众人都死了。"这即是说由于他的犯罪，所有的人都是要死的，都会走向死亡。[38]

这不是一种加于亚当和夏娃的所有后代的惩罚，不可能设想上帝会犯下此等不义之错，使子女因父亲之罪而受惩罚。沃尔德伦分析指出，洛克并不接受关于女人的从属地位的任何主张，因为这些观点认为，作为堕落的一个结果，女人变得尤为邪恶，在各方面都达不到人类的标准。如果夏娃犯了罪，那仅仅是夏娃的事。如果夏娃由于更大的违逆行为而应从属于她的丈夫，那也仅仅是夏娃的事。因而，在这种洛克式的安排中，将对夏娃的个人惩罚加于夏娃的所有女性后代，毫无道理。[39]

第三节　亚当拥有支配权？

讨论了亚当作为第一个人和亚当作为丈夫的身份后，洛克依靠对《圣经》的批判消除了亚当作为父亲的"权威"。

对于洛克来说，这是费尔默的最后一个"堡垒"，即假设做父亲的由于是儿女们的父亲，就具统治其儿女的自然权利。[40]"父亲身份"是君权神授者的全部学说的基础。[41]

洛克反驳的目的就是：反驳自然统治，反驳父（君）权。

限于篇幅，我不想重述费尔默的种种无聊的命题，[42]洛克的反驳和观点可以概括为生育儿女并不会使儿女们成为父亲的奴隶。具体如下。

（1）凡是给别人东西的人不一定就总有收回这东西的权利。

（2）那些说父亲是给予他的儿女们以生命的人让君权思想"弄昏了头脑"，以致忘记了他们不应当忘记的一个事实，即上帝是"生命的创造者和授予者"；我们只有依靠上帝才能生活、行动和生存。一个连自己的生命是由什么构成的都不明白的人，怎么可以认为他给予别人以生命呢？

（3）生养、哺育子女是人性（欲望）本然。

（4）即使拥有权力，也是父母共同拥有的，而非父亲单独拥有的。即使承认父母创造了他们的儿女，给予他们以生命和存在，因此，就有了绝对的权力；这也只能给父亲以与母亲共同支配儿女的权力；由于，任何人也不能否认，母亲长期间在自己的身体中以自己的血肉来养育孩子，她即使不取得更大的权力，至少不能否决她与父亲有同样的权力。孩子在母亲怀里成形，从她的身上得到躯体的物质和生命根源；很难想象，当父亲一经完成他的那个生育行为之后，理性的灵魂就会立刻进入那个还没有成形的胚胎之内。如果我们一定要认为孩子有些东西是从父母来的，那么，可以肯定，他的大部分是从母亲那里来的。不论如何，对于儿女的生育，不能否认母亲与父亲有同样的功劳，因此父亲的绝对权力是不会从儿女的生育这件事来的。

（5）人非兽，故此那些认为人类"遗弃或售卖"自己儿女是他们对儿女的权力的证明的人是可耻和诡辩的，这些人只是把人性可能做出的最可耻的行为和最伤天害理的谋杀拿出来作为他们的观点的根据。连狮子洞里和豺狼窝中都没有这种残忍的事。虽然这些在荒野上居住的野兽服从着上帝和自然，但对自己的后代慈爱关切。它们为了保存幼儿而去猎夺、警戒、斗争，甚至忍受饥饿，在幼儿不能自立以前，绝不离开或者舍弃它们。难道唯独人类有特权比最狂野不驯的动物还要反乎自然地从事活动吗？上帝不是用死刑这样严厉的刑罚管制我们，假使在被欺侮时也不得伤害一个人——一个陌生的人——的性命吗？[43]

（6）关于《圣经》中的训诫——孝敬你的父亲。

在这一部分，洛克花了很多的笔墨。他从"经文"和逻辑两个层面"击垮"了费尔默。需要提及的是，在英国，第五诫命常被用来证明对政治权威的服从是正当的。

洛克认为，费尔默从《圣经》里上帝的明白训诫中提出来一个蹩脚论证：孝敬你的父亲。但事实上，大量的《圣经》文本告诉我们，母亲也在其中，而且大都和父亲同时"出场"。[44]基于此，父母基于自然并为第五诫所确认归他们享有的权力，不可能是费尔默推论出来的那种政治统治权——父（君）权，因为这种权力在一切市民社会中是最高的，它会取消任何臣民对于任何一个其他臣民的政治上的服从。然而，有什么统治者的法律能给一个孩子以自由，能不"孝敬他的父亲和母亲"呢？这是一个永恒的条律，虽然关于父母和儿女间的关系，其中绝不含有统治者的权力，也全不从属于它。

而在逻辑上，洛克无情地嘲讽了费尔默。费尔默认为，统治者的主权"只是作为一个至高无上的父亲所享有的威权"，而统治者享有这种父权的全部。洛克认为，假如"父亲的身份"是一切威权的源泉的话，统治者必然享有这样的权力——那就不能避免地会出现，他的臣民即使是父亲，也不能享有对于他们的儿女的权力，不能享有受他们孝敬的权利，因为全部东西在别人手中，一部分仍归属自己是不可能的事情。根据费尔默的学说，"孝敬你的父亲和母亲"一语不可能理解为政治上的隶属或服从，因为不论在《旧约》和《新约》中，告诫儿女们"孝敬和服从他们的双亲"的条律，全是对那些父母也在这种政府之下并且在政治社会中同他们一起充当臣民的儿女们说的，这样，按照着费尔默的意思去命令他们"孝敬和服从他们的双亲"，就意味着命令他们去作那些不享有这种权力的人们的臣民，由于这种享有臣民服从的权力已被全部赋予别人了；因此这种说法，不单不是叫人服从，反而由于是在不存在权力的地方树立权力而引起骚乱分裂；假如"孝敬你的父亲和母亲"这一诫命是指政治上的支配，它便直接推翻了君权——这是每一个孩子对他的父亲应尽的义务，甚至在社会中也是如此，那么，每一个父亲就肯定享有政治的支配权，这样一来，**有多少父亲，就会有多少统治者**。除此以外，母亲也有这种权力，这就破坏了单一的最高君主的统治权。所以费尔默是自己打自己的嘴巴——用他自己的论证方法来说，"最初的谬误原则一旦失败，这个绝对权力和专制制度的庞大机构也就随之坍塌了"。[45]从洛克对《圣经》的批判中也可以看出洛克对于《圣经》的理性态度，如他在《基督教的合理性》中所言："凡是读过《新约》的人，显然都知道，救赎的教义，也就是福音的教义，是建立在亚当的堕落这个前提之上的。所以，要理解耶稣基督为我们赎回了什么就必须考虑在《圣经》的记载中由于亚当的缘故我们失去了什么。在笔者看来，这值得我们花费气力并丢掉偏见去研究，因为笔者发现，人们在这一点上陷入两个极端，而这两个极端要么在一方面动摇了所有宗教的基础，要么在另一方面使得基督教几乎毫无价值可言。有些人认为，由于亚当犯了罪，所以亚当的一切子孙注定必然遭受永罚。可是实际上，千百万亚当的子孙们却从未听说过亚当的名字，更没有谁请求过亚当帮自己办理业务，或出任自己的代表。而在另一些人看来，这就大大背离了伟大无限的上帝的正义或良善，所以他们宁愿认为救赎根本是不必要的，从而不存在什么救赎，也不愿在有损于作为无限之存在的上帝的荣誉和性质的前提下承认救赎。这样一来，耶稣基督仅仅成了纯粹自然宗教的复兴者和布道者，并由此歪曲了《新约》的整个要旨。然而实际上，在另外一些人看来，上述两种人都存在着违背了上帝书写的道的嫌疑，因为他们认为，上帝书写的道是上帝设计的作品集，以便指引占人类大多数的文盲走上拯救之路，**所以在总体上和要点上，应该按照字词表达的简单直接的意义去理解，正如那些运用当时当地的语言说话的人在讲出这些字句时，可能想要表达的意思一样。除此之外，这些字句根本没有什么深奥做作、强加上去的意义，然而大多数神学体系通常爱寻求这样的意义，并按照各人自幼就接受的观念去附会圣经。**"[46]总之，费尔默的大厦坍塌了，洛克确定人类确实具有一种"天赋的自由"[47]。

第四节　驳斥亚当的"继承权"

　　如果所有政治权力都只是从亚当那里得来的，并且根据"上帝的意旨"和"神的规定"，只传给他一代接一代的嗣子，这即是一种先于一切政府和凌驾于一切政府之上的权利，因而，人们制定的成文法律不能决定其本身就是一切法律和政府的基础，而且它的法则只是从上帝和自然的法则那里接受而来的东西。如果我们的作者在这个问题上一声不响，我就倾向于认为并不存在用这种方式移转的任何权利，我相信，即使真有这样的权利，也不会有任何用处；在有关统治和对统治者的服从的问题上，人们甚至会比没有这种权利感到更加无所适从。因为，依照那些被"神的规定"（如果有这种东西的话）所排斥的成文法和契约，所有这些纠缠不休的疑问，是可以妥当地加以解决的；但是一种神授的自然权利，并且是与整个世界的秩序和和平同样重要的权利怎样能够在没有与此有关的任何明确的、自然的或神的规定的情况下传之于后代，这确实是永远不能使人明了的事。如果国家权力是由"神的规定"指定给嗣子，而"依照那个神的规定"，嗣子为谁又无从知道，那么一切世俗的统治权便都完了。这个"父的王权"既然依照"神授的权利"只属于亚当的嗣子所有，那就不会有任何余地，使人类的思考并同意可以把这种权力安排在别人身上。因为假若只有一个人享有为人类所服从的神授权利，那么，除了那个能证明自己有这个权利的人之外，任何人都不能对这种服从提出要求；世人的良心也不可能根据别的理由而感到有服从的义务。这样一来，这个学说就把一切政府从根本上推翻了。[48]

对于洛克来说，从古至今，为患于人类，给人类带来城市破坏、国家人口灭绝以及世界和平被破坏等绝大部分灾祸的最大问题，不在于世界上有没有权力存在，也不在于权力是从什么地方来的，而是谁应当具有权力的问题，也就是权力的合法性何在？在"揭穿"了费尔默的真面目后，洛克直接对"天赋王权"发起了"攻击"。基于上述论断，费尔默的君权神授的政府是不被人"服从"的秩序。——"只是谈服从和顺从，而不告诉我们谁是我们应该服从的人，那是没有用处的"。[49]因为，服从政府虽是每一个人的义务，可是，这种服从只是服从那种有下命令的威权的人的指导和法律，而不是别的，因此，单使一个人相信世界上存在着"王权"，还不足以使一个人成为臣民，而必须有方法去指定和认识这个具有"王权"的人。[50]不然，如果没有一种标志使人能认识他，并把具有统治权的他同别人区别开来，那么任何人以至我自己都可以是这样的人了。[51]这是一个必要的条件，否则的话任何人在精神上肯定不会感到有服从这种权力的约束力。这也使得权力变得"无权"。海盗与合法的君主之间便没有分别；一个强有力的人可以毫不费劲地受人服从，皇冠与王笏将会成为强暴和掠夺的遗产；假如人们不知道谁有权指挥自己，自己有义务应该服从谁的指示，那么人们也就可以随时和幼稚地更换他们的统治者，如同改换自己的医生一样。所以，为使人民心悦诚服地尽他们的服从的义务，他们不但必须知道在世界上总是有一种权力，而且必须知道是哪一个人具有支配他们的权力。[52]

但是，人类不能没有秩序，这个秩序是为了保障个人的权利和财产的。在洛克看来，上帝既创造人类，便在人身上，正如在其他一切动物身上一样，扎下了一种强烈的自我保存的愿望，也在这世界上准备了适于人类衣食和其他生活必需的东西，使人类能在地面生存相当的时期，并指导人类通过他的感觉和理性来利用那些可供生存的东西和给予他以"自我保存"的手段。上帝已亲自把保存自己生命和存在的欲望（十分强烈的欲望），作为一种行动的原则，扎根于人的身上，"作为人类心中的上帝之声的理性"就只有教导他并且使他相信，按照所具有的自我保存的自然趋向行事，就是服从他的创造主的旨意，因此对于那些通过他的感觉或理性发现出来并足以养生的东西，他就有权利使用，这样说来，人类对于万物的"财产权"是基于他所具有的可以利用那些为他生存所必需，或对他的生存有用处之物的权利。从这个意义上说，每一个人财产权的最初发生是由于一个人有权利来利用低级生物供自己的生存和享受，它是专为财产所有者的福利和独自的利益而设的，所以，在必要的时候，他甚至可以为了使用它而把他拥有所有权的东西加以毁坏。然而，统治权却不一样。洛克指出，统治权是为了保障个人的权利和财产，以保护其不受他人的暴力的侵犯而设，是以被治者的利益为目的。统治的剑是为了要使"作恶事者恐怖"，借这恐怖逼使人们来遵守社会的明文法律，这种法律是按照自然的法则而制定的，是为公众谋利益的，也就是说，在公共法规所能够提供的范围内为社会的所有的成员谋利益。这剑，不是单为统治者自己的利益而给予他的。[53]

显然，洛克想通过《政府论》中的政治理论，为解决如何正当使用权力和权威这一问题确立坚实的基础。洛克本人高举的，不是人民（整体）而是人人（每一个人）生而有不受支配的自由。这是《政府论·上篇》的结论，也是《政府论·下篇》的起点。[54] 科学的真理取代宗教的真理是没有精神危机的：人们很难满足于一种暂时的、无可争辩的但却是有限的真理，它并不总是令人快慰的。[55]

洛克最终在《政府论·上篇》最后一章，也就是《政府论·上篇》最长的一篇中就权力的正当继承人这一问题与费尔默展开一场论战。费尔默断言，国家权力的授予是神的规定，这使得权力本身及其转移都成为神圣的，也就是说，没有任何权力可以从根据神权被授予了这种权力的人手中将其夺去，也没有任何需要和办法能用别人来代替他。洛克认为费尔默的观点不堪一击，因为在《圣经》中找不到任何令人信服的证据可以证明亚当的统治权传递了亚伯拉罕，甚或找不到任何可信的证据证明统治权如何从挪亚传给了他的巴别塔的子孙们，又从那里传给了世上的诸王。查尔斯·泰勒将这一过程定义为"伟大的抽离"，他指出，"西方现代性的主要特征之一，也几乎是对此的任何观点，是一个脱魅的进程，是具有魔法力量和神灵世界的消失，这是拉丁基督教改革运动的产物之一，造成了新教改革，但是也改变了天主教会。这一改革运动是力图约束和重建社会秩序的一种源泉，……它不仅仅致力于对个人行为的革新，而且也致力于对整个社会的改革和重塑，使社会变得更加和平、有序和勤奋。这一刚刚重塑的社会，要明确地把《福音书》的诫命，以一种稳定的，正如它逐渐被理解的，一种理性的秩序体现出来。这一新社会没有给从前注重魔法的世界留下任何摇摆不定的可具互补性的空间。这种互补性发生在：属世生活与修道院的克己生活之间，适当的秩序与狂欢节定期中断之间，公认的神灵的能力和影响力与被神圣力量所弱化的力量之间。新秩序是连贯性的、不妥协的，具有整体性的"。[56] 于洛克而言，自然状态乃是上帝创世之初的作品，它只受自然法的统治，而根据洛克明白无误的说法，"自然法乃是上帝的意志"，具体地说，也就是上帝让人类"自我保全"的命令。洛克认为，"上帝既然创造人类，便在他身上，如同在其他一切动物身上一样，扎下了自我保存的愿望"，在他看来，这是"上帝扎根在人类心中和镂刻在他的天性中的最根本和最强烈的要求"。但这仍然不是一种完美无缺的状态，因为在"自我保全"的动机的支配之下，这一人人自由、平等、独立的"自然状态"随时有堕入"战争状态"的危险，因为上帝的"自我保全"的命令或者意志尚是一种不成文的自然法，地上尚没有合法的公共裁判者对其进行裁判和执行，其在整体上仍处于"空虚混沌"的无法状态，其终极的支配者仍然是强力和运气。所以，洛克的"创世记"还有关键的一个创世步骤需要实现，亦即，将处于自然状态中的平等、自由、独立的自然人带入一个立约而治的政治社会，它建立在人民的同意这唯一合法的基础之上，这一政治社会的唯一目的是保护人的生命、财产和自由不受世俗间任性权力的侵害，因为它们乃是上帝创世伊始即赋予他的最尊贵的造物——人类的特权和馈赠。[57]而且，更为迫切困扰洛克的是，一个道德上具有合法性的政府，是否不能拥有超过其"守夜人"职能的任何其他能力，特别是在私人的信仰领域？显然，宗教依附性使人背离了自己的政治理想、政治热情和政治关怀，使人基于不同的意见产生分裂，必须消解宗教分歧问题，使人们依附于此时此地的当下，而不是死后的世界，国家必须宽容，唯此方能在一个稳定的秩序中容纳信仰各异的人们。对于洛克来说，必须反击宗教的彼岸性造成的政治冷漠，以及宗教狂热引发的宗教战争和宗教迫害，其目的大概在于此。

第三章

宽容的含义

教会与国家互相有别并绝对分离，他们之间的界限是明确不变的。谁若把这两个在渊源、宗旨、事务以及在每一件事情上都截然不同并存有无限内在区别的团体混为一谈，谁就等于是把天和地这两个相距遥远、互相对立的东西当作一回事。[1]

——约翰·洛克

《宗教宽容书简》的核心议题是政教分离，其宗教宽容思想中的政教分离原则是这样的：理性的个体是权利的基石、政治的主体和信仰的载体的结合。政治权力建立在保障公民的信仰自由权利不受侵害的基础上，而教会（宗教）权力则被限定在不侵害信仰者的公民权利的前提下。在正义的框架前提下，[2]这种个体、政治和宗教之间形成的权力和权力之间的相互制约的权利体系和制度保障，恰恰可以充分保护个体的生命、自由与财产，从而实现灵魂与身体上的真正的平等与自由。

如果我们相信接受一种宗教就是接受一种世界观的话，任何一个人都有权利基于自己的信仰构筑生活方式，因而，就必然要求在政治的非宗教化和宗教的非政治化下消解信仰的排他性，[3]宗教宽容是民主法制国家的基础。维系多元社会的结构必然以宽容为基础，唯此方能实现人基于理性、自由，自主地选择自己的信仰。[4]这种三角关系的动态平衡所确立的维护个人自由、政治自由和信仰自由的稳定秩序就是洛克所找寻的。

　　人是理性的、自由的个体，但人不是孤独生存的，"人的本质不是单个人所固有的抽象物，在其现实性上，它是一切社会关系的总和"。[5] 不同于霍布斯所说的自然状态，洛克的自然状态尽管没有残酷、野蛮与杀戮，但"很不方便"，脆弱的自然状态必然要进入"强大"的政治社会，个人的"自然自由"只能迈向社会的"政治自由"，并在此基础上形成国家和政府，即达成信任（契约）、服从秩序（立法）、接受权利（国家、政府）、实现自由（个人）。洛克秉持的个人自由主义哲学和参与的"革命"实践让他对于权力——任何权力，尤其是暴力，始终保持着高度的不信任和警惕。洛克清楚意识到了各种"权力"的潜在的"异化"风险。即使是在其极为珍视的个人自由方面，洛克也是忧心忡忡，如同耶里内克所指出，宗教领域的个体主义最终导致了极其严重的实际后果，它的原则最终导致了对完全的和无任何限制的良心自由的要求和承认，而宗教信仰的运动无法将其自身局限于教会事务之内。信仰如此，权利亦然。

　　所以，在洛克的理想中，秩序是建基于人民主权之上的体系，这一体系在分权制衡下形成了"权利对于权力"的制衡，以此达到对于个人自由的最大限度的保障。其中，宗教宽容思想是洛克政治哲学的核心概念，甚至是基础，它不仅仅是"真正的宗教"的标志，也是关乎个人灵魂拯救的大事，是良心自由的表达，更是世俗政权不能过分涉足的神圣之地。但是，洛克的宗教宽容思想，特别是政教关系学说，不是简单的"恺撒的归恺撒，上帝的归上帝"，这既是对洛克宗教宽容思想的"误读"，也是对洛克政教关系方面论述的曲解。[6]

　　针对本章所探讨的政教关系，笔者认为，洛克并非提出一种政教关系的具体管理模式，甚至洛克并不是在提出一种政教关系的政治学范畴的讨论。认真阅读洛克的《宗教宽容书简》等著作不难发现，洛克既对官长（政府）的权力进行了限制，又对教会的权力有所说明，更是就信仰者的公民权利阐发了独特的见解。洛克用一种人人尽知其意的话语方式提出的却是一种针对政治和宗教关系的哲学基础和思考方式，准确地说是一种元哲学思考方式。

　　马克思说："真理的彼岸世界消逝以后，历史的任务就是确立此岸世界的真理。人的自我异化的神圣形象被揭穿以后，揭露具有非神圣形象的自我异化，就成了为历史服务的哲学的迫切任务。于是，对天国的批判变成对尘世的批判，对宗教的批判变成对法的批判，对神学的批判变成对政治的批判。"[7]洛克对于政治权力和宗教权力都感到不安。权力，尤其是不加约束的权力势必侵犯个人的良心自由，这是权力的本性使然，也是人的理性必然，冲突是不可避免的，政治权力可能伤害到宗教和作为信仰者的公民权利；宗教权力同样会伤害世俗秩序和世俗利益，也可能会伤害到宗教本身，并且可能更深地伤害作为政治社会公民的信仰者的世俗权力和神圣权力。洛克既要限制世俗权力的入侵，又要防范神圣权力的"伤害"，而所谓的良心自由又会带来自由和责任、政治义务等方面的困扰。

显然，对于洛克而言，身处17世纪欧洲启蒙运动和自然科学的兴起背景下的人相信，人不仅能了解及支配自然，也能凭借人的理性和感性能力以及对人性和社会的认识，在世间建立一个理想的政治秩序。这种对道德及政治的理解，是一种"范式转移"（paradigm shift）。这种转移，大大提升了人的地位：人既不隶属于上帝，也不再是自然秩序的一部分，而是独立自主的理性主体。但这种转移也带来新的挑战：如果政治原则的终极基础只能源于人心，而人却拥有各种不同且常常冲突的世界观，那么众多自由独立的个体如何能够达成共识，建立具有普遍权威的政治秩序？这是现代社会的大问题。[8]

政治权力、神圣权力和个人权利之间形成一种博弈，只有通过政教关系领域的"分权制衡"的秩序建构才能"保卫社会"、保障自由、保护和平，构建秩序才是洛克宗教宽容思想的核心表达。

第一节　为什么需要区分公民政府事务和宗教事务？

洛克认为，对在宗教问题上持有异见的人实行宽容，本是同基督教的福音和人类的理智完全一致的方式。正如笔者在前两章中所表明的：信仰是理性的最高级同意；上帝并没有赋予人高于其他人的特权，人与人是平等的。在此基础上，洛克的思想是一致地推进着。

在洛克看来，要实现宗教宽容、拥有"真正的宗教"，就必须严格区分公民政府事务与宗教事务，并确定二者之间的界限。如果做不到这点——严格区分公民政府事务与宗教事务——那么，那种经常性的争端，即"以那些关心或至少是自认为关心人的灵魂的人为一方，和以那些关心国家利益的人为另一方的双方争端"，[9]便不可能结束。洛克为了取得更大的政治和平，要把宗教差异推出政治之外。作为一个清教徒，他当然认为宗教信仰是个私人事务而不是集体事务。[10]或者说，一个世俗的组织是完全建立在共同行为的基础上，排除了这一组织的任何神圣基础，并不妨碍组织里的人们去继续过一种有宗教形式的生活。

对自由主义而言，重要的不是在何处划定这一界限，而是划定界限本身，而且在任何环境下都不得忽视或者遗忘这一点。所以，在这里，我们要花一定的篇幅来考察基于《政府论·下篇》中所讨论的核心话题和《宗教宽容书简》的另一个对话方：政府和政府的权力、权限和职能。一言以蔽之，在一个值得信任和服从的秩序中，信仰可以是自由的，不同信仰的人是可以生活在一起的。如果忽略了这个前提，所有的讨论将变得荒诞可笑。

洛克政治哲学的革命性就在于对社会、国家、政府权力、反抗暴政和个人自由的细致区分，并在此基础上构建政治社会生活。因而，在社会、国家、政府不同层面上，个人自由信仰何以可能？国家权力如何构成？政府权力的界限何在？法律与信仰自由是什么关系以及人们在何种情况下可以认定政府权力"越界"？概言之，宗教宽容语境下的新的政治—宗教秩序究竟是如何建构的？

洛克是自16世纪宗教改革运动以来，个人主义的自由主义思想的总结者，他概括了前人的论述，并且提出了自己的核心思想，推动了从上帝的统治到人的统治、从启示的信仰秩序到理性的权利秩序的转变，把个人解放出来。因为世界是残酷的，事实上，如果人真的能够设计出一位会惩罚违背人所制定的规则并同时约束自己的权力欲的上帝，社会秩序的稳定和进步也许就有了保证。只有在这样一种体制下，基本立宪契约的维护者才能完全处在所有利益受保护的各方之外，并且与此同时，他才不会拥有为了自己的利益而剥削他人权利的权力。社会秩序是博弈的产物，博弈中的裁判并非玩家之一，也不是胜利的潜在追求者。如果所有人都基于这样一位上帝存在的"似然"假设而信仰上帝，且如果所有人都据此行事，被我们称作保护型国家的这个代理就不需要包含正式法律。如果个人遵守既存规则并确信他人会遵守同样的规则，那么，只要这些规则本身是合理的，它就能够在一个有序的社会交互体制下存在和发展。但是信仰是不能被设计的，想象这样一位上帝的人自己是无法忠实地遵守戒律的。飘零渺小的人必须依靠自己的资源让自己远离霍布斯式的"战争"状态。[11]故此，在《政府论》尤其是《政府论·下篇》和《宗教宽容书简》中，洛克持续地、系统地梳理了"信仰和秩序"的关系，如果不把两本伟大的著作连在一起阅读，我们无法理解真正的洛克。

洛克认为，秩序所赋予的权力是外在的，关乎的是公民的利益；而信仰是内在的，追求的是永生。两者的运作根本不同，两个领域相互独立，互不干涉。权力不能干涉内心的信仰，这一原则是洛克"宽容论"的基础，[12]但这种关系的梳理是在一个洛克认为符合理性的新的秩序中的建构，这也是现代自由主义的基本信念。

在自由主义传统乃至西方政治思想和宗教思想史上，最全面地为宗教宽容进行"有力"辩护的便是洛克，正是在这个意义上，洛克被誉为"自由主义之父"，尽管这个称号的给予并非没有争议。[13]

自由主义起源于宗教改革及其带来的后果，其间伴随着16、17世纪围绕着宗教宽容所展开的漫长争论，类似对良心自由和思想自由的现代性理解正始于那个时期。从这个意义上说，洛克是实至名归的。如果人们可以用一种客观、冷静的心态看待基督教在洛克时代，也就是在理性勃兴、人民主权高涨和王权渐趋衰落的时代的地位，我们会发现，宗教对当时乃至此后人们的意义远远大于我们的想象，洛克在这个图景中最需要回答的一个严峻的问题是：不同信仰的人如何生活在一起？

在洛克的哲学中，宽容是达成理性共识的基础和路径，[14]人类社会建基于人的理性，世界不再是"上帝"（国王）统治的国度。洛克寻找的新秩序的图景是什么样子的呢？对于洛克的研究者而言，在《政府论·下篇》中只字不提宗教问题的洛克似乎不可理喻，正如后继的自由主义思想的另一座高峰——约翰·斯图亚特·密尔（John Stuart Mill）认为的那样，在宗教问题上，"也几乎仅仅在这个战场上"，个人反对社会的权利才在有原则的广阔立场上为人们所主张，社会想对倡异者施用权威的要求受到公开的争议。"那些替世界创获它所享有的宗教自由的伟大作家们，多数都力主良心自由乃是一种无法取消的权利，都绝对否认一个人须为他自己的宗教信仰来向他人做出交代。"[15]

事实上，宗教问题——无论是政治和宗教的关系、《圣经》神学的研究抑或是理性信仰的哲学阐释，对洛克来说，不是简单的热情问题，也绝非工具的使用问题，可以说，宗教问题就是洛克全部学说的源头，也是归宿，更是困扰。洛克在《宗教宽容书简》中集中讨论了政教关系问题，而在《政府论·下篇》中指出，我们一定要"服从"好政府而不是坏政府。[16]洛克的讨论逻辑是，人类从自然状态过渡到市民社会是有其必然性的，这是国家和政府的基础；政治社会建立，国家产生；政府从属于国家主权，却在国家之下；如果政府"不义"，人民是可以反抗的。[17]

第一，自然自由。

洛克《政府论·下篇》旨在在《政府论·上篇》解构的基础上重构一个新的秩序。[18]洛克认为，政治权力就是为了规定和保护财产而制定法律的权力，判处死刑和一切较轻处分的权力，以及使用共同体的力量来执行这些法律和保卫国家不受外来侵害的权力，而这一切都只是为了增进公众福利。[19]这一定义从目的、方式、手段和结果说明了政治权力的内涵，在洛克的政治理论中，他的首要任务是证明能够存在一个正当的国家拥有合法的权力，这样的国家能够充分尊重公民的自然权利；但与此同时，一旦政府不能满足其合法性的条件的时候，抵抗和革命是正当的而且可以得到辩护的行为。

这种服从与抵抗的基础何在？对于洛克来说，阐明这两点的最自然的方式就是诉诸"自然法"和自然权利的概念。洛克引入了"自然状态"来考究人类在自然法的范围内"原来自然地处在什么状态"。洛克认为，那是一种完整无缺的自由状态，人在自然法的范围内，按照人们认为最合适的办法，选择其自身的行动与处理财产和人身的方式，而无须得到任何人的许可或听命于任何人的意志。"自然状态"是一种平等的状态，在这种平等状态中，权力和管辖权是相互共存的，没有一个人享有多于别人的权力，同种和同等的人们既然毫无差别地生来就享有自然的一切同样的有利条件，能够运用相同的身心能力，人人就有理由完全平等，不存在从属或受制关系，除非全体的主宰以某种方式显示其意志，将一人置于另一人之上，并以某种明确的授权赋予他以不容怀疑的统辖权和主权。这是自由的状态，却不是放任的状态。在这状态中，虽然人具有处理他的人身或财产的无限自由，但是他并没有毁灭自身或他所占有的任何生物的自由，除非有一种比单纯地保存它来得更高贵的用处要求将它毁灭。自然状态有一种人人所应遵守的自然法对它起着支配作用；而理性，也就是自然法，教导着有意遵从理性的全人类：人们既然都是平等和独立的，任何人就不得侵害他人的生命、健康、自由或财产。对洛克来说，自然法是理性的、不成文的法律。只能在人类的大脑中被发现——自然法不成文，除在人们的意识中之外无处可找。[20]由于只有理性能意识到它，而且，如果人与人之间在自然状态中互相承诺，他们必定被这些承诺所约束，因为，诚实和守信是属于作为人而不是作为社会成员的人们的品质。[21]因而，自然状态刚一出现，就必然被某种政府形态、被某种公共性的法官（some common judge）所取代。

洛克指出，为了约束所有的人不侵犯他人的权利、不互相伤害，使大家都遵守旨在维护和平和保卫全人类的自然法，自然法便在那种状态下交给每一个人去执行，使每人都有权惩罚违反自然法的人，以制止违反自然法为度。自然法和世界上有关人类的一切其他法律一样，如果在自然状态中没有人拥有执行自然法的权力，以保护无辜和约束罪犯，那么自然法就毫无用处了。而如果有人在自然状态中可以惩罚他人所犯的任何罪恶，那么人人就都可以这样做。因为在那种完全平等的状态中，没有人享有高于别人的地位或对于别人享有管辖权，所以任何人在执行自然法的时候所能做的事情，人人都应当拥有去做的权利。自然法应该具有"效力"，正如沃尔德伦所认为的，"自然法必须具有法律的特征。它必须成为这类事物，即能够以法律所具有的强制性方式安排人类事务。第一，这意味着自然法必须是义务性的，也就是说，它要先把自己视为一系列的要求或禁止，这是相对于一系列的价值、理由或仅仅善的观念而言的。第二，自然法的义务性命令在某种意义上必须被理解为强制性的，亦即，自然法将必须被认为适用于强制来支持这些命令。在这些条件之中，这前两个条件包含了我们可称之为自然法之'效力性'的东西。第三，为了能够以一种近于类似法律的方式对任何事情产生影响，自然法的要求和禁止也将必须由各种类型的附属原则来补充。第四，像所有的法律一样，自然法也将必须与伦理学和道德相分离，甚至与客观的伦理学与道德相分离。此外还有第五，自然法将必须从属于某个共享承认的要求；像任何法律体一样，自然法必须在人们之中和人们之间起作用，而不仅仅致力于唯我论式地被考虑的个人行动"。[22]

　　在自然状态中，人人都拥有执行自然法的权力的确让人困惑，因为人们充当自己案件的裁判者是不合理的，自私会使人们偏袒自己和他们的朋友，而在另一方面，心地不良、感情用事和报复心理都会使他们过分地惩罚别人，结果只会发生混乱和无秩序。所以上帝曾用政府来约束人们的偏私和暴力。而建立市民政府是针对自然状态的种种不方便情况而设置的正当救济办法。人们充当自己案件的裁判者，这方面的不利之处确实很大，因为很容易设想，一个加害自己兄弟的不义之徒就不会那样有正义感来宣告自己有罪。但是，洛克提醒，要提出异议的人们记住，专制君主也不过是人；如果设置政府是为了补救由于人们充当自己案件的裁判者而必然产生的弊害，因而自然状态是难以忍受的，那么如果一个统御众人的人享有充当自己案件的裁判者的自由，可以任意处置他的一切臣民，任何人不享有过问或控制那些凭个人好恶办事的人的丝毫自由，而不论他所做的事情是由理性、错误或情感所支配，臣民都必须加以服从，那是什么样的一种政府，它比自然状态究竟好多少？[23]在爱德华·柯克爵士和普通法法律家看来，任何人不得充当自己案件的法官这样的原则，乃是与他们的亚里士多德式的前提即政府是自然就存在的相一致的，而在洛克所批评的父权主义者那里，从裁判自己的案件是不公正的，迈到迷信上帝已经为所有人指定了一些裁判者，这一步确实不需跨得太大。[24]在这当中，针对一个人充当自己案件之法官，理性的忠告并不是建立自然法，使人自然地服从政府。这也许是一条便利规则，但假如是这样，则必然要先进行一番有关便利与不便的计算，然后才能接受它。按照洛克的说法，只有根据这样的算计，才能建立政府，因而，只有根据"他们自己的同意，人才能使自己成为某个政治性社会的成员"。洛克也不否认便利的算计将会引导人们建立政府，他的要点是，由于算计的结果不是那么明显地有利于一方，则人们就没有余地考虑什么类型的政府是他们同意建立的，因而也就不能在事后质疑他们最初的选择。[25]

第二，社会。

洛克首先回答了自然自由和公民自由的区别，这对我们的讨论至关重要。[26]

自然自由，人的自然自由，就是不受人间任何上级权力的约束，且不处在人们的意志或立法权之下，只以自然法为准绳。[27]

公民自由即处在社会中的人的自由，就是除经人们同意在国家内所建立的立法权以外，不受其他任何立法权的支配；除了立法机关根据对它的委托所制定的法律以外，不受任何意志的统辖或任何法律的约束。[28]

处在政府之下的人们的自由，应有长期有效的规则作为生活的准绳，这是不证自明的，也是司空见惯的，并且这种规则要为社会一切成员所共同遵守，并为社会所建立的立法机关所制定。这是在规则未加规定的一切事情上能按照我自己的意志去做的自由而不受另一人的反复无常的、事前不知道的和武断的意志的支配，如同自然自由是除了自然法以外不受其他的约束那样。[29]显然，无论是自然自由还是公民自由，都是法律规定下的自由。自然自由不能违反自然法，公民自由则是在不违反公民法也不违反自然法的前提下存在的。[30]所以，哪里没有法律，哪里就没有自由。

自由意味着不受他人的束缚和强暴，而哪里没有法律，哪里就不能有这种自由。但自由并非爱怎样就可以怎样的那种自由，而是在他所受约束的法律许可范围内处置或安排人身、行动、财富和全部财产的自由。[31]自然自由是只要不侵犯他人的自然权利即可，在市民社会中则是不同的，公民自由不仅受到自然法约束，也受到公民法限制。这种限制取决于两个方面：一是同意服从，二是公民法必须符合自然法。[32]类似的，在《自然法论文集》中，洛克有一段话阐述的很明晰。[33]这段话中包含了三条自然法的律令：①服从更高权力，既有可能是指服从人类的缔造者，也有可能是指服从政府或官长；②共享和平或不得破坏和平；③信守契约，这可能包括人与上帝之间的契约、出自普遍同意的社会契约，以及私人之间的契约。[34]而且不能失信，失信对于洛克来说是任何一个有声望的人都不能忍受的，涉嫌说谎可以说是最可耻的一种标记，它会使人降到一种很不体面的、卑贱的最低水平，沦落到与最可鄙的一类人和最可恶的流氓无赖为伍的境地。任何想与有地位的人交往或希望自己在这世上有点名誉和声望的人，都不能忍受这一耻辱。[35]这三条自然义务都与人类在世俗政治社会中的生活直接相关。[36]不难看出，如果废除自然法，也就同时将整个国家、一切权威、规则和友谊从人类当中根除了。人们对于君主只是出于良心的服从——国王不是一个人，而是一个公共职务。政治生活无论如何不是一个人、一个国王的私有独占区，而是公共物品。[37]

总之，洛克认为，没有法律的社会，没有进入政治社会的时代都是自然状态。[38]自然自由的概念是洛克同意理论的核心，也是我们正确理解洛克宗教自由概念中自由的含义的关键点。[39]这种自然法与自由的观念紧密相连，就是与所有人是自由而且平等的思想紧密连接。这种主张基于这样的假设，即"法，在其真正的意义上，与其说是限制，不如说是对人的正当利益的自由的和明智的指引，其规定只是为了那些遵守该法律者的普遍幸福"，"法的目的不是要废除和限制，而是要保护和扩展自由"。自由权就是"依据法律"做自己想做的事的自由，即依照使得某人的行为与其他人同样的行为不相矛盾的方式来行事。[40]这样，自然法是理性的法、是上帝的法，正义作为原生的、最高的自然法，便可以为所有人掌握。正是对于人类共同具有的推理能力（理性）的信仰，构成了洛克宪制论的基础，在洛克的理论中，对自主领域的确认和保护得到了公开的认可：自由不仅是参与的自由，而且还是自主的自由。上帝的法律，即理性的法和自然法证明了它的正确性，因为除非人能够保持一定程度的自主，否则他们就不能自由地推理，如果他们不能自由地推理，他们就成了奴隶。这个自主的领域主要由两个基本的方面组成：自由的宗教信仰的权力和财产权利。[41]而自由的宗教信仰权力在《宗教宽容书简》中得到了淋漓尽致的表达。

第三，我们究竟需要一个什么样的国家和政府？

人类为什么要从自然自由的自然状态过渡到政治自由的社会状态呢？

首先是因为在自然状态中，缺少一种确定的、规定了的、众所周知的法律，为共同的同意接受和承认为是非的标准和裁判他们之间一切纠纷的共同尺度。[42]其次是因为在自然状态中，缺少一个有权依照既定的法律来裁判一切争执的知名的和公正的裁判者。[43]最后是因为在自然状态中，往往缺少权力来支持正确的判决，使它得到应有的执行。[44]

　　所以，谁握有国家的立法权或最高权力，谁就应该以既定的、向全国人民公布周知的、经常有效的法律，而不是以临时的命令来实行统治；应该由公正无私的法官根据这些法律来裁判纠纷；并且只是对内为了执行这些法律，对外为了防止或索偿外国所造成的损害，以及为了保障社会不受入侵和侵略，才得使用社会的力量。这一切都没有别的目的，只是为了人民的和平、安全和公众福利。实际上，政治社会本身如果不具有保护所有物的权力，从而可以处罚这个社会中一切人的犯罪行为，就不成其为政治社会，也不能继续存在。[45]当然，虽然加入了政治社会而成为任何国家成员的人因此放弃了他为执行他的私人判决而处罚违反自然法的行为的权力，然而由于他已经把他能够向官长申诉的一切案件的犯罪判决交给立法机关，他也就给了国家一种权力，即在国家对他有此需要时，使用他的力量去执行国家的判决；这些其实就是他自己的判决，是由他自己或者他的代表所做出的判决。这就是市民社会的立法权和执行权的起源。这种权力得根据长期有效的法律来决定应怎样处罚发生在国家中的犯罪行为，同时也根据以当时实际情况为依据的临时的判断来决定应怎样对外来的侵害加以惩罚；在这两方面遇有必要时，都可以使用全体成员的全部力量。[46]按洛克的理解，法治变成了立法权的统治，是立法权赋予了统治以确定性，因为人们通过观察这种权力，便知道颁布了什么法律。反过来说同样正确：立法机构的统治变成了法治所以只有稳定的法律，而不是主权者的命令，才具有法律地位。洛克的法治保护每一个人；它满足了每个人知道什么东西属于自己并使其得到保障的合理愿望。同样重要的是，洛克的法治包含着一条原则，它反映着我们同时享有自由和安全的内在愿望。人们不能选择停留在自然状态中，但是人们能够发明脱离这种状态的手段。因为洛克的法治是立法权的统治，这种权力是每个人在摆脱自然状态时予以制度化的。当立法机构制定法律时，它的活动来自这种制度并对其加以扩展，而这种制度的建立最初（大体上）是每个人的自由行动。与霍布斯不同，洛克不认为人在脱离自然状态时把他们的自由让渡给了政府。不错，人不再为自己制定法律，然而法律是由他们建立的一种立法权制定的。因此，立法权肯定也具有代表性；根据它的制度，并且因为它是由这种制度形成的，所以它必须通过选举产生。[47]洛克还指出，当某些人基于每人的同意组成一个共同体时，他们就因此把这个共同体形成一个整体，具有作为一个整体而行动的权力，而这是只有经大多数人的同意和决定才能办到的。要知道，任何共同体既然只能根据它的各个个人的同意而行动，而它作为一个整体又必须行动一致，这就有必要使整体的行动以较大的力量的意向为转移，这个较大的力量就是大多数人的同意。如果不是这样，它就不可能作为一个整体、一个共同体而有所行动或继续存在，而根据组成它的各个个人的同意，它正是应该成为这样的整体的；所以人人都应根据这一同意而受大多数人的约束。因此，我们看到有些由明文法授权的议会，在明文法上并未规定其进行行为的法定人数，在这种场合，根据自然和理性的法则，大多数具有全体的权力，因而大多数的行为被认为是全体的行为，也当然有决定权了。同时，当每个人和其他人同意建立一个由一个政府统辖的国家的时候，他使自己对这个社会的每一成员负有服从大多数的决定和取决于大多数的义务；否则他和其他人为结合成一个社会而订立的那个原始契约便毫无意义，而如果他仍然像以前在自然状态中那样地自由和除了受以前在自然状态中的限制以外不受其他拘束，这契约就不成其为契约了。如此一来，凡是脱离自然状态而联合成为一个共同体的人们，必须被认为他们把联合成共同体这一目的所必需的一切权力都交给这个共同体的大多数，除非他们明白地议定交给大于大多数的任何人数。只要一致同意联合成为一个政治社会，这一点就能办到，而这种同意，是完全可以作为加入或建立一个国家的个人之间现存的或应该存在的合约的。因此，开始组织并实际组成任何政治社会的，不过是一些能够服从大多数而进行结合并组成这种社会的自由人的同意。这样，而且只有这样，才会或才能创立世界上任何合法的政府。

当代政治哲学大师奥克肖特洞察到了洛克在阐述政府的目的或目标的时候所要构建的个人主义政治理论图式。[48]他指出，洛克的理论中，对个人永恒价值的认识显得更加清晰。政府的目的不是剥夺国民的自主权而是为了保护国民的自由和财产，确保他充分享有他的财产，如果某个国民作为上帝仆人的权利遭到侵犯，政府有义务为他提供个引退的"避难所"。但是，统治者并没有给国民带来权利和义务；这些东西来自上帝之法，国民也不再需要其他的权利、义务。统治者给那些因其邻人的行为而无法享有他的权利的国民提供一些补救措施。换言之，统治者所要仲裁的是两个或多个国民之间的纷争。至此，洛克所致力的事业已经很清楚了：他是要建构一个个人主义政治理论图式。

对于洛克来说，任何一个国民也不从属于统治者，除非他自己同意。一种统治政权即仲裁者，无论是如何建构的，都只具有一个"托管人"的地位，统治仅仅意味着承担一种信任。洛克的这一观点被邓恩总结为"信任政治学"。个人并不会害怕仲裁者的权力，他明白仲裁者的决定是最终的，他也知道行使自己的个人权力，他的自主能力取决于这样的最终的决定。但是，他不可避免地会对仲裁者会否逾越其职权范围感到不放心与紧张，因为，统治者拥有一些作为仲裁者应当具有的权力，但又往往会利用这从事一些不属于仲裁者必须介入的活动。当纠纷发生时，什么是自然法或上帝法，仲裁者所要做的就像一个法官，法官是来解决那些引起彼此伤害的纷争；可见，对于一个个人主义政治理论家，如何既限定仲裁者的权力，又能确保其正常履行其职能和责任，是一个极其重要的问题。按照洛克的理解，仲裁者一旦越权，就犯了破坏"信任"的错误。[49]我们从洛克的论述中可以找到接下来的探讨中不断遭遇的难题，即市民社会（政治社会）的确引发了一种"共同的或公共的利益"（a common or public good）。[50]

从基督教思想的意义上说，洛克此举是颠覆性的，更是革命性的。而且，显然洛克和伪装成"个人主义的集体主义者"的密尔有着很大的区别，洛克的"共同体利益"是狭隘、特殊的利益——仲裁者或者统治者权威的维系，而不是所有公民共享的某一种利益，这在自由信仰和共同利益会发生冲突的宗教宽容思想中的辨识上尤为重要，也是很多人混淆洛克宗教宽容思想，认为其滑向怀疑论、不可知论、无神论或者是庸俗的享乐主义的错误根源所在。实际上，大相径庭的是，怀疑论才是走向宗教迫害的思想支柱，而非自由主义。基督教神学的个人主义涉及的并非完整的个人，或个人的整体，它仅涉及人的精神或灵魂。它将人的灵魂与肉体、精神生活与世俗生活区分开来，推重前者的价值，使前者挣脱社会联系的羁绊，在上帝面前获得独立的价值。但人的肉体和世俗生活，却被弃置于世俗社会，作为国家、民族、等级、城市、行会等社会共同体的有机组成部分。所以，基督徒在彼岸世界是个人主义的，在此岸世界却是整体主义的。用奥古斯丁的术语来表述，即"上帝之城"是个人主义的，而"世上之城"是整体主义的。这就是说，基督教神学的个人主义并没有将个人完全从整体的束缚中解放出来，也没有使个人成为社会和国家的基础。同时，虽然基督教在理论上承认每个信徒直接面对上帝，但在它的发展过程中，体制化的教会楔入上帝与信徒之间，充当了上帝与信徒的中介或桥梁。这样，教会便横亘于信徒与上帝之间，基督徒必须通过教会才能与上帝沟通。教会被称为信徒的"诺亚方舟"，人们相信"教会之外无救恩"。[51]洛克显然"颠覆"了这种传统的看法，也将奥古斯丁、霍布斯等人描述的原罪状态下的社会解放了出来。显然，洛克的国家观和人神观大相径庭，因而与政治-宗教观也有着本质的不同。

第四，服从。

洛克所探讨的核心是政治权力的合法性，和我们主题相关的是，一国公民只有认可了统治着他的政治权力的合法性，才能在合法的政治秩序框架下探讨"宗教宽容"或说信仰自由的概念，如果这个政治权力本身不具有合法性，那么讨论便毫无意义了。如此，政治权力在承认每个人的自然自由[52]的前提下，处于合法的政治秩序中。

（1）自由是根本，洛克区分了人在三种不同状态下的自由，即自然状态下的自由、政治社会中的自由以及处在政府之下的自由。自然状态下的自由也叫"人的自然自由"，只以自然法为约束；在政治社会中人们的自由只受在人们同意基础上所建立的国家的立法权及其法律的约束；在政府之下的人们的自由则以立法机关所制定的"长期有效的规则"为生活的准绳。

（2）国家掌握立法权，立法权是最高的国家权力，当共同体一旦把它交给某些人时，它便是神圣的和不可变更的。洛克认为，立法机构是在人们的同意下建立的，它受人民的委托来制定法律，从而借助立法机构正式公布的法律来确保人民能够享有和保障他们的财产。而这种信托关系，也同样存在于执行者与人民之间，特别是君主与人民之间。因此，作为"最高权力者"的君主，就和人民建立了一种"双重信托"关系。从信托关系的角度看，立法权力和执行权力都来自人民：人民将最高权力授予立法机关，但同时又授予执行权力召集立法机关依照正当形式进行选举和集会的权力，甚至在立法机关的组织办法因为世事的变动而不再适用时，变更立法机关构成的方式。但无论是执行权力召集议会和安排选举的权力，还是其调整立法机关代表比例的权力，都并没有使执行权力成为凌驾于立法权力之上的"最高权力"。原因就在于，二者仍然都是人民的委托权力。根据洛克的原初契约-信托-政府解体的理论，真正的最高权力，既不属于作为最高执行者的君主，也不属于受委托制定法律的最高立法机关，而属于人民。[53]

（3）政府——权力的执行者，执行权是立法机关的一种委托权力。政治合法性和具体的政府形态之间没有必然的联系，立法机关可以收回或处罚执法机关，尽管，存在"特权"[54]这一执行者的特殊权力。洛克认为，所谓特权，"不外是授予君主的一种权力，在某些场合，由于发生了不能预见的和不稳定的情况，以致确定的和不可变更的法律不能运用自如时，君主有权为公众谋福利罢了。凡是显然为人民谋福利以及把政府建立在它的真正基础之上的任何行为，都是而且永远是正当的特权"。[55]政府有别于社会，既可因立法权的易手而解体，也可因背离人民寄予的信任而被撤销。洛克以英国前五十年的经历为依据考察了这两种情况。他希望证明，由于国王试图扩展特权并企图撇开国会进行统治，国王才是革命的始作俑者；国王的做法使得人民授予其代表的最高立法权发生了易位。但洛克对长期国会的举止失当也记忆犹新，因而无意让立法机构不受约束。在洛克眼中，人进入政治社会的途径是在人与人之间达成契约，还需要建立立法机构以制定法律，建立行政机构以实施法律。原始契约具有多数统治的含义，因为国家是人民的集合体，洛克十分注意保护所有人的自由。他坚持认为在人进入政治社会之前，自然法就确定了人的权利，任何政府都不得破坏这些权利。洛克列举的这些权利包括生命权、健康权（意指任何人的健康都不得受到损害）、自由权和财产权。政府不仅受自然法的约束，而且如果政府忽视其所创建时设立的目标，那么政府应予取消。如果（由一个人或团体掌控的）行政机构破坏了信任条件，其权利就会丧失；如果立法者的利益背离了人民的利益，那么（人民）就应反对这些立法者。在洛克看来，革命是法律的终极保护手段。对公民的生命、自由和财产的任何侵犯事实上均属无效，立法机构如试图做出此种侵权行为便丧失其自身的权力。在此种情况下，权力重新回归人民，人民必须通过新的立宪行为来建立新的立法机构。在政治社会，政府架构的瓦解并不必然意味着摧毁了社会的基础结构。

（4）革命即反抗。洛克将革命视为战争状态的学说，揭示了革命最终的"反革命"目标。李猛指出，革命的爆发是因为绝对权力的"图谋"导致了人从理性、自由、和平地享用财产的生活方式跌入了暴力毁灭的战争状态中；而革命的真正目的，并不是延续这一敌对和毁灭的状态（奴役才是这一状态的持续），而是终止这一状态。革命作为暴力，是为了结束暴力而运用的暴力；革命作为战争是为了结束战争、恢复和平。革命的最终目的一定是"光复"已有的生活秩序，而不是指向无休止的革命。而人民之所以本性保守，是因为财产才是人民的生活方式，他们起身革命，动用暴力，就是为了恢复和平享用财产的生活方式。从战争状态来理解革命，这无疑既赋予了洛克革命理论以非常激进的色彩，又为其保守归宿提供了桥梁。而人民共同体使用革命暴力的方式，进一步揭示了革命所具有的激进和复原的双重特性。[56]

笔者认为，洛克终其一生是在寻找一种新的完美秩序。显然，理性-暴力和恐惧-秩序的对立并不是美好生活的状态，而是一种始终处在对立中的不稳定的平衡，正如孟德斯鸠在《波斯人信札》里提到的："我可向你保证，从来没有任何王国，内战之多，能和基督王国相比。"[57]洛克认为，人需要一种全新的秩序，在这个新秩序中，信仰和政治生活各安其位，这是可以让具有不同信仰的人自由地生活在一起的新秩序——宗教宽容——以及与此相伴相生的合乎秩序的统治形式。

基于对洛克宗教宽容思想谱系的构筑和洛克《政府论》的研究，以及洛克所经历的时代背景分析，笔者认为，不同时期的洛克的宗教宽容思想的核心理念并没有发生根本性的变化，看似转变其实是因为洛克始终在找寻政治权力、教会和个人自由之间的交汇"支点"：何种秩序可以让正当的政治权力合法地、最大化地保护个人信仰自由，个人的良心自由既不受到权力的危害，也不受到教会的束缚。

从历史来看，宽容最初与宗教活动和信仰有关，而且宽容是伴随着宗教改革时期的宗教争论和宗教战争而导致的秩序丧失、信仰分裂和国家危机而产生的。16~17世纪的许多政治思想家都就宗教宽容进行了著述，这些人包括博丹、爱尔维修、弥尔顿和斯宾诺莎，但最著名的是洛克的《宗教宽容书简》。茱迪·史珂拉指出，这是因为"（政治）强制并未终结，但对这种强制的限制，首先是从禁止侵犯私人领域开始的"。[58]私人领域的出现，并非简单涉及宗教信仰问题，它还是经济、政治、社会结构发展的必然结果，但它突出地、集中地甚至是激烈地表现在了宗教问题上。所以，从历史演进的角度看，宗教宽容首先是一种政治美德，而后才是道德美德。在洛克《宗教宽容书简》的话语体系中，"政"不是指"政治"，而是特指政府和国家，是拥有立法权的、全体人民"同意的"保护人民生命、自由和财产的机构；而政府是执行者，执行权是立法机关的一种委托权力。政治合法性和具体的政府形态之间没有必然的联系，立法机关可以收回或处罚执法机关，也就是说人民有权对不正义的政府表示自己的态度和有所行动，因为国家是人民的，政府不过是执行者。但从另一个角度说，一旦人民认同自己的选择，并且以立法的方式确立了政府的合法性，就必然要遵守和服从，以此保障秩序的井然。当然，人民是有反抗的权力的，但这种反抗，似乎在洛克看来，仍然应该是一种理性的表达。政府的解体并不意味着国家和政治社会的解体。政治和宗教的关系在现实中体现为政府、教会和个体信仰者之间的关系，前提是国家立法中的政教关系哲学如何体现和付诸实施。从这种政教关系的哲学式分析可以得知，洛克的宗教宽容思想中的政教分离学说是一种思考方式，并进而演化为哈贝马斯所认为的宗教宽容是民主法治国家的基础。它从绝对君主制下的一项实用主义原则演变为民主政治下宗教多元主义的一项必不可少的原则。

洛克面临的是宗教和政治分裂的历史过程，在过程中的"言说"不同于后世的反思，让洛克的哲学思想既有历史的现场感，又有思想的超越性。可以说，自马丁·路德（Martin Luther）1517年在维滕堡教堂门口张贴《九十五条论纲》揭开宗教改革的序幕，并在1521年被教皇利奥十世开除教籍之后，基督新教诸教派与罗马天主教之间的冲突和矛盾，就成为欧洲历史的底色之一。但是应该看到，"即使新教没有正确解决问题，它毕竟正确地提出了问题。现在问题已经不是同俗人以外的僧侣进行斗争，而是同自己内心的僧侣进行斗争，同自己的僧侣本性进行斗争"。[59]因此，行至洛克，这种人性早已经在之前的时代的人的心中"萌生"了，尽管这一"宽容"不是洛克意义上的政治自由式的"宽容"而仍然是基督之爱。人类在他所真正关心的事情上是这样自然而然地不能宽容，以致宗教自由实际上竟很少在什么地方得到实现。洛克认为，这种"以那些关心或至少是自认为关心人的灵魂的人为一方，和以那些关心国家利益的人为另一方的双方争端"带来的是灾难，而其根本就是没有在公民政府事务与宗教事务之间划定一条清晰的界限。

洛克列举了种种"灾难"，事实上是在"不点名"地批评了当时的几大政治势力。在教会方面，对于罗马教会和宗教改革的先驱，洛克不无讽刺地把罗马教会看作浮夸、虚伪甚至是欺骗的代名词，不论他们如何"夸耀其出生地和名字的古老，或其外部仪式的华丽"。[60]而对于新教教会，洛克则认为他们"以其宗规改革相炫耀"。[61]然而，"他们都无非是为了标榜其信仰的正统性"。[62]可是，在洛克看来，这些和其他诸如此类的东西都不是基督教会的标志，只不过是人们互相争夺统治他人的权力和最高权威的标记罢了。任何人尽可以郑重其事地以此为标榜，"然而，倘若他缺乏仁爱、温顺以及对全人类乃至对非基督徒的普遍的友善，他自己当然也就不配为一个真正的基督徒了"。[63]教会的无耻的虚伪与恐怖的暴力让洛克震惊。这些人只会以宗教为口实，迫害、折磨、屠杀和毁灭他人，用苦刑和一切残酷手段剥夺人们的财产，施以肉刑使其残废，让人们在充满恶臭的牢房里忍受折磨，最后甚至夺去其生命；却在本该恪守"纯洁的生活、纯洁无瑕的行为"的基督徒生活中，容忍诸如奸淫、邪荡、欺诈和异端邪教伤风败俗的丑恶行径充斥与盛行，对众所公认的、直接违背基督教信仰的道德败坏的邪恶行为，却视而不见、不加任何惩罚，反倒是挖空心思地去致力于推行一些细微烦琐、超出常人的理解力的礼仪并为其制造舆论。"谁犯有宗派分立罪或异端的——是那些统治他人的，还是那些受苦受难的；谁是谁非，在判明了他们各方分离的原因之后，一定会真相大白。"在政权方面，在洛克眼中，王权不过是借基督之名，以上帝之国的名义谋求"恰恰是另一个王国"[64]的种种。他们只会用"火和剑来强迫人们信奉某种教义，遵从这种或那种外部仪式，而无须考虑他们的道德"。[65]强迫人们信奉他们不相信的东西，容许他们做福音书所讳禁的事，想方设法地把谬误者拉入教内，那么毫无疑问，"这种人是存心要使无数的人们参加到他自己的教派中来"。[66]但是"所谓诉诸这些手段主要是为了建立纯正的基督教会云云，则是完全不能令人置信的"。[67]因此，那些不是真诚地为促进纯正的宗教和基督教会而争斗的人们，要诉诸非属基督教论战的武器，也就不足为怪了。真正的基督徒应该是"真诚地为了有益于灵魂跟在和平王子（耶稣）后面，效仿他的完美榜样。那位和平王子派天兵收服各国时，不是用剑和其他武器把他们武装起来，让他们在教堂里集合，而是以和平福音和堪为楷模的神圣交谈给他们作好准备。这就是救主的方式。假使那些异教徒果真能够因武力强迫而改宗，那些愚顽者能够因全副武装的士兵的胁迫而归正的话，那么，我们知道，这对于拥有天兵天将的上帝说来，比任何教会的儿子都要更加容易得多，不论后者的骑兵骁将有多么强悍"。[68]也正因此，洛克认为，在"真正的宗教"问题上，就必须严格区分公民政府事务与宗教事务，并正确规定二者之间的界限。

在我看来，国家是由人们组成的一个社会，人们组成这个社会仅仅是为了谋求、维护和增进公民们自己的利益。

所谓公民利益，我指的是生命、自由、健康和疾病以及对诸如金钱、土地、房屋、家具等外在物的占有权。

官长的职责是：公正无私地行使平等的法律，总体上保护所有的人并具体地保护每一个公民属于今生的对这些东西的所有权。如果有谁敢于违犯旨在维护上述所有权的、公正和平等的法律，其不法企图将会因为慑于惩罚而受到限制。惩罚包括剥夺或限制他的公民权利或财产，亦即在正常情况下，他原本可以而且应当享受的那些权益。但是，鉴于任何人都不愿遭受被剥夺其任何一部分财产的惩罚，更不愿意丧失自由和生命，所以官长是以他的全体臣民的力量为后盾，去惩罚那些侵犯任何他人权利的人。

既然官长的全部权力仅限于上述公民事务，而且其全部民事的权力、权利和辖制权仅限于关怀与增进这些公民权利，它不能，也不应当以任何方式扩及灵魂拯救。[69]

洛克的观点是对当时主流观点的颠覆。16世纪的宗教改革者与他们的天主教"敌人"几乎可以说是"殊途同归"，他们都在寻求一种力量的安排和帮助，这种帮助是置人于死地的暴力，宗教改革者与他们的天主教"敌人"都坚持说，一个"合法"的遵循上帝的政府的主要目的，或者说全部权力的对象和功能，都必须是维护"真正的宗教"——他们自己的宗教和基督的教会。从敌对信条的拥趸们，显示他们意欲相互作殊死斗争的实践和辩论中，一些政治哲学的理论家似乎便开始清晰地看出：倘若要想国内出现实现和平的任何希望，就必须使国家的权力与维护任何具体信仰的责任截然分开。

在"真正的宗教""真正的教会"中，必须坚持以下几点。

（1）每个人都是上帝意志的独立的仆人。

（2）只要不违背上帝之法，就个体与他人的关系而言，每个人都可以充分自由地选择，并按自己的意愿行事，这是不容置疑的。

（3）任何人，无论是官长，抑或教会神职人员，还是其他任何人，都没有权力强迫他人，就作为上帝的仆人这点而言，所有人都是平等的。

（4）每个人都是他自己的绝对的主人，对自己的行为负责。

（5）因上述原因，任何伤害、制止或妨碍他人成为上帝的仆人，妨害或是破坏信仰的行为都是不被允许的。[70]

第二节　信仰自由与国家权力

信仰自由与国家权力的界限和关系究竟如何呢？在洛克的话语体系中，为什么灵魂拯救之事与官长无涉？换言之，在洛克眼中，宗教事务在何种层面上与政府无涉？

洛克认为原因有三：没有授权、限度问题和良心自由。这就涉及洛克政治哲学中的三个主题——权力的来源、权力的限制和权力的目的。

一　授权——国家权力意志的体现

洛克认为，因为没有公民责成官长可以有权力比他人更多地来掌管灵魂的事——法律权力并没有授予官长，而且从"用上帝的名义说，并未授予他这种权力。因为看来上帝从未把一个人高于另一个人的权威赐予任何人，致使他有权强迫任何人笃信他的宗教"，因此官长不具备拯救灵魂的"神圣权力"。

就法律权力来看，官长也无法强行自我授权，即不具备法律权力的依据还有一点就是："不能说人民赞同把这种权力交与了官长，因为谁都不会对自己的灵魂拯救弃之不问，而把它盲目地交由他人来决定取舍，无论他是国王，抑或是臣民，都不能由他来决定应该遵从何种信仰和礼拜。"这就是良心自由的体现。之所以在立法层面上不能将灵魂拯救的权力赋予任何一个他者，是因为人不能使自己的信仰屈从于他人的指令，即便他想这样做也是不可以的，因为即使他想屈从于另一个人的信仰的指令，如果这是一个真正宽容的社会，就不会有对他屈从压力施力的人，因而，可欲者却不可得之。这种情况的发生是因为"真正的宗教的全部生命和动力，只在于内在的心灵里的确信，没有这种确信，信仰就不成其为信仰"。[71]

没有确信，信仰就不成其为信仰，这种确信是根本。一种信仰，无论如何表达，无论"遵从什么样的外部礼拜形式"，如果没有内心的充分确信，表白和礼拜便毫无裨益，而且注定会成为灵魂拯救的巨大障碍。"因为这样做，不仅没有通过礼拜赎免我们原有的罪过，反倒因为我们用看来会触犯上帝的方式去礼拜全能之主而增添了新罪，这就是对神圣陛下伪善和蔑视之罪。"[72]洛克定义的"真正的宗教"是摒弃"浮华的仪式"和"攫取教会的管辖权或行使强制力"的，"真正的宗教"是为了依据德性和虔诚的准则规范人们的生活而存在的。

从这个意义上说，信仰是个体私人的事情，是自己同邪恶和私欲开战而选择的一种圣洁的生活和纯洁无瑕的行为。也正因如此，人无法确定其他人是否是如此的，因而可以断言，一个对拯救自己的灵魂漠不关心的人，要使他人认为他会关心拯救他人的灵魂是很难的。"因为那些在自己的内心深处并未真正笃信基督教的人，是不可能热忱地、衷心地献身于使他人成为基督徒的事业的。如果说福音书和使徒们是可信的，那么，任何人若没有仁爱，没有那种不是加之以外力、而是动之以爱心的信仰，是断不能成为基督徒的。"[73]

和洛克同时代的萨缪尔·普芬道夫也认为，世俗政府不是为了宗教的目的而建立的；换言之，人不是进入市民社会或建立了更多便利设施后，才从事宗教活动。人多人少，均可奉行宗教仪式，无论教徒的集合是大是小，都无须为此建立某些强大的教团。但是，人若从事公开的暴力对抗，便构成被迫组成社会的首要动机，即相互防卫。社会的目的不是人类的宗教，而是剥夺比他们弱小之人的自由、生命和财富。集合在一起的人的数量，丝毫不能增加一个人的德行与虔信，因为每个人只有作为他自己，才能被全能的上帝接受。与一群虔诚敬神的人在一起，也不会使一个人看起来更加虔诚。我们生活在市民社会建立之前的先人，其虔敬的名望一点儿也不亚于此后生活在政府治下的人。宗教不是共同体最初奠基者的机巧发明，而是与人类自身一样古老，此已为明证。同样足够明白的是，那时人类尚未进入市民社会；直到很久以后，借由重要而强有力的理由，市民社会才出现。不可否认，在市民社会里，有人为达到在国家中的目的而诡诈地滥用宗教，但是，就其自身而言，宗教不是隶属于国家的，也不能被当作服务于国家需要（serve a states turn）并使人民顺从的适当工具。宗教，被称作市民社会的纽带，其内涵必须在此意义上理解。如果宗教与崇敬因上帝的不悦而被废除，那么，将不会再有足够强劲的纽带来使人类遵从作为所有共同体根本基础的法律和宪章。而且，若没有了向全能上帝负有罪责的畏惧，仅仅依靠人的力量，根本没有优势去约束桀骜不驯的灵魂所造成的滔滔恶行。[74]

沃尔德伦[75]则通过《宗教宽容书简》及洛克政治哲学著作和《新约》、《旧约》素材的运用发现，洛克不仅对权力限制有着极大的关注热情，而且更深入地探讨了基督使命的非政治性。洛克明确表示：

> 在以福音为指南的基督教国家里，绝对不存在这样的事情。确实，有许多城邦和王国曾经皈依了基督教，但它们全都保留了古老的政体，而基督的法律对之完全不加干涉。的确，基督曾经教诲人们如何通过虔诚和善行以求得永生。但是，基督并未建立国家。基督既未向他的信徒们规定任何新的、特殊形式的政府，也未把剑柄交予任何官长之手，责成他利用剑来强迫人们放弃其原来的宗教而接受他的宗教。[76]

洛克在这段话中强调，基督并未建立国家。基督既未向他的信徒们规定任何新的、特殊形式的政府，也未把剑柄交予任何官长之手，责成他用剑来强迫人们放弃其原来的宗教而接受他的宗教。这无疑表达了一种很清晰的观点。这一点在《基督教的合理性》中得到了重申。沃尔德伦引用了洛克《早期政府论》中的观点，即洛克在 1660 年的 "*First Tract of Government*" 中写道："圣经在任何地方都极少言及政体（除上帝亲自建立并因此特别关注的犹太人的政府之外），并且，上帝在任何地方从来都不曾为政府规定明确而具体的规则，以限制官长的权力，因为一种政府形式不可能适合于所有的人，而自然之光和人们自己的便宜所需即足以引导人类知晓法律的必要性。"在这里，洛克说，官长不需要任何"源于圣经的职权"，就像"一位主人无需通过圣经来考察他对自己的仆人有什么权力"一样。

《罗马书》中有这样一段话：

> 每人要服从上级有权柄的人，因为……所有的权柄都是由天主规定的。所以谁反抗权柄，就是反抗天主的规定，而反抗的人就是自取处罚。因为官长为行善的人，不是可怕的；而为行恶的人，才是可怕的……他是天主的仆役，是为相帮你行善；你若作恶，你就该害怕；因为他不是无故带剑；他既是天主的仆役，就负责惩罚作恶的人，所以必须服从，不只是为怕惩罚，而也是为了良心……为此，你们也该完粮。因为他们是天主的差役，是专为尽这义务的。凡人应得的，你们要付清；该给谁完粮，就完粮；该给谁纳税，就纳税；该敬畏的，就敬畏；该尊敬的，就尊敬。

《保罗书信注疏》对这一段的解注相当复杂，在沃尔德伦看来，这种解注对他的理论抱负来说也相当重要。洛克是这样说的：

> 不论我们把这里的权力当作抽象的政治权威，还是当作人们实际上行使的具体政治权力和司法权力，意思都是一样，即基督徒不能凭着基督徒的身份……而以任何形式不服从民政官长，也不应用任何手段去反抗官长，尽管通过第三节所说的内容，圣保罗在此似乎是意指

那些拥有并行使合法权力的官长。但是，无论官长是否如此并是否因此而被服从，**基督教都没有授予他们任何特殊的审查的权力**（ power to examine ）。**他们具有和其他公民一样的权利，却没有任何凭着基督徒身份而来的不同的特权。**[77]因此我们看到，在第七节，保罗喜欢完粮纳税等等这一类说法。正是因为这一类说法，才有了下面的说法：凡人应得的你们要付清，该给谁完粮就完粮，该尊敬的就尊敬等等。但到底谁是这些或其他正当权利的享有者，保罗却没有决定，因为他把这些留给他们国家的法律和制度来决定了。[78]

　　由此可知，成熟时期的洛克的态度是一贯的，即"掌管灵魂的事不可能属于民事官长，因为他的权力仅限于外部力量"。从教义上讲亦复如是，即基督教没有授予任何人，任何在政治社会中拥有某种特权的人以任何特殊的审查的权力。权力的拥有者和使用者，无论地位高低，其具有和其他公民一样的权利，却没有任何凭着基督徒身份而来的不同的特权。在冗长而又极度乏味的《宗教宽容书简》第三封信——也就是逐字逐句对普罗斯特观点进行驳斥的那部"巨著"——中，洛克对"现存权力是由上帝规定的"这句经文做了略微不同的解释。人们同意建立政府来避免自然状态的诸多不便。这些政府，洛克说，在下述间接的意义上，"就非常适当地可被称为是由上帝规定的权力"：它们是由"那些拥有来自上帝的权力以这样做的人（即表达同意的普通人）所选择和决定的"，"因为，那接受职权、受给予职权者（他从自己的君主那里获得了这样做的权力）决断之限制的人，就其职权的范围而言，真正可以说是由君主自己指定或任命的"。[79]这再次清楚表明，《罗马书》第十三章的这段话应按照洛克的理论论证（实际上是他的契约论论证），而非按照其他方式来解读。

　　洛克在《政府论·下篇》中明确表示过，人民和国家是一种"信托"关系，国家的存在是为了使人们的生命、自由和财产免受他人的损害和侵犯，因而，官长的全部权力仅限于上述公民事务，而且其全部民事的权力、权利和辖制权仅限于关怀与增进这些公民权利，他不能也不应当以任何方式扩及灵魂拯救——人民的声音就是上帝的声音。显然，与此相对的是内在的"纯真的和救世的宗教"，这种信仰形态只能存在于心灵内部。信仰就其本质而言，不可能因外力的原因，被迫去信仰任何东西。因而官长所具备的外部权力——惩罚的权力，如监禁、酷刑和没收财产，"所有这类性质的东西都不能改变人们已经形成的关于事物的内在判断"。[80]国家是不能履行良知的功能的，国家只解决社会的公共福利问题，而不解决个人的福利问题。国家镇压犯罪行为，却不能镇压人们心中的邪恶感。[81]

二　限度——"捆住"权力之手

人们会不会、可不可以屈从于政治权力（不一定是最高的政治权力）而接受其采取"非暴力"的方式——用辩论的方式引导异端派领悟真理，从而使他们的灵魂得救[82]——来"诱导"人们放弃被认为是错误的信仰呢？换言之，直接的暴力不大会为政府所采取，但如果政府或是某个突然出现的集权者，特别是尚未被识破真面目之前，或是即使识破了真实的面目，但因为权力的极度集中和暴力的垄断使用——韦伯就说过，国家是合法地垄断暴力——而使人民不得不接受。

事实上，对于这种直接的暴力的使用，洛克似乎并不担心。在《政府论·下篇》中洛克已经有了从政治哲学范畴内的集中讨论，但对于"温柔的隐形暴力""无形的暴力"，洛克也感到棘手。

这是一个很大的问题，也是我们在讨论中始终要面对的一个难题，也是宽容悖论的一个方面。从表面上看，采用"无形的暴力"似乎是一种"积极"的方式。密尔同样提出："由国家强制教育是一回事，由国家亲自指导那个教育是完全不同的另一回事；人们所举的反对国家教育的一切理由，对于前者并不适用，对于后者则是适用的。……要由国家主持一种一般的教育，这无非是要用一个模子把人们都铸成一样；而这个模子又必定是政府中有势者——无论是君主、是牧师、是贵族或者是现代的多数人民——所乐取的一种，于是就不免随其有效和成功的程度而相应地形成对于人心并自然而然跟着也形成对于人身的某种专制。"[83]

顺从上帝还是顺从人？如果人借上帝的名，行非义而不被所知何为的事，达成的"顺从"是真正的顺从吗？如果这种"顺从"的"诱导"经历了人生代际的时间延续之后，还会被认为是"诱导"吗？这种侵犯的边界的推移显然是"不平等的对抗"，而且这种看似"正当"的"诱导"如果引发个体的"不服从",对于权力的拥有和使用者来说,决然可以对公民施以任何"合法"的惩处,而这些举动不会被视作非法的、非正义的和专横的,或者即使被认作非法的、非正义的和专横的,也会因为"沉默的大多数"而被"忽略"。在政治社会中,即使我们"清除"掉其他的所有附加因素,单纯就政教关系中的"软性"诱导而言,宗教,显然"手无寸铁"而力不从心。

在本节中,笔者仅就《宗教宽容书简》第一封信中洛克的认识进行简单分析,最重要的政府权力"强力"——"必要的恶"是否必然侵犯良心自由——话题会在下一章中充分讨论。

在《宗教宽容书简》第一封信中,洛克的核心观点是,要将劝说和命令、论证和刑罚有效区分开来,这涉及如何保障公民的自由权利的问题。这可依托的就是法律。法律一停止,暴政就开始了。

洛克明确指出,如果掌握权威的人超越了法律所授予他的权力,利用他所能支配的强力强迫臣民接受违法行为,他就不再是一个官长。[84]当然这种结构可以发挥作用是有前提的:如果人民以公正的和真正平等的办法来选举他们的代表,适合于政府的原来组织,那么这无疑地就是允许并要他们这样做的社会的意志和行为。[85]洛克指出,在通过理性来指导、教诲和纠正谬误方面,官长当然可以做那些善良的人所应做的事。权力的身份,并未要求他放弃人道或信仰。"但是,劝说是一回事;命令又是一回事。晓之以论证是一回事;强之以刑罚则是另一回事。"[86]劝说,论证是友善;命令和刑法则是权威。每个人都有责任去规劝、勉励和说服谬误者,并通过说理引导人领悟真理。然而,一旦"颁布法律、要求服从和以刀剑进行强制,这些便不能属于他人而只能属于官长"。基于此,洛克断定,官长的权力是不能靠法律的威力来确立任何信条或礼拜形式的,因为法律若没有刑罚便不会有威力,而在这种情况下,刑罚是完全不合适的,因为它们无助于使人心里信服。对于理性的人来说,启发和明证才能改变人们的见解,而肉体痛苦或其他任何外部的惩罚都是不可能使人得到启发的。其实早在1681年,洛克在引用了胡克的《论教会政体的法律》第1卷第9部分——这里主张人们遵守符合自己本性的法律是正当的,而违反这种法律则是罪恶——的一个段落之后,在日记上写下一些自己的评论。他写道:"遵守一国的法律是 officium civile ［公民的义务］，违反刑法是 crimen ［犯罪］ 或 delictum ［过错］；遵守在任何国家中被视为自然法则所颁布的命令是 virtus ［美德］，反之则是 vitium ［罪恶］；遵守在任何地方被信任或尊重的事物是 laus ［荣耀］，而忽视则该受到 vituperium ［谴责］；社会的法律并未禁止或命令从事 licitum ［正当的］ 事务。从事 Indifferens ［一般的］ 事务则受其他所有法律的禁止或命令。"[87]

三　良心——如何保护个人自由至上

洛克明确表示，公民政府的全部权力仅与人们的公民利益有关，并且仅限于掌管今生的事情，而与来世毫不相干。

在洛克看来，灵魂拯救的事不可能属于官长，因为即使法律和刑罚的威力能够说服和改变人的思想，却全然无助于拯救灵魂。因为，真理只有一个，通往天国之路只有一条。如果信仰不是良心自由的选择，不是理性的选择，而是国家的权力、法律的规定、势力的压制或是逢迎统治者的旨意，这样的信仰，这样的教会，又怎么能"指望把更多的人们引进天国呢?"

因此，如果一个国家强制实施一种或者某些特定的宗教，那么它就会使善良的人"不得不放弃自己理性的启示，违背自己良心的指示，盲目地，去屈从于在其出生国中或因迷信或因愚昧和野心而偶然建立起来的教会"，其结果将是"世界其他国家的臣民，便都不得不跟着他们各自的君王走向毁灭之途了。而且，人们究竟是享受永生的幸福，还是蒙受无尽的苦难，似乎都要靠出生地来决定，这就更加荒唐和不合神意了"。

洛克的话显然是说给经历了宗教不宽容和政治不自由的英国人的。国家不应该只有一种声音，而应当宽容不同的态度。"强制言论一致是绝不可能的。因为，统治者们越是设法削减言论的自由，人越是顽强地抵抗他们。"[88]

显然，如罗尔斯认为的那样，"宗教的概念可以以各种各样的方式来界定，但是确定此概念的任何可行的方式都将意味着，负有宗教义务的人必须将此义务看作是具有绝对约束力的，也就是他不能根据个人利益来衡量是否履行此义务。尤其是，维护一个人的宗教的真理性的义务以及遵循教规禁令行事的义务，绝不能为了世俗利益而妥协"。[89] "宗教自由受限于保障公共秩序的需要，但这种自由对公共秩序的干扰，必须通过常识性原则来确立，这个原则本身导源自正义的概念。在认可此原则的同时，人们既没必要承诺一种关于世界的特殊的形而上的观点，也没必要承诺一种关于知识的一种特殊的哲学解释。人们承诺这个原则，是正义的要求。"[90]

英国著名学者昆廷·斯金纳在他的巨著《近代政治思想的基础》中就指出，在中世纪欧洲，由于使封建的社会组织得以坚固的法律假设，并由于教会自称是与世俗当局同时并存的而不是从属于它的立法者行事，所以不可能存在任何这种单一的政治主权形象。因此，当领主的和教会的管辖权概念开始受到挑战时，就策划了新的具有深远意义的国家概念的变化。……对于教会作为一个王国的地位最早发起全面的攻击是在 14 世纪上半叶，当时帕多瓦的马西利奥在《和平的维护者》一书中论证说，一切高压的权力顾名思义都是世俗的，而任何教士"在他的职务方面"拥有的最高权力只能是"教导和实践"，而不得行使任何"高压的权力或世俗的统治"。16 世纪，尤其是法国的支持专制主义的法学家及路德教派的学说（认为教会无非是信徒们以神的名义集结而成的聚会的代表）的倡导者们，他们以同等的热情继承了不予理会教会的合法权力和管辖权力。[91]

洛克认为，教会与国家互相有别并绝对分离，它们之间的界限是明确不变的。谁若把这两个在渊源、宗旨、事务以及在每一件事情上都截然不同并存有无限内在区别的团体混为一谈，谁就等于是把天和地这两个相距遥远、互相对立的东西当作一回事。而在被誉为"德国自由主义大宪章"的《论国家的作用》一书中，洪堡和洛克的态度如出一辙，即国家不对宗教事务进行干预是完全可能的，没有一种干预不是要避免或多或少不当地倡导支持某些特定的宗教观，因此也不会让那些由于这样一种倡导支持而产生的反对国家的种种理由发挥作用。同样，不可能有一种干预的方式不会至少在某种程度上同时带来一种领导，即同时造成一种对个人自由的妨碍。因为对于处置各种宗教理念，真正进行强制的影响、仅仅提出要求的影响以及最后仅仅比较容易得到机会的影响，当然是十分不同的，但是，不管影响多么不同，在处置各种宗教思想时，总是存在着国家思维方式的某种优势，这种优势限制着自由。[92]

第三节　教会的权力[93]

"硬币"的另一面——教会——拥有哪些权力呢？

洛克对此非常明确、斩钉截铁地指出，**教会无非是信徒们以神的名义集结而成的聚会的组织，而且必须是自愿的**——洛克事实上赋予了教会"有力"的"限制性"权力——**凡属在国家里合法的东西，官长便不能在教会中加以禁止。**[94]

这是对教会的巨大限制，却是最有力的保护，但更重要的是对人的自由的巨大解放——**民事权利到处都是一样的。**[95]

洛克对于基督教传统中的教会权力向世俗权力靠拢和利用深恶痛绝，在他看来，那不是真正的教会。事实上，洛克所指责的是罗马教会和英国国教政教态度，而且洛克意识到了教会危机，或说是宗教危机——借用经济学家诺斯的观点——实质是宪制危机。

宗教斗争的时代，以 1648 年《威斯特伐利亚和约》的签订而宣告结束。然而，更根本的转变不能被忽视，这就是经济社会的发展和变化。政治、商业和宗教活动，它们各自具有不同的独立的生命力，服从自己的生存法则。在教会内部发展成熟、长期被认作教会职能的各种社会职能被转移到了国家身上，于是国家被作为财富的分配者和文明的保卫者而受到崇拜。把一切人类兴趣和活动包容在一个以宗教为顶点的体系之内的价值等级理论，已被独立而平行的各个部分的概念所取代，这些部分之间应当保持必要的平衡，但它们彼此并没有生死攸关的联系。一切都发生了改变，重构教会内部的"宪制关系"是实现"真正的宗教"的基础——民主的社会，需要与之相对应的民主的教会——毕竟，一切宗教都是政治。

所以，洛克在《宗教宽容书简》中持续地分析了关于教会内部的民主建构，并且暗示了"民主先于信仰"的概念，即在教会和公共利益的冲突中，公民权优先于信仰权、民主优先于宗教。[96]

洛克从四个层面论述了"民主的教会"的特点：一是平等，二是公民权至上，三是教会自我的权力约束，四是对于"叛教者"——信仰转换者的宽容。[97]

首先，洛克认为，作为公民——参与教会的信仰者，相互之间是平等的、没有隶属关系的人。

一个信仰的共同体中需要一定的规则，洛克对此是认同的。他指出，教会犹如任何一个团体一样，无论这个团体多么自由、松散，也无论它是基于多么偶然的因素而成立的，"倘若没有某种法则作为约束，并且大家都遵守这些法规的话，是决然不能维系一起而无不立即散伙的"。[98]如聚会的时间和地点须取得一致，入会与退会的原则须建立，以及成员等级的区分和正规程序的保持等诸如此类的事，都是必不可少的。但是"会员们结成的这个教会是绝对自由和自发的，因此，其立法权必然不会一致同意授权的人"。所以洛克反对有人提出的任何一个团体应该有一个主教或长老，其权威是直接导源于使徒们本身，经过绵延不断的继承交递，一直延续到当今的主持者，否则便不能说它是一个真正的教会的看法。因为，在历史上，教会中的任何人，特别是那些教会的所谓高层或是高级神职人员从来都没有被赋予凌驾于他人之上的权力。在洛克的眼中，教会的宗旨只是共同礼拜上帝，并以此为手段求得永生。基于这样的认识，教会中的一切规定应当有助于达成或实现这个目的。教会的全部法规，也就是教会中每一个人的权限，也应以此为限。教会不应也不能受理任何有关公民的或世俗财产的事务，任何情况下都不得行使强力。因为强制权——这样一种权力是不应该出现在教会中的——完全属于官长，只有政府有对一切外在物的所有权的管辖权。也正因如此，人们应该意识到，任何一个人应该自由选择加入某个特定的教会，而在这个教会里，参与者能得到的确信是，那些为救人灵魂所必需的事，能够得以实现的话，这个参与者或者信仰者便会同意教会的看法，即可以有自己的教会主持者，但是，这个人是在他们认为必要的情况下，经过长时间继承蝉联的方法确定的。显然这是一种很民主的方式。唯此，各方面的人均可享有教会的自由，"谁都不再有强加于自己的立法者，而是由人们自己来选择立法者"。[99]而且，"即令在那些强调某一级教职必须神授和教职应当蝉联的人们当中，也存有巨大分歧。正是他们彼此间的分歧促使我们不得不慎重考虑。而这样的结果将使我们有自由去选择我们经过考虑认为是较满意的说法"。[100]教会的权力是规劝、训诫和勉励。因为，如此认识教会的话就会发现教会竟毫无强制性的权力。必须看到，教会是通过与事物本质相适合的手段来建立的。至于那些外表上对法规的确认和遵守，如果并非出于内心的赞同和坚信，是完全无用的和无益的。使教会会员忠于职守的唯一手段是规劝、训诫和勉励。如果经过这些手段仍不能使违反者改邪归正，那就没有别的办法可循，对于教会而言，只好将这种没有希望挽救的顽固者逐出教会。这是教会最大的也是最后的一项权威。对于被开除者，教会除与之断绝关系外，不能再进行其他惩罚，受罚者不再是那个教会的一员，这里的潜台词就是，信仰者的信仰权可以由教会"裁决"，但他的公民权，教会却"无能为力"。此外，人的权威可以消解，那么神圣的权威呢？比如《圣经》。"倘若规定入会条件应包括并且只包括像圣灵在《圣经》里所明确宣布的、对于灵魂拯救所必需的那些东西，不是更适合基督的教会吗？"洛克对此深恶痛绝，他提醒那些一本正经地为他们自己的教会法令而辩护的人们，以及那些不断地高声叫喊"教会""教会"，就像以弗所银匠叫卖自己打制的月亮神银器一样的人们：福音书迭次宣布，基督的真正门徒一定要忍受迫害，但是说基督的教会应当去迫害别人，甚至以火和剑来强迫人们接受它的信仰和教义，却永远无法在《新约》的任何章节里找到。[101]

其次，洛克强调了公民权的至上性，即不论是个人还是教会都没有正当的权力以宗教的名义而侵犯他人的公民权和世俗利益。

洛克从三个角度讨论了这一观点，即教会对个人、个人对个人和教会对教会。[102]

教会绝不能侵害其公民的权利。教会和个人之间的冲突最终会体现为对于教籍的革除，这也是教会宽容的底线。洛克认为，任何一个教会都绝不会因为宽容责任而容纳那种屡经劝告仍执意违反教会法规的人。如前所述，基于洛克的政治哲学，遵守教会法规是加入教会的条件，也是个人和教会的一项契约。如果个人一意孤行，违反教规且屡教不改，破坏教会的秩序，则"如果容忍这种违法行为而不加任何责罚，教会便会立即解体"。[103]尽管如此，教会亦需尊重个体的公民权利，要做到在宣布和执行革除教籍的决定时，不得对被除名者使用粗鲁的语言或行动，使他们的身体或财产以任何方式蒙受损失。革除教籍权力只包括：宣布教会关于革除教籍的决定，从而断绝教会与被开除者之间的关系；关系一经断绝，被开除者便不能参加教会对其成员开放的某些活动，因为这些活动任何人不得以公民权利参加。教会牧师在举行圣餐礼时，不再发给被开除者面包和酒，是因为这些东西是用别人的钱买来的，所以这样做并不侵害他的公民权利。处罚权力，即一切强制性权力只属于官长，任何个人除非为了反对非正义暴行而进行自卫，任何时候都不得使用暴力。而且，宗教事务是宗教事务，如果它没有涉及公共领域和侵犯其他个人的合法权益的话，在革除教籍时，没有也不可能剥夺被除名者先前占有的任何世俗财产，这句话其实是洛克说给英国执政者的，因为很多宗教冲突最终演变成了借神圣之名，对于持有不同信仰的全体和个人的世俗利益的"分赃"，被革除教籍的人的一切都属于公民政府，并受官长的保护。

个人对个人亦是如此。洛克始终看重的个人的公民权利神圣不可侵犯。"任何私人都无权因为他人属于另一教会或另一宗教以任何方式危害其公民权利的享受。他作为一个人而享有的一切权利以及作为一个公民而享有的公民权，都是神圣不可侵犯的。"[104]任何人，无论是基督徒，还是异教徒，都不得对其他不同信仰者使用暴力或予以伤害。"我们不能仅仅满足于为伸张正义而采取的狭隘措施，还必须以仁爱、慈善和自由作为补充。这是福音书所指示的，理性所引导的，也是我们生而具有的自然身份要求于我们的。"[105]他人之误入歧途只是他人之不幸，并不有损于己。因此，"你既然相信他将要在来世受罚，也就无须在今生的事情方面对他惩罚"。[106]

私人之间的宽容原则同样适用于教会对教会。教会与教会之间不过是放大了的个人。洛克认为，即便是官长"碰巧"属于某一特定教会，该教会亦无权管辖其他任何教会，这是因为如前所言之政教分离的必然性，所以，公民政府不能授予教会以新的权利，教会也不能授权予公民政府。无论官长加入或脱离某个教会，教会依然和过去一样，是一个自由的、自愿的团体。它既不因官长的加入而获得"剑的权力"，也不因官长的退出而丧失其教导权和革除教籍权。这是一个自发教会的不变的、根本的权利，即它有权开除任何违反其教规的会员。但教会不能因接纳任何新会员而取得对非会员的管辖权。因之，所有教会均如同私人之间的关系一样，不得以任何借口谋求超越或统治对方的权限。举例而言，因为每个教会对其自身而言都是正统的，而对其他教会则是谬误的或异端的。一个教会不论相信什么，它都认作是真理，并把与之相反的称为谬误。因此，这两个教会在关于教义的真理性和礼仪的纯洁性的争端中，双方都处于同等的地位。人们不可能找到一位法官，可以根据他的裁决来解决这场争端。这类问题的裁决和对谬误一方的惩罚，只能属于"万人之上的最高法官"。[107]进一步讲，假使事态能够表明争议双方之中的某一方是正确的，获胜的教会也并不能由此而取得消灭对方的权利。因为不仅教会无权管理世俗事务，而且，"火和剑也不是用以说服人们领悟真理、改正错误的恰当手段"。[108]再假定如果官长倾向于某一方，并把"判决权"交予他们手里，于是在官长的赞同下，看似某一方便可以随心所欲地惩罚对方。可是，"谁能认为基督教会能够从一个土耳其苏丹手里取得统治其教友的任何权利呢？异教徒自己尚且没有只是因为信仰不同而惩罚基督教的权利，当然也不可能授予任何基督教会以这样的权威，更不可能授予他们连他们自己也还没有的权利。这就是在君士坦丁堡的情形"。[109]所以，在任何一个国家中，民事权利应该在各地都是相同的。这种权利即使操在基督教君王手里，也不可能比它操在异教徒手里时授以教会以更大的权威。就是说，谁都没有这样的权威。

再次，教会特别是教士，也就是神职（教职）人员，应该约束自己的行为。

教会与国家互相有别并绝对分离，因此，不论对于教会人士——主教、牧师、长老、司祭或拥有其他显赫头衔的人们——来说其权威来自何处，既是教会的，它便只能限于教会内部，而绝不能以任何方式扩大到公民事务。如果说这样的定义是从公民政府的法律权威角度界定的话，那么如果从教会教职人员内部的权限的角度出发，则可以理解为，无论是谁，不管他在教会里担任多么令人尊敬的职务，都不得以人与人之间的宗教信仰不同为借口而剥夺不属于那个神职人员或是神职权威所有者所属的教会或宗教的人们的自由或其世俗财产的任何部分。因为，"凡对于整个教会不合法的东西，都不可能凭借教会的权利，而变成对其会员合法的东西"。[110]

当然如果仅仅如此，教会或是教职人员的意义何在？信仰中为什么还需要这些人呢？洛克从劝诫的职能和克制的态度两个层面来对教会的权力做出说明。洛克认为，"那些自称为使徒继任者并接过宣教职务的人"[111]是有义务的，他们的义务体现在劝诫其听道者们以和平和友善的态度对待一切人，包括谬误者和正统派，也包括在信仰和礼仪上与他们不同的人和相同的人。同时，这些自称为使徒继任者并接过宣教职务的人也必须以仁爱、温顺和宽容，孜孜不倦地劝诫所有的人，不论是平民还是官长（如果在其教会里确有某个政治权威位列其中的话），并始终不渝地致力于缓和和节制出自人们对本宗派的狂热，也要防范由于他人的诡计而被煽动起来的对不同意见者的所有那些激愤情绪和反理性的厌恶心理。从这个角度看，洛克认为教会的神职人员在某种意义上也肩负着维护秩序的"世俗职能"，尽管这一职能本身被严格限定在了教会内部或是教堂中而不能跨越雷池一步。

显然，一个合法的政治秩序本身应该为教会所遵守的应有之义，似乎并不是洛克反对的。

进一步地，教会还担负着克制强暴的重担——"戒绝以任何方式虐待那些从未损害过他们的人"。也就是如果没有伤害，就不应当仇视和使用暴力。因为一个真正的宗教徒应该以同样谨慎、克制的态度去对待那些只关心自己的事务的人，即其他宗教的信徒，如果他们之间并没有发生任何暴力和冲突。不同宗教的差异，或是同一宗教内部因为不同派别所引发的"差异"不构成任何暴力的借口。"在家务私事、财产管理、健康保护方面，人人都可考虑自己的方便，按自己最合意的方式去做。谁都不会因为别人在种田或出嫁自己女儿问题上的过失而愤愤不平；谁都不屑于管教在酒吧间里挥霍家业的浪荡子弟；谁想拆房、建房或花掉多少钱，都听其所欲，无人窃窃私议，无人加以控制；关于这些，他都有自己的自由。"[112]可是一旦发现"谁不经常到教堂去礼拜，不按习俗礼仪约束自己的行为，或者不领自己的子女到这个或那个礼拜堂去接受神圣秘典，马上就会引起一场风波。左邻右舍立即会发出一片喧嚣和吵闹。每个人都准备惩罚如此的大罪。而且，在案件尚未审理之前，在那个可怜的人还没有经过正式手续受到剥夺其自由、财产或生命惩罚之前，那些狂热分子就很难保持克制和忍耐而不立即采取暴力和掠夺行为"[113]这样的巨大反差，却一再发生，这是不可理喻的，也是教会的失职。更不能容忍的是教会的教职人员居然还可能"竭尽全力地施展其雄辩之才来颠倒是非，论证人们的过失"。[114]这是无可忍受的，毕竟暴力属于世俗权力管辖领域，法律事务与教士之手是不相称的："带着火与剑味道的极度狂热或许会使其野心暴露无遗，而使人看到，他们所追求的无非是世俗统治权罢了。因为确实很难说服稍有常识的人使其相信：一个眼不掉泪、心安理得地把他的弟兄交给刽子手去活活烧死的人，是真心实意地关心于拯救他的弟兄，使其在来世中免遭地狱的火刑的。"[115]

最后是对于"叛教者"的态度。

成熟时期的洛克的宗教宽容思想和洛克的哲学思想和政治思想是一脉相承的。对于洛克而言，人天生都是自由、平等和独立的，如不得本人的同意，不能把任何人置于这种状态之外，使其受制于另一个人的政治权力。任何人放弃其自然自由并受制于市民社会种种限制的唯一方法，是同其他人协议联合组成为一个共同体，以谋求他们彼此间的舒适、安全及和平的生活，以便安稳地享受他们的财产并且有更大的保障来防止共同体以外任何人的侵犯。无论人数多少都可以这样做，因为它并不损及其余人的自由，后者仍然像以前一样保有自然状态中的自由。当某些人这样地同意建立一个共同体或政府时，他们因此就立刻结合起来并组成一个国家，那里的大多数人享有替其余的人做出行动和决定的权利。[116]在这个共同体中，不论是个人还是教会，甚至包括国家、政权在内，无论是谁，都没有正当的权利以宗教的名义侵犯他人的公民权和世俗利益。也就是说，人可以自由选择自己的信仰。教会是自由自愿的团体，人不是生来就属于某一个特定的教会，也因此不必一生固守某个特定的教会，如果人基于自己的理性判定在某个特定教会中自己无法获得信仰的支持或是满足最终的需求，也即没有了拯救的期待，那么人可以离开这个教会。事实上，洛克的这番言论既是他哲学的逻辑表达，也是现实的需要，在英国革命时期，很少有人能坚守自己的信仰而不被强权或是世事变迁所左右，很多地方上的信仰者往往因为政局的变化而改变信仰，无论是自愿的还是被迫的，但这样的行为又会成为下一场宗教屠戮或宗教不纯洁的口实，人们在宗教教派的此起彼伏中寻觅不到生存的基本空间，这让洛克不得不认真思考，最终提出

"火和剑是不能用以说服人们领悟真理、改正错误的恰当手段", "谁都不是生来就属于教会或宗派，但每个人都自愿地加入某个教会，因为他确信在其加入的那个教会里，确实找到了为上帝所喜欢的表达信仰和礼拜的方式。既然期待得救是人们加入某个教会的唯一原因，因此，这也是他留在那个教会里唯一的理由。可是，如果这个人后来发现在其加入的那个教会里，或教义上有差错，或礼仪方式不适当，他为什么不可以像他自愿加入那样而自由退出呢？对一个教会会员说来，除了他对永生的确切期待以外，再没有任何其他东西使他和教会联系在一起"。[117]

综上所述，洛克表达了这样一种观点。作为公民，参与教会的信仰者相互之间是平等的、没有隶属关系的人，参与进这样一个共同活动或共同信仰联合体的前提是所有参与其中的信仰者之间可以确立或承认一些规则，这些规则定义了信仰共同体的活动，并且也在一定程度上意味着信仰共同体和信仰共同体中的个人责任的承担，确定了信仰团体中每一个信仰个体和集体的行为的准则、仪式、教条和责任。而在这样一种平等的、"民主"的教会实践中，参与进这种实践的人，没有一个人感觉到自己或其他任何人被占了便宜，或是失去了原本属于自己的精神层面上的或世俗利益领域的东西，也没有任何人会以是否虔诚信仰迫使个体或集体付出代价或是对看似合法的某些"特定"主张做出让步，如此的共同体信仰实践可以称得上是自由、公平和平等的信仰实践。正是这样的自由的、彼此间没有隶属关系的人们，仅仅出于对上帝的信仰（宗教信仰）和对教会宗旨的认同，而对信仰共同体的原则的相互承认，才使得教会内部基于平等的概念而形成的信仰正义是真正打动人的和根本性的。只有当这样的承认是可能的，信仰共同体和信仰共同体中的个人在这样的共同实践中才可能会形成一个真正的共同体，否则，他们的关系看起来在某种程度上是建立在强制之上的。[118]

第四节　信仰者外部行为的约束：不得侵犯公共利益

在 17 世纪的英国和 21 世纪的欧洲，礼仪也许只是表现方式不同，对于一个信仰者来说，宗教活动方式、穿着、仪态等都是很重要的。

任何一种宗教都要包含"信仰"和"行为"两个重要部分，而且正如罗尔斯所言的，人们不宽容的不是思想，而是行为，外在的行为或许更是不宽容的依据。思想的内在性和行为的外在性决定二者的呈现方式截然不同，涂尔干（Emile Durkheim）就认为，仪式是社会群体定期用来巩固自己的手段。从某种意义上说，宗教仪式普遍存在，甚至在现代社会中也是如此，宗教仪式对宗教信仰的黏合和宗教权力的生产和再生产，由各种信仰关系所形成的权利体系所引发的合法性的构建或认同、反驳、颠覆甚至破坏、消失，以及记忆的构筑与绵延都有着巨大而或隐或现的、不可忽视的影响。人们在仪式当中共同构造出信仰归属感，宗教仪式成为信仰者对神圣对象及神圣力量基本态度的表达，它可以激发信仰者有关共同信仰的宗教的"集体记忆"和"共识认同"，渗透进信仰生活的内部，塑造了共同的信仰文化和集体价值，也能够掌控信仰者的心灵和身体，通过其内在的生成动力，主宰着人们的行为和思维。宗教仪式是权力表达的一种重要形式。以丧葬仪式为例，普通人的葬礼作为一种私人领域的生活内容，在类型上属于人生仪式的范畴。但如果死者是个教徒，那么这种葬礼的类型就有了新的特征，可以划入宗教仪式的范畴，其中反映着神圣与世俗的关系。[119]

伯尔曼指出，16世纪和17世纪早期清教事业的一个重要部分是英国国教礼拜仪式的改革，包括进餐时不用下跪，教士在教会场所不用穿着特别的服饰——"祭服"，不必使用熏香和在教会场所歌唱圣歌，以及不必遵循在清教徒看来反映了错误的神学教义的其他仪式。在复辟之后，当查理二世为了讨论公祷书的可能变化而召集了各种各样宗教背景的人们时，理查德·巴克斯特（Richard Baxter）——一个清教徒领袖指出，如果清教徒要求废除下跪和曾经被授予的祭服，内战本有可能避免！然而，查理二世并没有让步于巴克斯特和其他人提出的对这种要求的重新解释。因此可以说，它不仅带来了一场内战，也带来了一代王朝的变化，加上创立了一部对新教教会宽容的法律，这使得英国国教具有足够的"包容性"以容纳各个阶层，不仅容纳了盎格鲁-加尔文教，而且容纳了盎格鲁-天主教的礼拜形式。[120]

故此，基于历史和宗教自身的特点，洛克特别关注外部礼仪，而且这当中还涉及了困扰洛克的一个巨大的问题，即个体信仰自由、公共利益和立法原则之间的冲突与调适究竟应该如何进行？洛克给出的答案是必须在不能损害个人利益的前提下满足公共利益。

洛克给出了三点讨论：

（1）不能凭借任何世俗权威而将那些就其自身性质来说属于无足轻重的事定为礼拜上帝的一部分，其理由正是它们是无足轻重的。

（2）要区分宗教礼仪的实质内容。

（3）关于偶像崇拜的问题。

第一点，即不能凭借任何世俗权威而将那些就其自身性质来说属于无足轻重的事定为礼拜上帝的一部分，其理由正是它们是无足轻重的观点，和洛克以往的思路是一致的。在他看来，这是因为国家和宗教的绝对分离所带来的对官长权力的限制。自由结合的人们之所以加入某一教会，是因为他们集合在一起不仅可以互相启发和开导，也可以向世界表示他们崇敬上帝，并以问心无愧的、上帝能予领受的方式礼拜神圣的上帝，还可以通过纯正的教义、圣洁的生活和体面的礼拜形式，把其他人吸引到纯正宗教的博爱中来，完成那些相互独立的私人不能完成的其他宗教事宜。因此，官长应当对这些教会持宽容态度，因为人们在这些集会上所做的事情，完全是每一个人依法可以自行处理的事情。所以基于此，我们会发现，所谓官长（政府权力）无权以法律给自己的教会以发号施令的权力干涉礼仪，就更不必说规定其他教会礼拜上帝的礼仪形式。教会是自由的团体，而且无论人们怎样礼拜上帝，都只有在他们自己确信那种方式能够为信仰崇拜对象所悦纳时，它才是正当的；反之，非出于这种信念去做的任何事情，其本身便注定是不可取的，也是不予接受的。因此，把这些违反人们自己判断的事情强加于人，事实上是强迫他们触怒了"神"。既然任何宗教的宗旨都无非是取悦于自己信仰的对象，而宗教自由则是达到此种目的所必需的。

显然，洛克反对的是中世纪天主教会礼仪的繁文缛节，铺张浪费甚至是奢华无度。其实，中世纪天主教这种重礼仪、轻信仰的发展趋势就是引发16世纪欧洲宗教改革的直接动因。洛克进一步认为，虽然宗教是无足轻重之事，却在法律管辖的范围内，但并不能基于此就认为政府在宗教事务方面可以随心所欲地颁布关于任何无足轻重的事情的法律，因为公众利益是检验全部立法的准则和尺度。如果某件事情对于社会是无用的，不管它是怎样的无足轻重，都不能立即以法律予以确认。也就是说：

> 某些就其自身性质说再也不能更加无足轻重的东西，一旦它们被用到教会和敬拜上帝上时，那就超越了官长的职权范围，因为采用这些东西与公民事务无关。[121]

教会唯一的宗旨是救人灵魂，它采用这种或那种礼仪，与国家或它的任何成员都毫无关系。在这些宗教集会上采用或摈弃任何礼仪，对于任何人的生命、自由和财产既不会有利，也不会有害。洛克举例说，用水为婴儿施洗这件事情是无足轻重的，但如果官长认为儿童受洗有利于防治各种儿科病，因此这是件重大的事情应当依法管理，在这种情况下，官长可以下令这样做。可是，谁能据此认为，为纯洁孩子们的灵魂，官长同样有权以法律来规定所有婴儿都必须在教堂里接受牧师的洗礼呢？这两种场合之间的巨大差别，人们一眼便可以看出。

> 如果我们把上面这个例子里的婴儿换成犹太人的孩子，事情也就更加清楚了：因为，有什么东西能够妨碍基督教官长管辖犹太属民呢？如果我们承认，不应强迫一位犹太人去做一件在其宗教里属于无足轻重的事而使其受到损害，那么，我们又怎能认为可以对基督徒这样干呢？[122]

洛克在《宗教宽容书简》中不断强调，教会是一个自由的、自愿的团体，因为任何人都不是生来就属于某一教会。所以他诘问道，如果教会不是自由的——包括施洗的选择权在内——那样，父母的宗教信仰，势必像他们的世俗财产一样，可以凭借财产继承权而转归自己的子女，每个人都将像他占有土地的方式一样而拥有他的信仰了，难道还有什么能比这更荒唐的吗？从这句话很明显可以看出，洛克并不认为一个人出生后在自己没有选择的情况下受洗本身和信仰的笃定之间有必然的联系，甚至这样的洗礼似乎和人的理性选择信仰观念也是相悖的。[123]

　　洛克强调，无足轻重的事就其自身的性质来说不能用来赎罪，那么，任何人的权力或权威也便不可能赋予它这样的性质。在日常生活事务方面，采用那些上帝未予禁止的、无足轻重的事，是自由和合法的。因此，在这些事情上，世俗权威是有其地位的。但是，在宗教事务方面却并非如此。就礼拜上帝而言，无足轻重的事，如果非属上帝所规定，如果不是上帝曾以某种明确的诫命恩准，除了从可怜的有罪者手中领受的礼拜之外，其余都是不合法的。[124]

　　上述论断没有说明究竟什么是无足重轻之事。洛克进一步区分了礼仪本身和辅助部分。他认为，关于宗教礼仪问题应当明确何者是属于礼仪的本身部分和何者只是它的辅助部分；所谓礼仪部分，一般认为系指那些为上帝所规定并使上帝喜悦的那些东西，因之是必不可少的；而辅助部分，系指那些虽然总的说来不能与礼仪截然分开，但由于对具体的事物本身或其改变并无明确规定，因之是无足轻重的。比如礼拜的时间、地点、习惯和姿势就是辅助部分，完全是无关紧要的，每个教会可根据自认为最合乎尊严和礼教的有关规定行事。更进一步看，因为洛克已经肯定了政教分离的原则，因此，在他的政治哲学范畴中，政府（执行者）既然无权以法律（人民委托）强行颁布任何教会所应采用的礼仪规定，当然也便无权禁止任何已为教会所接受、确认和遵行的礼仪，因为如果政府（执行者）那样做，便会毁掉那个教会本身；而那个教会之所以成立，就只是为了以它自己的方式自由地礼拜上帝。所以，就此而言，凡属在国家里合法的东西，政府（执行者）便不能在教会中加以禁止；凡属许可公民日常使用的东西，政府都不能也不应禁止任何教派的人们将其用于宗教目的。如果说任何人可以在他自己家里合法地吃面包和饮酒，无论是坐着，还是跪着，那么，法律也便不能剥夺其在举行宗教礼拜时享有的同样的自由，尽管教堂里用面包和酒是用于表示信仰与礼拜的神秘性。但是，如果某些东西在通常使用时，由于影响共同的利益而为法律所禁止，则在教会的神圣仪式中也不应被许可。只是政府（执行者）应当时刻小心谨慎，不得以维护公众利益为借口，滥用职权，压制宗教（教会）。为了更有效地说明问题，洛克举例指出，政府（执行者）的职责仅限于照顾国家的利益不受损失以及人们的生命、财产不受侵犯。因此，凡是可以用于宴席上的东西都可用于献祭。然而，如果是在另一种情况下，比如，畜群为一场罕见的疫病所毁害，国家的利益要求在一段时期内禁止宰杀一切牲畜，以利于幼畜的繁殖，这时，谁还会认为政府（执行者）不能禁止为任何用途而宰杀小牛呢？但要清楚地认识到，在这种情况下，所禁止的并不是祭献，而是宰杀小牛。法律所涉及的并不是宗教事务，而是政治事务。对于洛克而言，这就是教会与国家之间的区别。[125]

对于偶像崇拜的问题，洛克不否认崇拜偶像是有罪的表现，但此"罪"（宗教意义上的）非彼罪（法律上的罪）。既是一种罪恶——法律所禁止的罪恶——应当由政府和法律给予惩罚，因为政府无权用手中的"剑"不加区别地去惩罚一切它认为是反上帝的罪——宗教的罪。贪欲、不仁、懒惰，还有其他种种，都是众所公认的罪恶。但是，谁都从未说过非要由法律给予惩罚不可。其理由就在于，这些事情既不损害他人的权利，也不破坏社会的公共和平，它只是个人的私事。洛克甚至认为，诸如说谎和作伪证的罪，也够不上以法律惩罚。除非在某些特殊情况下，当所考虑的问题主要并不是这件事本身的邪恶及其对上帝的触犯，而只是它对邻人和对国家所造成的损失时，才使用法律。所以，洛克质问，如果在某一个国家里面，在一个穆斯林或信奉异教的君王看来，基督教似乎成了冒犯真神的伪教，那会发生什么情况呢？难道可以因为同样的理由并以同样的方式将那里的基督徒全部消灭吗？

民事权利到处都是一样的，所以，"不论是在这里还是在那里，都不得以宗教为理由改变或侵犯任何公民的权利"。[126]

洛克认为，政府权力的参与是绝对的"恶"。洛克坚持前文所述及的官长（政府）并无所谓的权力去镇压崇拜偶像的不伤及公共利益的合法守规的教会。因为借用政府的权力去伤害一种宗教或是一个教会的事情，同样也会发生在自己的教会身上，己所不欲、勿施于人，恐怕就是这种感同身受。洛克担心的是，每个政府（国王）都会认为自己所信仰的宗教为正统。因此，如果容许政府（官长）在属灵事务方面拥有随意的裁决权和对不同宗教和教会使用行政暴力的权力，那么这些权力的持有人一定会以血腥的暴力消灭那里以偶像崇拜著称的宗教。[127]对于洛克来说，在日内瓦的故事已经血淋淋地呈现了这样的场景。而依据这样的同一准则，"某个邻国的另一位官长，就要镇压改革派宗教；在印度，则要镇压那里的基督徒"。[128] 世俗权力可以依统治者的好恶而改变宗教里的一切，这样的场面在历史上不乏先例，也不缺后继。**一旦容许以法律和惩罚手段把任何东西引入宗教，那就不存在任何限制了**，[129] 因为在这种情境中，人们很容易从自己的宗教立场和世俗利益甚至是政治诉求的角度出发，基于人的自私性和对于自己团体的忠诚必然会使权力的实际拥有者"虚构"能"自圆其说"的真理标准，也就同样让所有的事情都可以是合法的了。很明显，脱离了理性信仰的人的行为将会是可怕的。"理性把一个人提高到差不多与天使相等的地位，当一个人抛开了他的理性时，他的杂乱的心灵可以使他堕落到比野兽还要远为残暴。人类的思想比恒河的沙还多，比海洋还要宽阔，假使没有理性这个在航行中指示方向的唯一的星辰和罗盘来引导，幻想和情感定会将他带入许许多多奇怪的路途。想象总是不停地活动着，产生出形形色色的思想来，当理性被抛到一边时，人的意志便随时可以做出种种无法无天的事情来。在这种情况下，最走极端的人就会被众人视为最适宜于领导的人，并且一定会得到最多的附随者。由愚昧或狡黠开始的事情一旦成了风尚，习惯就使它神圣化，违背或怀疑它，就要被人目为大胆或疯狂。"[130]

洛克甚至为在美洲的土著人进行了辩护。大卫·阿米蒂奇（David Armitage）用详尽的资料指出，洛克的信函囊括了一个近乎世界范围的网络。[131] 在保留下来的近 4000 封他收到或寄出的信件中，有来自加勒比海、新英格兰、弗吉尼亚和卡罗来纳的，也有来自孟加拉和中国的，就更不用提与来自苏格兰、爱尔兰、法国、荷兰、德国和瑞典的朋友与熟人的广泛交流了。在 17 世纪的通信网络中，只有耶稣会士阿塔纳斯·珂雪和哲学家莱布尼茨的信函比他多，而涉及的地域范围之广则与他旗鼓相当。在欧洲的那几年，洛克收集了大量关于欧洲之外的世界的记录。到洛克离世之时，他的旅游文献集成为英国收集文献以来最大规模的文献。它包括 195 本书、许多地图和"来自世界好几个偏远地区尤其是东印度群岛的居民们"的人种学插图作品集，其中包括对拉普兰人、巴西食人族、来自好望角的霍屯督人，爪哇、安汶岛、马卡萨、马来亚、特尔纳特岛、越南、日本、中国的居民的描述。洛克比 18 世纪之前的其他英国哲学家更大量地使用了人种学资料。大卫·阿米蒂奇认为，洛克在 1663 ~ 1664 年认识到他们（北美印第安人）的恶习时，并未以非理性来指责他们。确实，几年后，当他凭借自己与卡罗来纳的密切关系描写他们"思维敏捷"时，就成为自蒙田——多个世纪之前曾与在欧洲的土著美洲人会面并询问过他们——以来第一位与他们有密切联系的欧洲哲学家。而在《政府论·上篇》中，洛克曾经说过土著居民"非理性"，这不是贬义，而是褒义，是一种称赞他们那未开化的智慧优先于所谓文明国家的世故的一种手段。"一个以公平无私的态度来考察世事的人，将会看出世界上一些国家中有那么多的宗教、政府和习俗就是以这种方式成立和继续下来的，因此他也就不会对于盛行在人世间的这些习俗予以重视，倒是有理由认为那些因顺从自然而生存得很好的非理性的和没有教养的栖居者所在的山林，比起那些在他人的榜样影响之下逾越常轨而自称文明和有理性的人们所居住的都市和宫殿来，更适合于作为我们行为与生活的典范。"[132]洛克发现，通常在特定的人群当中，能力的不平等程度高于他所说的二者之间的这种差别程度。在这种情况下，他在《论理解能力》（*The Conduct of the Understanding*，1697）中论证道："在平等教育的人当中存在着巨大的不平等。美洲的森林就像雅典的学校一样，同样培养了人的好几种能力。"因此，"美洲人"与欧洲人之间更根本的区别不在于他们的智力，而在于由他们的环境所形成的偶然性条件、教育及其需求。

人与人之间是平等的，因此，无论是谁，都不应当因为他的宗教信仰而被剥夺今生的世俗享乐。"即使那些臣服于基督教君王的美洲人，也不应当因为他们未皈依我们的宗教和礼拜而遭受肉体和财产上的惩罚。他们如能确信，奉行他们自己国家的宗教仪式是上帝所喜悦的，他们也确信自己将通过这种手段而获得幸福，那么，他们的事就可以留给上帝和他们自己来决定取舍了。"[133]洛克给出的解释是，我们需要对这个问题追本溯源。事情原本是这样的。"当一批人数不多的基督徒，身边一无所有，来到一块崇奉异教的国土。这些外来者恳求当地人以人道主义为怀，供给他们生活必需品。他们得到了这些东西并被允许在那里居住下来。后来他们同当地人结合在一起，成为一个民族实体。基督教也随之在那里扎根、成长，但尚不能成为最强大的宗教。在这种情况下，他们同当地人尚能保持和平、友谊、信任和平等。后来，官长成了一个基督徒，这样一来，他所属的那一派便因此而成为最强大者。于是，所有契约立即被撕毁了，为了消灭偶像崇拜，一切公民权利也都遭到了践踏。那些无辜的异教徒——平等准则和自然法则的严格遵守者，那些从不以任何方式违犯社会法律的人们，除非他们放弃其古老的宗教，皈依一个新的、完全陌生的宗教，否则他们注定会失去其父辈们的土地和财产，甚至被剥夺生命。由此我们终于可以看到：对教会的狂热加上奴役他人的欲望，究竟可以带来什么样的后果；以及用宗教和关心他人的灵魂作为借口，多么易于成为贪婪、掠夺和野心的掩饰物！"[134]洛克直陈，暴力绝对不可能消除偶像崇拜，因为"火与剑"和那些在任何地方都口口声称用法律、惩罚来根除偶像崇拜的人都要意识到：不得以宗教为理由改变或侵犯任何公民的权利。

第五节　教义的解释权：法律保护言论自由

任何对宗教真理的宗派性解释都不能被认为是对公民的约束，这就是洛克对教义解释权的回答，即法律保护言论自由和良心自由。

洛克其实很早就意识到宗教不宽容在很大程度上是因为人们对追寻宗教真理的缺失和"懒惰"。人们其实有许多错误和偏见，即使意见错误的人们并非不爱真理。但事实上，他们全无任何思想和意见。如果考察世界上各教派的大多数信徒，就会发现他们热心信仰的那些事情但信仰者自身却完全没有自己的意见，以至于很多信徒之所以决心服从某一教派不过是因为从小受到了那种教育。这不是理性的态度。[135]

当代著名法学家、哲学家约瑟夫·拉兹就指出，表达自由是所有自由当中的一个难解之题。我们看到的现实情况往往是，表达自由权被赋予了极高的优先地位，政府对它的保护远远超越了对人们在就业、安全行驶等方面利益的保护，可是，大相径庭的且显而易见的却是，大多数人更为看重后面这些利益，以及其他许多并不受法律特别保护的利益，而非表达自由权。不仅如此，大多数人都不怎么重视他们的表达自由权，除了极少的例外，人们对自己的表达自由权非常淡漠。[136]

洛克指出宗教信条有两类：实践性的和思辨性的。二者的共性是都具有真知，但前者仅止于"悟性"，后者则影响人的意志和行为。

洛克认为，思辨性的见解和人们所称的信条只要求人们相信，而不得以国家法律强加于任何教会。显然，这和洛克的哲学观点是一致的：一个人在想到教会（church）或偶像崇拜（idolatry）时，如果不确知这些观念中应当包含什么，或排斥什么，并且不能固守形成这些观念的那些简单观念的精确的集合体，则他的教会观念或偶像崇拜观念便是纷乱的。[137]这就类似用法律来规定人的能力所做不到的事情，显然是荒唐的。而且，要使人相信这个或那个是真实的，并不取决于我们的意志。故此，如果政府（官长）"想用这种办法来济世救人，看来他是根本不了解救世之道；如果他那样做不是为了拯救他们，为什么又对信条那样关心备至，甚至要把它们定为法律呢？"[138]

更为值得关注的是，要合法地信仰传播的自由权力是不容侵犯的。洛克认为，政府对于无碍公共利益的信仰信条的传播是不应禁止的，即在任何教会里传布或表达是自由的。他举例说，如果一个罗马天主教徒相信，别人称之为圣饼的东西确实是耶稣的躯体，他并未因此而损害他的邻人；如果一个犹太人不相信《新约》是上帝之言，他并未因此而给人们的公民权带来任何变化；如果一个异教徒怀疑《圣经》的真伪和故事，他也不应当因此被视为有害的公民而受到惩罚。因为这种信仰层面的思辨性的自由的权力同人民的财产安全和个人生活而言都是无损的。尽管不同信仰的人对于这个问题一定会有不同的观点甚至是反对的建议，但法律的责任并不在于保障见解的正确性，而在于保障国家和每个具体人的人身与财产的安全。所以，如果有了这种认识和制度的保障，那么就可能使得真理独立自主地行动并很好地"生存下来"。真理不需要权势者的帮助，因为真理与权势者是"没有缘分"的；真理不是靠法律教诲的，也不需要"强力"将它带入人们的心灵里。[139]

反之，谬误倒的确是借助于外力的支持和救助传播开来的。人所能做的，是意识到如果真理不以自己的光芒来开辟通往悟性的道路，它就只能是个弱者，因为任何外来的强暴都可以强加于它。实际上，洛克在《人类理解论》中曾经详细分析了对于真理，包含不同理解和信仰基础的宗教性真理的态度，也表达了宗教宽容思想中理性对待宗教性特别是非本宗教的宗教性真理的正确态度。对于一个真正的宗教真理的追求者来说，的确要做到"应该勤恳谨慎地来使自己增益知识，不要多事约束他人。至少那些未曾彻的考察过自己教条的人们，应该承认自己不配来指挥他人，而且他们自身如果不曾考察过自己的意见，亦不曾衡量过他们凭借哪种概然的论证来接受或拒绝那个意见，则他们如果强使别人来信仰自己的意见为真理，那是很无理由的"[140]。这绝非冷漠，而是宽容。

对于实践性的意见——道德行为，洛克认为，一种美好的生活即使其中丝毫不包含宗教与真正虔诚的成分，也是与公民政府息息相关的，而且人们的灵魂拯救和国家的安全两者都寓于其中。因此，道德行为同时属于外在法庭和内在法庭双重的管辖，即同时属于公民的和私人的统治，即同时属于政府（官长）和个人（良心）二者。这样，也就潜伏着极大的危险性，因为政府（官长）的管辖权可能侵犯个人（良心）自由，从而在公众利益的维护者和灵魂拯救关怀者之间便会发生冲突。但是，基于前述内容，如果二者都能够在自己的权辖范围内发挥各自的权力而并不逾越"界限"的话——政教分离的原则——那么，二者之间的和平共处是可能的。

对于个人（良心）自由而言，洛克认为，每个人都有着不朽的灵魂，它能够享受永恒的幸福或无尽的苦难，但这幸福有赖于他在今生是否去做那些为获取上帝恩典所必须做的事情（也就是上帝为了这个目的而规定的那些事情），由此可以引出如下结论：

（1）遵守规定是人类最崇高的义务。

（2）既然一个人不可能因为他自己的错误见解和不恰当的礼拜方式而侵犯另一个人的权利，也不可能因为他自己的毁灭而给他人的事务造成危害，因此每个人对于得救的关心只是他自己的事情。但是，一切强力和强制应予禁止。做什么事都不得强迫命令，谁都没有义务按照某种方式服从另一个人的劝诫和指令。在这一点上，每个人都享有至高无上和绝对的自我判断的权威。其理由就在于，任何他人都与此无干，也不可能因为他的行为而蒙受损害。

（3）对于人今生的尘世生命而言，须有某些外在的方便以维持生命，而这些又是通过人们的辛勤和努力才能获取或保持的，这就要求人与人互相结成社会，以便通过互相支持和协同力量，在那些有助于今生安适和幸福的事情上，能够互相保障各自的财产安全。和这种社会需求不同的是，在另一个层面上，实现永生的事则留归每个人自己去照应，因为要达到永生，不能靠他人的勤奋，失去了它也不会危害他人的利益，更不可依靠外部的暴力获得，自然也不可为外部暴力所夺去。这就正如人们以保卫世俗财产而达成的互相支持的契约为基础而参加进社会的情形一样，人们的信仰的"财产所有权"也可能或者因为其他公民的掠夺和欺诈，或者因为敌对的外来者的侵犯而遭到剥夺。医治前一种邪恶（社会）的药方是法律，医治后一种邪恶（强力）的药方则是武力、财富和公民大众，关系到两者的全部事宜都由社会责成官长予以照管。这就是每一个国家中至高无上的立法权之来源、运用及其范畴。[141]

拉兹认为，在表达自由权的证成上，公共善论据是一个典型论据，同时也是证明该权利重要性的论据当中问题最少的一个。表达自由是民主政体不可或缺的构成要素，而民主政体是基于一些形式的制度设计而确保政府能够积极回应被统治者意愿的政体。不管一个民主政府怎样证明自身正当性，也不管它可能采取怎样的形式，它都必须具备以下两种内涵：政府对被统治者意愿的积极回应是人们所期望的，只要这些意愿不完全是政府操纵的产物；相应地，被统治者越是充分地掌握信息、越是有能力自由地评价这些信息，那么他们要求政府听从他们的意愿的理由也就愈强有力。[142]这样一来，如果社会上的大多数成员定期聚集为宗教服务，如果宗教领袖不断检视自己的能力范围，并判断其能力范围是否足以涵盖各种各样的信息，那么，宗教就能为政府向公众传递消息提供高效的网络。同时，宗教可以为社会向政府传递消息提供合理可靠的渠道。这一传递渠道立足于一个等级结构化的神职人员，这样政治权威就可以通过咨询一定数量的宗教权威，从而在整体上接受来自社会的信息。当然，宗教等级制度可能也会以过滤信息的方式从而使这一沟通渠道产生异化；但是，即使在宗教等级制度缺席的情况下，国家仍然可以轻松地从村长或部落酋长等其他来源获得相应的信息。[143]不论利益有无一种道德价值，政治组织社会对它的保障就使它成为一种法律权利。[144]

通过本章的论述，笔者可以得出一个结论，即政教分离的原则建立在接受多元的基础上，承认在市民社会中没有一种中心原则来指导，无论是政治的或是宗教的，不同的人群生活在统一的法律架构下，法律保障人们的宗教和世俗权利，保障人们的言论、结社和思想的自由。罗尔斯将这样的宪制民主制度中政治关系称为"公民友谊关系"，即如果我们辩称，某些公民的宗教自由应当被否定，我们给他们提出的理由就必须不仅是他们能够理解的——斯文特斯（Servetus）也能够理解为什么加尔文想把他烧死在火刑柱上——而且也是我们可以合乎情理地期待他们作为自由而平等的公民能够合乎情理地予以接受的。[145]如此，洛克认为，这样做就可以既保护宗教和国家之间相互免于干涉，又保护公民免受来自教会的和其他公民的干涉。政教分离原则中并不是没有公共利益，也不是仅仅涉及私人领域，它涵盖了共同体的利益和个人利益的统一；它既保卫了世俗政治也保护了宗教信仰，二者是一样的和一致的。二者在各自的范围内拥有着巨大的活力，各种各样的宗教都受到法律的保护而令其免受国家的干涉，而且没有任何一种宗教能够通过僭越和滥用国家权力来支配和压制其他宗教。尽管洛克也意识到了，这种美好愿望显然要遭遇"强力"的挑战。

第四章

宽容的限度

暴力必须做哑巴。

——亨利希·海涅[1]

在本章中，笔者将研究洛克宗教宽容思想中强力（force）与宽容的关系问题——这是他和普罗斯特漫长论战的主题。

洛克的论点：灵魂拯救的事不可能属于官长掌管，因为即令法律和刑罚的威力能够说服和改变人的思想，却全然无助于拯救灵魂。因此，公民政府的全部权力仅与人们的公民利益有关，并且仅限于掌管今生的事情，而与来世毫不相干；官长惩罚人们使他人信仰自己的宗教是一种荒谬的权力。[2]

普罗斯特的论点："适当"的"强力"（force）对于信仰有所裨益。

笔者将讨论以下四点。

（1）洛克思想中强力和信仰的关系。洛克反对任何形式的强力，无论是基于权威的还是非权威的，认为这都是对于"据同意而治"的政治原则的破坏和对于人的基本自由的侵犯。需要指出的是，洛克支持宽容恰恰是基于其"据同意而治"的观点，但这点很少被重视。

洛克认为，对于强力的敏感、抗议、反抗并不意味人可以放弃"服从"的义务，一个合理的政治-宗教框架应在"对抗自由"的"张力"

下，尽最大的可能在"约束自由"中实现"基本自由"——人的根本自由或者说"自然自由"，也即人因自保或"恐惧"暴力和失序（反抗——对抗自由），遵守（服从——约束自由）国家权威（法律）与政治权力（政府），从而在最大限度上实现个人的全面自由（同意——基本自由）。

（2）洛克的政治-宗教（神学）可以总结为：

> 同意——基本自由
> 服从——约束自由
> 反抗——对抗自由

这三组相联系的概念构成了洛克对于自由的思考逻辑，因此梳理此三组相联系的概念在洛克宗教宽容思想中的运用对于争取理解洛克与普罗斯特的争论是有巨大帮助的，这也是笔者对于洛克宗教宽容思想的个人认知的探索、构架与创见。

（3）洛克对于"强力"同信仰关系的评价、对自由主义政治制度的捍卫、对自由主义中立性的态度以及其在现实政治生活中的难以实现的困境。

（4）宽容的限度，与"强力"和信仰的关系是相关的，也是问题的延续，如何宽容"不宽容"，这一洛克宽容思想中的更是洛克神学-哲学-政治思想的整体论述的衔接的重要环节。

在本章中，笔者大量引用了洛克-普罗斯特争论的有关文本，本章论述逻辑如下。首先，梳理有关洛克-普罗斯特争论的文本，特别是《宗教宽容书简》第二封、第三封和第四封书信中的内容，还原洛克-普罗斯特的争论场景；其次，对洛克-普罗斯特争论的核心观点、交锋过程以及局限性做出客观阐发；最后，根据对于洛克宽容思想的整体理解做出适当的分析、思考与质疑。本章力图在梳理文本的基础上充分阐明洛克-普罗斯特争论的实质问题，阐明二者的争论对于宗教宽容思想乃至整个西方自由主义政教思想的深远影响，以及对于我们处理现时代面临问题的意义。

对于洛克-普罗斯特争论，中文学术界罕有研究，西方学界也是近几年才开始关注。学者对这一争论观点各异，尤其是对于洛克-普罗斯特争论中洛克的"形象"看法不同，有学者认为洛克不厌其烦地辩护、论证、反讽、揶揄等，称之为"英国式的法庭控辩论证"[3]，笔者认为这一评价恰如其分。洛克的谨慎修辞与反复强调，让人对于其冗长、复杂、前后矛盾、反复、隐晦甚至是"故弄玄虚"、闪烁其词的文本望而却步，但为了拨开"迷雾"，我们必须深入研究相关文本。笔者坚持认为——如前文所述——成熟时期的洛克呈现的是整体地、完备地、逻辑地、融贯地构筑"体系"的哲学家形象。《人类理解论》、《政府论》、《宗教宽容书简》、《基督教的合理性》与后期的《圣经》注疏与庞杂的书信往来等构成了成熟时期洛克思想的整体构架和一致表达，因此，如果我们不能意识到洛克是将理性的个人自由作为现代生活的核心原则，就无法理解洛克的宗教宽容观点。正是基于对宗教多元的"承认"的宽容态度与实践，洛克才能为宗教和政府划界，这样一来，宗教（神学）政治问题就不再是由宗派分离引起的权力分裂，国家和宗教便能各安其位，从而宗教（信仰）、国家（政治）和良心（个体）之间的三角稳定关系方可以确立。这一切皆因为，一个人在这个世界上也许不会面对宗教，但总会面对信仰者。

第一节　争辩"强力"

洛克-普罗斯特论战涉及的问题是，对于宗教真理而言，如果我相信自己掌握了真理，为什么不能运用"强力"让"迷途者"知返？

这里的"强力"不等同于暴力，它的特征可以概括如下：①非暴力；②由外部或他者施加；③会导致受压对象改变自己的选择；④施压者认为自己掌握真理，或者说掌握着"正确的信仰"和"真正的宗教"。

对此，洛克的论点是：

> 灵魂拯救的事不可能属于官长掌管，因为即令法律和刑罚的威力能够说服和改变人的思想，却全然无助于拯救灵魂。因此，公民政府的全部权力仅与人们的公民利益有关，并且仅限于掌管今生的事情，而与来世毫不相干。

普罗斯特的论点是"适当"的"强力"对于信仰有所裨益。

洛克在"三封半"的《宗教宽容书简》[4]中，持续地和普罗斯特就适度强力是否有利于信仰的问题展开讨论，尽管中间有过反复，但从总体上说，洛克的态度是一以贯之的，洛克认为：强力有三个"不合"，即强力不合真理、不合信仰、不合法律。二者争论的核心问题是，在信仰问题上，国家有无权力，国家能否使用"强力"。

一　强力不合真理——裁决宗教"真理"和压制持有异议者

"当我说杀人和救人是一样的时候，我对您是友好的了"，这就是洛克对普罗斯特认为适度的强力有利于宗教真理的传播与认识的看法的令人非常"震惊"的回应，尽管这"震惊"隐藏在"平和"和"隐晦"的驳斥之下：

> 您（指普罗斯特——译者注）承认，强迫人们皈依任何宗教都是不恰当的。宽容不过是对这种力量的消除；如果您希望他们皈依，那么为什么那些人不能像其他人一样被宽容，我不明白。[5]

洛克在和普罗斯特争辩的全过程都在刻意隐瞒自己是真正的作者的身份，但在核心的议题上，洛克的态度非常坚定：《宗教宽容书简》的真正目的就是维护宗教宽容。宽容，不受任何武力的约束，尤其不受公民或执政官力量的约束。[6]执政官在宗教问题上使用武力，同普通人一样容易犯错误，这对人类的救赎毫无帮助。[7]

每一种宗教都认为自己掌握着"真理"，但"强力"对于寻求宗教真理其实是毫无用处的，因为"真理以它自己的光进入我们的理解，对于任何借用的暴力可以增加的力量都是暗淡的"。[8]洛克认为，基督教世界之所以发生以宗教为借口的纷乱和战争，并非因为存在着各式各样的不同意见，这是不可避免的，而是因为拒绝对那些持有不同意见的人实行宽容，这是能够做到的。

> 美好的生活是我们应该追求的唯一道路；因此，地方官长们，如

果他们想让人们去寻找他们应该寻求的救赎之路，就应该通过他们的法律和刑罚推动他们过上好日子；良好的交谈是达成正确理解的最直接、最可靠的方式。[9]

洛克坦言，为贪婪和统治他人的欲望所驱使的教会首领们，利用官长们的狂妄野心和幼稚的民众的迷信心理，违反福音书的原理和仁爱的训示，向他们传播宗派分立论者和异端派将被剥夺财产并被毁灭的邪说，以此来诱惑和煽动他们去反对那些与他们持有不同意见的人。[10]这样便混淆了教会和国家这两种本身截然不同的事物。

而普罗斯特非常"聪明"，他似乎在表面上也承认了强力不应出现在宗教真理的传播中，普罗斯特用了一个非常看似合理的说法向洛克挑战，即"间接的和远距离的武力"可能会有所帮助。

洛克对此断然否认：

> 我否认，这样一种间接的、远距离的效用会赋予公民使用它的权力，这是永远无法证明的。地位和尊严的丧失可能使骄傲的人变得谦卑，痛苦和监禁可能使放荡不羁的人变得清醒，因此，这些事情可能"间接地，远距离地，有助于人类灵魂的救赎。"我不怀疑，但上帝为很多人创造了一些或所有好机会。但您是否因此推断，执政官可以剥夺一个人的荣誉、地位或自由，以拯救他的灵魂；还是让他在这世间受苦，从而让他在彼岸享福呢？因为惩罚一个没有过错的人，就其本身而言是非法的，却不可能通过某种间接的、远距离的，或者，如果您愿意的话，通过间接的、偶然的善而使之成为合法的。有时候将一个人刺穿（做手术）可能会救他的命，引出潜在的道德败坏。但您会说，因此，这是合法的、正当的手术吗？这就好比说，牢狱可以使许多虚荣心强、放荡不羁的新教徒悔改，思想清醒，产生真正的宗教意识；他们后期迫害中所受的折磨，可能会使一些人想到地狱的痛苦，并对世间万物的虚荣心和轻蔑做出适当的判断。但是，您会说，因为这些刑罚，间接地，远距离地，救赎了人的灵魂，因此，法国国王有权使用它们吗？如果您的间接和远距离的服务可以授权执政官在

宗教上使用武力，那么异教徒对基督徒、教皇对新教徒以及所有迫害基督徒的行为都是正当的。[11]

洛克进一步强调，任何惩罚都是毫无节制的，一旦允许惩罚进入信仰，将是灾难性的。

　　我要说的是，任何与罪行不相称的惩罚，或者根本没有过错的惩罚，都将是严重的、毫无道理的严苛，受难者和旁观者都会这样认为；通常会产生您所提到的效果，与它们的本意相反。当有人认为国家信仰是不真实的，就不再信奉；只要有人断定那里宣扬的教义是错误的，就不再与执政官一同进行圣餐仪式，或不按神的旨意敬拜；这是您允许的，而世界上所有与您同在的人都必须允许，不要成为一个错误。然而，您们却要惩罚那些不信国教的人；正如您自己所承认的那样，这根本不是什么过错。不管这种情况是否严重，也不管这种情况是否公开和公然的不公正，使人们对使用它的宗教产生一种偏见，并产生您所说的那些不良影响，您自己考虑一下吧！因此，与您所主张的温和惩罚相对的严厉，对您一点用也没有。因为没有过错，就不可能有适度的惩罚；所有的惩罚都是无节制的，就没有过错可以被惩罚。但是关于您的温和的惩罚，我们将有机会在别的地方深入去谈。只要在这里表明，无论您使用何种惩罚，它们都有可能把人们从利用他们的宗教中驱逐出去，并把他们带到真理面前；更有可能的是，我们将看到我们已经做了：因此，您自己承认，它们不被使用。[12]

在洛克眼中，剥夺人的财产、自由和体罚，往往会把受难者和旁观者都驱赶出利用他们的宗教，而不是让他们进入宗教。然而，现实生活中的人们是必然很难甘心忍受自己用诚实劳动得来的财产遭到剥夺，并且很难在背离一切平衡法（法律，或者说公正的社会生活环境）的情况下，甘愿沦为他人强暴和掠夺的对象而任其宰割；加之他们遭受如此待遇的场合又根本不属于行政官长的法律权限之内，而完全应属于每个人自己的良心，对于这方面的行为他只对上帝负责；在这种情况下，那些对在邪恶统治下劳动愈来愈感到厌倦的人们，除了终于认识到以暴力来反抗暴力是合法的，并且尽其所能地用武力来保卫他们不得以宗教名义而予以剥夺的自然权利之外，显然，没有其他什么可以期待的。

更重要的是，强力带来的是"顺从"，而非真理的笃信。

> 那些制定法律并使用武力将人们带入宗教的信奉国教的人，他们只寻求顺从，而不关心他们所惩罚的人的信念；所以永远不要用武力来说服。因为，请告诉我，当任何新教徒达成一致，进入教堂领圣餐时，他是否曾被检查过，看他这样做是否基于理性、信念，以及与宗教有关的基督徒的理由？如果迫害，就像表面上说的那样，是为了拯救人的灵魂，那就应该这样做；也没有人被迫接受圣礼以保住自己的位置，或获得出售啤酒的执照，因为这些神圣的东西被出卖的价格是如此之低；他们也许对这种制度一无所知，认为除了获得一些可怜的世俗利益外，别无他用，如果不加以利用，他们就会失去这种利益。所以您对使用武力而非论证来使人信服的异议，我认为是不必要的；我从来没有听说过，那些使用强力的人会在意人们是否信服。[13]

这种自古以来一直如此的事物进程在历史上屡见不鲜，而且显而易见在将来也必将继续如此。"只要进行宗教迫害的原则仍然保持不变，像迄今在官长和臣民中间所流行的那样；只要那些应当成为和平与和睦之福音的布道者们继续大吹特吹战争的号角，鼓动人们诉诸武力，事情就只能是如此。"[14]这样的结果是政府权威的"扫地"。因为人们显然可以如此认为：官长们既然如此容忍那些公共和平的扰乱者和煽动者，他们是不是受旁人引诱去参与了赃物的分配，而那些人则认为利用他们的贪欲和狂妄作为扩大自己权力的手段是再好不过的事情。"谁看不到，那些正人君子们与其说是传播福音的教师，不如说是政府的官员。他们企图通过逢迎君主们和当权者们的野心与统治欲望，来极力加强国家内部的专制统治，否则，他们是不能在教会里建立起这种专制统治的。这就是我们所看到的国家与教会之间的不幸的一致。如果每一方都把自己限制在各自的范围之内，一个管理国家的世俗福利，一个掌管灵魂的拯救，双方之间是不可能发生任何冲突与不和的。"[15]

洛克指出，官长可以用辩论的方式引导异端派领悟真理，从而使他们的灵魂得救。这对官长和他人是共同的。在通过理性来指导、教诲和纠正谬误方面，官长当然可以做那些善良的人所应做的事，官长身份并未要求他放弃人道或基督教理。但是，劝说是一回事，命令又是一回事；晓之以论证是一回事，强之以刑罚则是另一回事；一个只有民事权威才有权去做，至于另一个，则友善就是足够的权威。每个人都有责任去规劝、勉励和说服谬误者，并通过说理引导他领悟真理。但是，颁布法律、要求服从和以"刀和剑"进行强制，这些便不能属于他人而只能属于官长。

洛克对普罗斯特的"诘问"并没有停留在提问者的智识层面，洛克继续深入探讨了两个问题，即如果普罗斯特认为"间接的和远距离的强力可能会有所帮助"，那么，第一，谁必须使用这种武力。"虽然您（普罗斯特——引者）没有在这里告诉我们，但是您在您的论文的其他部分很明显地指的是执政官。"第二，用强力来对付谁，谁必须受到惩罚。"如果您说了任何您想说的话，那些人必须是国教的异见者，那些不愿与执政官共领圣餐的人。"如此一来，普罗斯特就是自投罗网了，因为根据普罗斯特的逻辑，"如果执政官惩罚新教徒只是为了让他们考虑那些合理的理由和论点来说服他们；谁能否认，间接地和远距离地，它可能有一定作用，等等，使人们信奉真理，否则他们将永远不会了解这个真理。其中命题1.有些事是行不通的。2.一些不公平的。3.您使用的用于让人思考并信服的武力，无论有什么功效，都是与您无益的"。[16]

按照普罗斯特的逻辑，洛克反驳道：

1. 以新教徒的身份惩罚新教徒，只为了让他们思考，这是行不通的。因为如果您把他们当作新教徒来惩罚，当然您是这样做的，如果您单独惩罚他们，毫无例外地惩罚他们所有人，就是因为他们不皈依国教而惩罚他们。因为一个人信国教而惩罚他，并不是为了让他思考而惩罚他；除非不属于国教，否则不要认为这是一回事。但您会说，这个计划只是为了让新教徒去思考；因此，他们受到惩罚只是为了让他们思考。对此我的回答是：您惩罚一个人的目的不可能只是为了让他思考，除了缺乏思考外，您惩罚他另有原因；如果您不管他是否思考都去惩罚他；如果您对所有新教徒都施以刑罚。如果您要制定法律来惩罚所有口吃者；如果您说这样做只是为了让他们不再骂骂咧咧，有人会相信您吗？难道人们看不出来吗？在所有口吃者都受到惩罚的情况下，不可能仅仅禁止咒骂。这样的建议，乍看之下本身就是荒谬得可怕的。但您必须为此感谢自己。因为对新教徒施加惩罚，只是为了让他们思考，比对口吃者施加惩罚，只让他们不咒骂，更荒谬、更不可能。

2. 惩罚那些脱离国家教会的人，从而让他们思考，是非正义的。他们受责罚，是因为不信国教。他们没有皈依国教，是因为还没有信服。因此，当他们还没有被说服，心里还没有得到满足的状态下站出来，并不是他们的过错；因此不能受到公正的惩罚。但您的方法是，"惩罚他们，让他们思考合理的理由和论据来说服他们"。这就是这样的正义，如果您不是笛卡尔主义者，执政官就会惩罚您，"只会让您思考那些合理的、足以说服您的理由和论点"：如果可能的话，(1) 您既然对自己在哲学上的观点的真实性感到满意，就没有必要去考虑笛卡尔的观点。(2) 您可能无法考虑和审视他努力建立自己哲学理论的所有证据和依据。(3) 可能您已经检查过了，但没有找到合适的理由和论据来说服您。

3. 无论执政官用您的方法使用武力对您有什么间接的效力，它都对您不利。"执政官用来迫使人们考虑那些理由和论据的武力，这些理由和论据是正当的，足以使他们信服，但如果不是被迫的，他们是不会思考的；也许，您说，能够间接地、远距离地帮助人们接受一定会拯救他们的真理。"那么我要说，它在运用就是让人去接受和信奉那会毁灭他们的虚谎。因此，您坦言，强迫和惩罚，不能直接地通过它的适当效力，对人们未来的权益带来任何好处；虽然就他们目前的情况来看，一定会对他们造成直接的伤害；用您的方式间接地、恰当地做，也是功过半参；我想知道它的作用是什么，是什么使您如此推崇它，甚至到了您认为它是必需的和必要的程度。如果您有一种未经试验的新的化学制剂，既适合杀人，也适合救一个虚弱的人，我希望您对他们的生命不会比对一个虚弱的兄弟的灵魂更温柔；您会把它给您的孩子，或者让您的朋友试用它，或者因为其罕见的作用把它推广到全世界吗？当我说杀人和救人是一样的时候，我对您是友好的了。因为，在您间接的方式下，执政官"通过使用（武力）让人们思考那些他们不愿思考的论证；让他们倾听那些告诉他们走错了路的人，并主动指出正确的道路"；我认为，如果要让人接受和信奉错误而非真理，用武力更恰当。[17]

对于洛克来说，使用强力的是"不守正道"的人，而真正的真理、真的基督教、真正的宗教，是温和的、温柔的、温顺的，并且善于用祈祷和祈请，胜过用武力来让人聆听。

为了凸显普罗斯特的荒谬，洛克举了一个例子揶揄他。

有一个著名的例子，两个雷诺兹（Reynolds）既是学者，也是兄弟，但一个是新教徒，另一个是天主教徒，他们互换论文后，都转变了立场；但是，即使他们两人都有充分的论据，也不能使他的兄弟回到他自己有理由信奉的宗教中来。这是一种检验和判断的能力，超出了大多数人的正常能力。然而，这两个兄弟中有一个却被另一个的诡辩和技巧所迷惑，以致犯了错误，再也无法脱身了。我们必须不可避免地得出这一结论；除非我们能想到，他们有意见不同之处，他们都是对的；或者真理可以成为支持谬误的论据；两者都是不可能的。现在，我祈祷，您会惩罚这两兄弟中的哪一个，使他想起自己，使他回到真理中来？因为肯定有某种毫无根据的理由使他们中间有一个人疏远了它。如果您仔细审视您的原则，您会发现根据您的规则，天主教徒在英国必须受到惩罚，新教徒在意大利也必须受到惩罚。因此，根据您的规定，实际上，激情、幽默、偏见、欲望、教育的印象、对人的钦佩、世俗的尊重以及类似的不恰当的动机，都必须始终站在执政官的对立面。[18]

显然，普罗斯特的"间接的和远距离的强力"是无用且有害的，毕竟即便是法律要惩罚和官长信仰不一致的人，却不告诉这个人该如何思考，那么这样获得的也绝非"真正的宗教"；即便是一个人在刑罚和权力之下也许认真思考过了，但在这一过程中实施任何的"强力"也是毫无用处的，除非"认为通过惩罚使一人做他已经做过的事是有用的"。更何况"神没有指导我们，所以我们没有理由指望这会成功"。

洛克断定，官长是不能靠法律的威力来确立任何信条或礼拜形式的。因为法律若没有刑罚便不会有威力，而在这种情况下，刑罚是完全不合适的，因为它无助于使人心里信服。如前所述，相信任何信条，遵从任何外部礼拜形式，除非表白信仰和举行礼拜仪式的人自己在内心里深信前者为真理、后者为上帝所领受，对于灵魂的拯救都是没有用处的。刑罚绝不会使人产生这样的信念。只有启发和明证才能改变人们的见解，而肉体痛苦或其他任何外部的惩罚都是不可能使人得到启发的。

我在这里不厌其烦地作了一个简短的概括，就是要向您说明武力的用处，您不惜笔墨地强调了您使用武力的方式，足以看出您对武力的重视。因此，我毫不怀疑，但显而易见的是，它的有用性和无用性是相互平衡的，虚假的有用性永无价值，它既不能鼓励也不能成为使用惩罚的借口；在我们的情况下，如果没有较大的成功概率，这些方法是不合法的。但是，当它无用的时候，又加上了危害，而且很明显，它所带来的危害可能比好处还要多的时候，您自己的论点不攻自破。若能合理使用，就可以促进真正的宗教，和灵魂的救赎。如果它对促进谎言和灵魂的毁灭更有用的话，那么让它去吧，这是更合理的。因此，今后您将做得很好，不要过多地依赖于您所使用的武力的效用，您的间接的和远距离的效用，它只相当于效用的阴影和可能性，却附带着超额的危害和损害。因为根据一种公正的判断，这种间接的、远距离的作用，可以完全毫无用处，甚至一无是处。[19]

相信真理的存在，但如何达于对宗教真理的认知？或者说在宗教真理认知的路上，强力，适度的强力，外在的推动力——强硬的或是温柔的——会不会让我们更接近宗教的真理？如果这是可以的，人的信仰究竟是怎么来的呢？宗教是作为一种重要的选择提供给人们的。和洛克的理解一致，威廉·詹姆斯也认为，在宗教问题上，人们不应该相互辱骂和借助惩罚，相反，每个人应该体谅并深切地尊重彼此的精神自由，只有这样才能造就一个理智的共和国，只有这样人们才能有一种内在的宽容精神。没有这种精神，所有外在的宽容都是没有灵魂的，它是经验主义的光荣；只有这样个体才能生活，并允许不仅在实际的而且在思辨的事物中生活。正如休谟（David Hume）所言，宗教的正当职务在于规范人心，使人的行为人道化，灌输节制、秩序和服从的精神；由于它的作用是潜移默化的，只在于强化道德与正义的动机，它就有被忽略以及和其他动机混淆的危险。当它自己独立一格，作为一个独立原则来控制人类，那么它就离开了它的正当范围，而只变成内乱或野心的掩护了。[20]一言以蔽之，强力对于促进真正的宗教和灵魂的救赎是完全无用的，因此，任何人都无权使用任何强力或强制手段把人引导到真正的宗教真理中来。

二　强力不合信仰——否定良心自由

洛克指出，在宗教问题上，任何人都不应受到法律或者暴力的强迫。集会有时也许是秘密的并成为宗派活动和骚乱的温床，这给反对宗教宽容论者提供了强有力的根据，但是，一旦宽容法完全确立了下来，这些指控立即就会停止。因为，所有教会均有责任将宽容作为自己自由的基础，并有责任教诲人们，良心自由是每个人的自然权利，它同样属于持不同意见者和人们自己。

从这个意义上说，在宗教问题上，任何人不应受到法律或暴力的强迫，毕竟"对于一个人的福祉，本人是关切最深的人；除在一些私人联系很强的情事上外，任何他人对于他的福祉所怀有的关切，和他自己所怀有的关切比较起来，都是微薄而肤浅的。社会对于作为个人的他所怀有的关切（除开对于他对他人的行为而外）总是部分的，并且完全是间接的；而本人关于自己的情感和情况，则虽最普通的男人或妇女也自有其认识方法，比任何他人所能有的不知胜过多少倍"。[21]

洛克-普罗斯特争论的具体内容如下，见表4-1。

表 4-1　洛克-普罗斯特争论的具体内容

	争议核心	普罗斯特的质疑	洛克的回应
1	强力和信仰之间是否存在联系	观点： 暴力不仅是有用的，并且是需要的。 论据： 如果人们总是厌恶对事物有一个合适的思考，而只是最关心如何去使用这个事物，如果他们常常信仰一种宗教却缺乏应有的对该宗教的检验，并且他们在自己的偏见中变得如此武断和如此顽固，那么，就是最优雅的劝诫，或者是最诚挚的恳求，也不能说服他们从今以后去做某件事情。那么在彰显上帝的荣耀之外，除了在错误的道路上铺满荆棘蒺藜之外，还有什么手段可以用来减少那些行走在错误道路上的人们呢？由于他们对所有的劝告都装聋作哑，那么，他们所经历的痛苦至少可以让他们有一个态度，并使他们即便不情愿，也要倾听别人的劝告，让他们自己意识到走错路了，并且，可以为他们指示正确的道路[22]	观点： 除了暴力之外，还有其他的方法；这个方法是约定的，并且从一开始就被使用了，那就是对福音的祈祷。[23] 论据： 1. 假如在此之前以及现在，上帝因为他自己最了解的原因，不愿意去强迫人们倾听，但是却让人们思索拯救的好消息以及生死问题，并有足够的手段和引诱因素去使他们倾听、思考呢？那么，你的手段，你的惩罚，就不是必要的。假如上帝在这点上已经给予了人们自由，假如他们将会倾听，或者假如他们将会不听，你这样难道不是束缚了他们吗？实际上我们都知道上帝是如何对待他的子民的，并且当子民们被囚禁时，他就是这样做的。可以参见《以西结书》11:5、7。这里的情形是非常相似的，信仰与国教不同的宗教的人们被不公正地对待，并因此被当作持异议者遭受惩罚。然而那时上帝并没有期望那些惩罚能够迫使他们比其他时刻倾听得更多，就像《以西结书》3:11 中所出现的情况那样。并且这也是福音的方法。[24] 2. 假如上帝预见到暴力可能会落入那些狂热的、易怒的、像其他同胞一样易于受偏见和错误影响的人的手中，因而并不认为暴力是一种合适的带领人们走上正确道路的手段呢？[25] 3. 世界上所有的暴力都不能起到任何的作用。上帝自己就能够让可能倾听的耳朵敞开，让可能理解的心灵打开，并且，上帝对他仁慈地欢喜的人做这些工作有他自己的合适的时机，却不是根据人的意愿和想象，不是一个人认为合适，就可以通过惩罚强迫他的同胞[26]

	争议核心	普罗斯特的质疑	洛克的回应
2	强力在信仰问题上的滞后性	观点： 任何人都不能否认,暴力在带领人们信奉真理方面,尽管是间接地和滞后地起作用,但是它的确能够服务于这项事业。[27] 论据： 他们将不会彻底和完全地检验他们所信奉的建立在那些引诱因素之上的宗教,他们不会去思考这是不是合理,他们只会认为应当毫不动摇地坚持这些;所以他们很少或者压根不会去考察信仰的合适的基础。什么样的人类手段可以被用来带领他们在会有如此后果的事务中像一个男人一样行动呢,并且让他们有一个更明智和更理性的选择呢?除了对他们施以处罚的手段,还有什么手段呢?因为处罚的手段能够平衡那些偏见的影响,正是这些偏见促使他们更倾向于选择错误的道路而不是真理;并且要促使他们变得对这些问题的反思足够清醒和审慎,正如使他们严肃地思考经历这些麻烦是否真的值得这样的问题,是否值得坚持一种宗教,而这种宗教就他们所了解的所有情况,可能是错误的,或者是否值得拒绝另一种宗教(如果事实是这样的话),而这种宗教就他们所了解的所有情况可能是真理,使他们清醒并审慎地反思这个问题,直到他们将这个问题放置于理性的法庭,并在那里对这个问题进行公平的审判[28]	观点： 走在错误道路上的人将会被处罚,但是谁走在错误的道路上是个问题。除了指出那些与你意见不同的人得出了反对你以及其他意见不同的人的结论之外,你再没有别的理由来判定这些人触犯了该项法律:没有,尽管行政法官和国教会站在你这边,你也再无其他的理由了。[29] 论据： 1. 在正统信仰中,对真理的忠诚、对信仰的坚守,我希望是被鼓励,而不是要用任何处罚手段去检验的。并且毫无疑问,你的教会,还有其他所有的教会也是一样,所有信奉的原则对自身来说都是正统的。如果你指的是所有的劝告,所有你的劝告,或者所有来自你所属教派的劝告的话;那么你的确也只能令人质疑,并推断你拥有惩罚那些与你不同的人的权力和惩罚那些不服从你的人的权力。[30] 2. 因为每一个教会的证言,都表明自己选择了正确的道路,它的证言也一定是为自己服务的。所以没有教会是撒谎的,所以你的惩罚的新发明就变得毫无意义;否则如果不同教会的证言必须拿来相互印证,那么所有的教会都会偏离正确的道路,你的教会同其余教会一样都需要接受惩罚。因此,按照你的理论,要么所有的教会都要接受惩罚,要么没有教会需要接受惩罚。随你选择哪一个:我想,你必须要选择其中一个。[31] 3. 根据你的方案和法律,哪些人应该属于被惩罚者呢?由于每一个教会都会有自己所认为的名副其实的牧师群体,并且假如你的意思是那些拒绝服从教义,并拒绝服从另一个教会牧师群体的管理的话,那么,所有的人都将是有罪的,都必须受到惩罚,不管是对于你的教会来说,还是对于其他的教会来说,都是如此。假如你意思是那些拒绝自己所属教会牧师管理的人的话,那么极少人会招致他的惩罚。不过,如果你只是通过表述那些名副其实的教会牧师,而真正的意图是那些特殊教会的牧师们的话,你为什么不指出来呢?为什么你在这个问题上如此保留呢?如果你不把这个问题讲出来,那么你所讲的所有剩余的部分都将是毫无意义和作用的[32]

争议核心	普罗斯特的质疑	洛克的回应
3　谁的宗教	观点： 要让所有持异议者都受到惩罚。 论据： 他们不会将选择的权力拱手让与任何他人，也不会让与他们自己的欲望和激情，他们不会让他人或欲望与激情来决定他们应当拥护什么样的信仰或者崇拜。你很好地利用了惩罚将激情排除在选择之外：因为你知道对于苦难的恐惧是没有激情的。不过让它过去吧。你可能惩罚人，为了使他们关心自己的救赎，以使他们不会盲目地让他人做决定去规定他们的信仰[33]	观点： 难道持异议者都没有考虑自己的信仰吗？ 论据： 1. 争论中的证据，使你相信人们不应该因为自己所信仰的宗教而受到迫害；在基督徒之间进行迫害的严重性不应得到任何辩解；行政法官没有任何权威去迫使他人信奉自己的宗教。这是你被迫做出的妥协。但是你又欣然为行政法官保留了一些权力，使他们在一个新的伪装之下手握惩罚持异议者的权力，即，遭受惩罚不是因为他们拥护他们认为是真正的和正确的教义与信仰，而是因为没有充分考虑他们自己和行政法官的宗教信仰。[34] 2. 我总是怀疑，不管是与宗教真理相一致，还是与福音设计相一致，都不应该是仅仅适用于某一个国家或者政党。对英国来说是正确与良善的事物，对罗马、对中国或者日内瓦来说，都将是正确和良善的。但你伟大和唯一的宣传真理的方法，即通过惩罚促使思虑不全者去思考的方法，是否可以在那些国家使用呢？根据你使用惩罚的方式，仅仅是惩罚对国教信仰有不同意见的人，那么，这种方法是否可以在那些国家，或者其他任何你假设行政法官有权评判你的地方使用呢？先生，请思考一下，在你争论的方式中，是否掺杂了偏见呢？因为你的立场是这样的："人们在检验宗教基础方面普遍是疏忽的。"我承认这一点。但是，再没有比从中得出"所以持异议者必须被惩罚"这样的结论更加野蛮和缺乏逻辑的了。[35] 3. 因为去惩罚一个人，为了"使他们倾向于屈从引导，并使他们公正地听取为启蒙他们的心智而提供给他们的解释，以及为他们找到真理"，有什么合理性呢？谁会冒着损失自由或钱财的风险每周两三次跋涉几英里去做这样的一件事情呢？除非你指的是你的引导、你的解释、你的真理：这让我们回到了你所否认的点上，即仅仅是宗教信仰的不同所带来的迫害。[36] 有时候，目的被表述为这样："要说服人们谨慎而公正地权衡宗教事务。"把劝诫和惩罚放在一端，同时把免于惩罚和对优先权的渴望放在另一端，如果这是使一个人公正地权衡的方法

	争议核心	普罗斯特的质疑	洛克的回应
3	谁的宗教		的话,那么,一个王子去贿赂和威胁法官也可以成为使法官正直地判决的手段。[37] 4. 理性和合理的判断本身就是万能药,是普遍性的补救方法:如果通过惩罚可以使人们遵照理性和合理的判断行事的话,那么,根据同样的逻辑,你也可以通过惩罚使人们拥有魔法石[38]

应该看到,一个人的行为的任何部分一到有害地影响到他人的利益的时候,社会对它就有了裁判权,至于一般福利是否将因为对此有所干涉而获得增进的问题则成为公开讨论的问题。但是当一个人的行为并不影响自己以外的任何人的利益,或者除非他们愿意就不需要影响到他们时,那就根本没有蕴蓄任何这类问题之余地。在一切这类事情上,每人应当享有实行行动而承担其后果的法律上的和社会上的完全自由。只要确立了这件事,就可以消除良心问题引起的不满与骚乱的全部根源。这些不满和仇恨的原因一经消除,在这些集会里也就不会再有什么较之其他集会更不那么平静和容易引起骚乱的东西了。

洛克对此指出,有人认为集会有害于公共和平,对国家造成威胁,然而情况却并非如此,实际上,集市、法庭、市场上每天都有那么多的集会,可是为什么容许交易所和城里有成群结队的人,而无人担心,或是指责呢?当然有人会指出,这不过是公民集会,我们所反对的是教会集会。然而,如果以公民集会不是教会集会为借口而加以甄别的话,必然是很有可能一些与民事不相干的集会,很容易地受到牵连。更何况,公民集会的成员在宗教问题上或许是一些彼此看法不同的人,而这些宗教会议的参加者则全都是拥有同一意见的人。如此一来,宗教问题上的一致,实际上就等于是一种反对国家的阴谋似乎就很难成立了。或者说少享受一些集会的自由,人们在宗教问题上就不会那么强烈地一致吗?质疑者仍可以强调说,公民集会是公开的,任何人都可以自由参加,而宗教秘密集会则更带私人性质,因此为密谋——这也是洛克针对当时英国国内的实际情况——提供了机会。洛克对此颇不以为然,在他看来,这是对逻辑的颠倒,毕竟许多公民聚会并非对每一个人都开放，而宗教集会是私下的，即使是从政治上考察，谁更具有所谓的潜在的威胁呢？是那些想要公开举行的，还是那些禁止公开举行的？质疑者们可能进一步认为，宗教集会把人们的心灵和感情充分地联结在一起，因此更加危险。

洛克不无感慨地指出，官长为什么不惧怕自己的教会？为什么不把他们的教会作为有害于政府的危险品而加以禁止呢？洛克明确表示，任何宗教集会，只要遵守国家的法律就没有任何理由可以不允许它的进行。洛克建议，可以使那些具有特定宗教背景而为自己宗教利益服务的政府官长和那些处在被压制的、被迫害或是被边缘化的宗教信仰群体进行角色互换。通过这个过程，就不难理解了，即官长之所以惧怕其他教会而不是他自己的教会，那是因为他对一个教会仁慈、宠爱，而对另一个则严厉、冷酷。对自己的教会，犹如对自己的孩子，甚至娇惯得放任成性；而对其他教会，则如虐待奴隶一样，不论他们如何卑躬屈节到无可指摘的地步，所得到的却不外是苦刑、坐牢、没收财产和杀头。对一些教会，他给予抚育和保护，而对另一些教会，他却无休止地鞭笞和压迫。宗教骚乱的根源并不是某一个宗教天性就喜欢制造事端或是喜好异端，而是因为他们蒙受了苦难和压迫，逼得他们自动起来要求解脱。压迫就要引起不满，迫使人们为挣脱不舒服的、专制的枷锁而斗争。尽管骚乱往往在宗教的名义下发生，但是，人们常常因为宗教而受到虐待，生活悲惨，也是洛克时代的事实。在重压下呻吟的人，自然要努力挣脱脖子上的锁链。因而，寻求公正、温和的政府，不论在什么地方都是稳定的，安全的政府是不会做前述事情的。

三　强力不合法律——谋求特定宗教的特权就是滥用国家的权威和政府的权力

强力不合法律，洛克对此提出了连环的诘问：

1. 谁将要被惩罚？

2. 为什么被惩罚？

3. 什么样的惩罚？

4. 惩罚多久？

　　5. 如果所有地方的官员都这样处罚的话，对真正的宗教会有什么好处？

　　6. 最后，地方官有这样做的任务。[39]

　　扩展所谓道德警察的界限不到侵及最无疑义的个人合法自由不止，这乃是整个人类最普遍的自然倾向之一。[40]在洛克看来，对于国家危害最大也最诡秘的邪恶就是人们在为他们自己和他们的宗派谋求某种特权时，是以某种特别富于欺骗的言辞为掩饰，而在实际上却践踏社会的公民权利。[41]

　　对于洛克来说，这种威胁是无处不在、无时不在的。无论是在洛克的时代，还是在现代的社会中，都不难发现类似的现象，即人们显然无法找到谁或者哪一个宗教宗派会明目张胆地向人们传授可以不必遵守自己的诺言，或者说那些在宗教上与君王、政府或是主流意见持不同见解的人可以废黜君王、攻击政府或是公然对公民道德进行恶意的或是诋毁的攻击，或者说唯独他们、他们的宗教和教派才有权支配一切。洛克对此深感恐惧，对于他来说"一个人必须先把他的宗教带到理性的法庭上，在那里接受公正的审判。如果要等到这样做之后再进行惩罚，那农村人就得停止耕作和播种，去学习希腊语和拉丁语了；工匠也必须卖掉他的工具，花钱给神父和教师，让他的家人挨饿"。[42]

　　在当代社会中，这种说梦式的狂言，这样赤裸裸地宣扬这些东西，立即就会引起权力或是暴力部门的注意和对公共安全的担忧，唤起人们的注意来共同警惕这种危险的邪恶的蔓延。洛克却发现某些人用另一种腔调来说这类话，例如有人宣称"对异端派不应遵守信用"，或者像现在的人会说"某某人因为信仰某种宗教而不值得信任"等。这样的话还能有别的含义吗？"他们的真正意思就是唯独他们才有权不讲信义。因为他们把不属于他们教会的人一律宣布为异端，或者至少在他们认为有必要这样做时可以这样宣布。他们宣称，国王一旦被革除教籍，也将自动失掉王权和王国。这话还能有别的解释吗？显然，他们用这种办法把废黜国王之权妄加于他们自己身上，因为他们是把革除教籍的权力作为其教阶组织的特权对王权提出挑战的。他们的另一断语是：支配权是上帝的恩典。他们这样主张明明白白是在要求对一切事物的所有权。因为他们尚不至愚蠢到那种地步，竟然不敢相信或至少是不表白自己是真正虔敬和忠于信仰的人。因此，那些自认为忠实的、虔敬的、正统的人，老实说，也就是认为他们自己在公民事务方面享有优越于他人的权利或特权的人，或者那些以宗教为借口，对那些与他们的教会毫无关系的人们提出享有任何形式的权威的人，我认为，这些人也同那些不愿承认和教诲在纯属宗教事务方面对所有人实行宽容的责任的人一样没有权利得到官长的宽容。因为这一切及类似的教义除了说明，他们可以并且随时准备夺取政府，并把他们的臣民同胞的财富据为己有外还有什么呢？以及除了说明，他们只是在自己尚未强大得足以实现这种目的之前才请求官长给予宽容之外，还有什么呢？"[43]

对于异端的认定，洛克指出，国家——以某个特定宗教为背景的国家无权认定异端，特别是僭越权力而对不同信仰和不同教派进行"迫害"。洛克举例说，对于一位基督徒来说，一个土耳其人不是也不可能成为异端派或宗派分立论者，一个基督教信徒如果转变为伊斯兰教徒，他也并不因此就成了异端派和宗教分立派，而只是一个叛徒和异教徒。这是没有异议的。可见，信奉不同宗教的人彼此之间不可能成为异端派或宗派分立派。所以，我们应当研究什么样的人叫作信奉同一宗教的人。对于这个问题，很清楚那些具有同一信仰和礼拜法则的人是属于同一宗教的；而那些具有不同的信仰与礼拜法则的人则是属于不同的宗教。既然那个宗教的一切都包含在它的法则当中，因此那些赞同同一法则的人必然是属于同一宗教，反过来也是一样。所以，土耳其人和基督徒属于不同的宗教，因为一个以《古兰经》为信仰法则，另一个则以《圣经》为其信仰法则。同样道理，即使在基督徒之间，也可以有不同的宗教信仰。天主教徒与路德派教徒虽然都信仰基督，都称为基督徒，但他们二者不属于同一宗教，因为一个只承认《圣经》为其信仰的基础和准则，而另一个还承认传统与教皇敕令，将其合起来作为他们的信仰法则。比如，所谓圣约翰的基督徒和日内瓦的基督徒属于不同的宗教，因为一个只以《圣经》为其信仰法则，而另一个则不知道用些什么传统作为他们的信仰法则。这点明确之后，以下两点也就不言而喻了。首先，所谓异端，指的是教会里属于同一宗教的人们之间由于某些与宗教法则无关的不同意见而产生的分离。其次，在那些只承认《圣经》为其信仰法则的人们中间，所谓异端，则指的是因为与《圣经》明文规定无关的一些意见分歧而在自己的基督教会里产生的分离。因此，一个只要不否定《圣经》所明确教诲的东西，又不以《圣经》里没有明确阐述的任何事情为理由而制造分裂的人，不管他可能如何遭到任何基督教宗派的辱骂，甚至被某些或全体宗派宣布为完全不具备真正基督徒的特性，他既不可能是一个异端分子，也不可能是一个宗派分立论者。

在进一步的探讨中，洛克也遇到了关于强力中"软"力量的存在的挑战。关于这个分析，笔者首先想借用拉兹的公式[44]来展现一下。

如果：P 是在强制 Q 不要做行为 A，仅当

【Ⅰ】（1）P 告知 Q，如果 Q 做行为 A 的话，他打算造成或者已经造成了某种后果 C。

（2）P 通过这个信息意在让 Q 相信他这样做是为了让 Q 不要做行为 A。

（3）对 Q 来说，C 将要发生是他不做行为 A 的一个很有分量的理由。

（4）Q 相信，如果他采取了行为 A，那么 P 很有可能会造成后果 C；并且他相信，与他不采取行为 A 并且 P 不造成 C 相比，如果他已经做了行为 A，C 可能让他的情况更加糟糕。

（5）Q 不做行为 A。

（6）Q 不做行为 A 的部分理由是，通过使 P 不那么可能造成后果 C 来避免（或者减轻）C 的可能性。

【Ⅱ】P 做出的符合【Ⅰ】中列举出来的那些条件的行为明显是错误的。

【Ⅲ】Q 在这些条件下行动的事实，是不要责备他没有做行为 A 的理由。

只有满足【Ⅰ】（1）至（4）的条件的表达，才是一种强制性威胁。而【Ⅰ】（1）至（6）则对强力有了描述性的意义。从中不难看出，也可以解释为什么这种"软"的强力更为可怕、可怖。强制性威胁不同于提议（offers），因为前者减少了个人的选择机会，而后者则不会损害并且经常增加选择机会。提出建议也可能是为了诱使人们违背他们的长远利益

而行动，尽管我们总是可以说这一切能否实现取决于被建议人的理性水平，但显然，在现代社会中，人的自我独立判断，是一件异常艰难的事情。而且"只有当一种不正当的威胁非常之严重，以至于可以创造一种受个人需要所迫的选择时，它才具有辩解作用；而只有它具有辩解作用，它才是一种强制性的威胁"。因此，人们可能会为某些不是由任何人造成的形势所迫而以某种方式行动，或者他们也可能会为另一个人的行为所迫而行事，这个人的行为造成了一些形势，正是这些形势迫使他们去做他们所做的事情。只有当人们被另外一个人的行为——这个人采取这种行为本来就是为了强迫他们去做他们所做的事情时，他们才是被那个人强迫。一个人可以通过改变其他人的选择所面对的环境来强迫其他人，或者通过威胁说如果其他人不按照特定的方式行动的话他就要这样做来强迫其他人。这些强迫性（forcing）威胁就是强制性（coercive）威胁，而且那些被这些威胁所强迫的人就是在被强制去做他们所做的事情。[45]这种情况下，一个强迫他人以特定的方式行动的人，从而也就是强制他人的人，使他人违背自己的意志而行动。他使另一个人的意志从属于他自己的意志并因此而侵犯了这个人的自主性。这是一个艰难而急迫的问题，因为自由主义者关心限制强制，实际上是关心个人自主性，因此，自由主义者也急切地想要确保能够让个人发展一种自主生活的自然和社会条件。

不过，强力中这种"软"力量的存在的确是难以解释的问题。对信仰自由，或者说思想的限制，是否可以被看作政府权力的"有理论依据的那些滥用"？在此，笔者认为，洛克的主张在《宗教宽容书简》中始终未变。事实上，他试图捍卫一种"自主的自由"。

从哲学基础上看，洛克关于宗教宽容的论证的基础是信仰不从属于意志这一事实，因此对于意志的强迫就无法制造真正的信仰。[46]在这一点上，邓恩（John Dunn）的观点就更为直接："洛克就宽容基督教国家和社会内部的基督教信仰和实践的多样性所作论证之意义，与世俗国家或更加麻烦的多元宗教文化内部的思想和言论自由……之意义，其间的差异判若霄壤。"[47]除非在一种"宗教中，真诚信仰是正当的宗教崇拜之先决条件，并且宗教崇拜是人的首要义务"，否则，我们就不能从洛克的论证中获得任何助益。

不过，沃尔德伦并不完全认同邓恩的观点，在他看来，《宗教宽容书简》特别是第一封信的主要论证是建立在其鲜明的基督教基础之上，理由是，只要思考一下洛克被迫在第二、第三和第四封信中所做的让步，这一点就清楚了。第一封信论证的是，"纯真的和救世的宗教存在于心灵内部的信仰……而悟性的本质就在于，它不可能因外力的原因而被迫去信仰任何东西"。洛克的批评者们，特别是普罗斯特则认为，强力可以间接地对灌输信仰或者让心灵接受信仰起作用，即便它并不直接作用于悟性。洛克在后来不得不有所保留地承认了这一点。他说，绝不能否认，在特殊情况下，强力可以用来帮助获得拯救。上帝自己也用种种事物来拯救人类的灵魂——"正如我们的救主曾用黏土和唾液来治愈瞽盲"。[48]上帝曾对以色列人颁布明确的诫命，以死刑来惩罚偶像崇拜，借此，上帝也许已经规定了强力在宗教事务中的普遍使用。洛克说，这事实上仅仅是专门颁布给犹太民族的实在法，并不适用于我们。但是，事情很可能完全不是这样。"如果上帝认为有必要让人们接受惩罚从而让他们"关注福音的教导，洛克说，"那么他本应既让贫穷的渔夫，也让官长们一起作福音的传播者和侍奉者的"。[49]所以，洛克退却到了这样的立场，那就是，即便强力在某些情况下可以发挥作用，即使对某个民族可以规定强力的使用，上帝也从未普遍把强力规定为收纳信徒的手段："除了我们的信仰的创造者和终结者所指明的手段以外，官长或者任何其他人都不能凭着空想的强力的有用性，而利用任何其他的手段去拯救人的灵魂。"[50]并且，尽管这一点受到一些多少更具普遍性的论证——比如说，强力可能有效也可能具有反向效果，比如说，官长不大可能在运用强力之前便能明辨什么是"真正的宗教"——之支持，但是，洛克对于宽容所提出的足以对抗普罗斯特批评的主要论证思路，是由他对上帝规定了什么和没有规定什么的认识所支配的；而为了完成这一任务，作为具体圣经论据的耶稣的生活和教导就是不可或缺的。[51]

强力会在、可能会在哪些领域发挥其特有的价值呢？

显然，强力发挥作用的一个最重要的外部条件是"外部的一致是有价值的情况下才是有价值的"——在一个人的不一致破坏其他人的目的的情况下尤其有价值。[52]

根据洛克的观点，约束自由即有限制的自由在某种程度上是可以促进"基本自由"的。严格地说，一个宗教团体是不能自由地在街上列队行进的，除非属于另一个宗教的人受到限制不向队伍扔石块，不对它施加侮辱。我们不许他们捣乱，不是为了教他们学会宗教的真正精神，这个他们在违警法庭上是学不到的，社会法律或是约束条件的目的是保证另一方的信教权利不受干扰。所实行的限制的价值在于它使行为获得自由。但是我们不仅可以阻止一个人去妨害另一个人——我们做此项工作的程度就是衡量我们所维持的自由的尺度——我们也可以阻止他去妨害集体的意愿；逢到必须用一致性来实现集体意愿所持的目的时，我们就非这样做不可。"国家强迫行为的作用是要压倒个人的强迫行为，当然也要压倒国家内任何个人联合组织实行的强迫行为。国家就是用这个方法来维护言论自由、人身和财产安全、真正的契约自由、集合和结社权利，最后也维护国家自身实现共同目的，不受个别成员反抗阻挠的权力。毫无疑问，国家既赋予个人和联合以权利，也赋予他们以权力。但是，国家为了公正执法，必须对这些权力进行监督。正如强迫行为在自由领域和精神发展领域内失败一样，自由也在缺少监督性限制、人们得以直接或间接地相互压迫的外部秩序下归于失败。"所以，霍布豪斯就认为，"自由和强迫之间没有真正的、不可避免的矛盾，而归根结底是一种相互的需要。强迫的目的是为内在发展和幸福创造最有利的外部条件，只要这些条件依靠联合行动和一致遵守。自由的领域就是生长发展的领域。自由和控制之间没有真正的对立，因为每一种自由都依靠一种相应的控制。真正的对立是在妨害个人生活和精神秩序的控制以及旨在创造使个人生活和精神秩序自由发展的外部物质条件的控制之间"。[53]

我们必须意识到，国家的价值归根结底取决于组成它的全体个人的价值。政府对强制的运用只限于一个目的，即强制实施那些旨在确保个人活动之最佳境况的众所周知的规则，在这些境况中，个人可以使他的活动具有某种一贯且合理的模式。不过，现在的事实却是，政府不在强制人民的过程中，而是"正在"代替公民思考。我们可以列举出无数反对政府权力不断扩大的理由，却事实上每一天都在接受政府权力扩大，扩大到思想、良心自由的领域中而懵懂无知，政府不能"命令"式地决定我们的生活，但可以"规范"我们，要在什么年龄结婚、要在哪里举行某种活动、要在何时何地接受何种教育，可以不停地列举政府声称有权利的可怕权力范围，以及它们事实上对人们生活的控制。但我们也可以承认，政府从来没有做过这些事情。我们生活中的干预远比我们想象的多和隐蔽的多。甚至在几乎所有国家，都有法律手段来改变任何法律，任何可想象的以及不可思议的法律都能获得通过。尽管从理论上说，集体意见对个人独立的合法干涉，是有一个限度的，[54]但是，这个界限越来越模糊和越来越混乱了。

第二节　国家该如何规范宗教？

通过对洛克-普罗斯特论战的简单回顾，我们已经可以确知洛克和普罗斯特的争议的焦点之所在，即对于一个良序社会来说，洛克话语中的官长——政府（执行者）在宗教宽容问题上的职责是什么呢？正如哈耶克所说，法治，作为对所有政府权力的一种限制，当然也是一种规则，正如我们将要看到的那样，它也是一个元法律的规则，它不是一个法律，而是一个好法律应当具有的特性的学说。[55]只有为人们所普遍接受的法律才是正义的法律，在政教关系问题上，洛克首先明确了立法（国家）原则——法治，世俗权益的繁荣是宗教问题的立法之本。读者显然发现了，笔者没有涉足卢梭对宗教的看法，这是因为笔者认为，卢梭和洛克并不是一种承继或是相连的关系，而是处于一种分离的状态，这种分离是因为他们的政治哲学基础不同。从某种意义上说，卢梭用人民的意志取代了普遍意见，由此产生人民主权概念，这实际上意味着，多数人就具体问题做出的无论什么决定，都是对一切人具有约束力的法律。但是，这样的权力既无必要，其存在也与个人自由不相容。这和洛克的观点相去甚远。

洛克认为，社会的世俗利益和外部繁荣，是人们加入社会的唯一理由及其追求的唯一目标。出于这个根本目的，人在"永生"得救方面还有多少自由是一目了然的，即每个人应当做那些他的良心确信上帝能予接受的事情，因为他的永生幸福有赖于上帝的悦纳；所谓服从，首先是服从上帝，其次才是服从法律。不过信仰上帝和遵守法律并不矛盾，洛克告诉我们，自然法是所有的人、立法者以及其他人的永恒的规范。他们所制定的用来规范其他人的行动的法则，以及他们自己和其他人的行动，都必须符合于自然法即上帝的意志，而自然法也就是上帝的意志的一种宣告，并且，既然基本的自然法是为了保护人类，凡是与它相违背的人类的制裁都不会是正确或有效的。进入社会的人必须服从法律，处在社会中的人的自由，就是除经人们同意在国家内所建立的立法权以外，不受其他任何立法权的支配；除了立法机关根据对它的委托所制定的法律以外，不受任何意志的统辖或任何法律的约束。因此，处在政府之下的人们的自由，应有长期有效的规则作为生活的准绳，这种规则为社会一切成员所共同遵守，并为社会所建立的立法机关所制定。

　　社会的世俗利益和外部繁荣是宗教问题，政教关系的立法之基恰是因为社会或立法机关的权力绝不容许扩张到超出公众福利的需要之外，而是必须保障每一个人的财产，且法律是不容随意更改的，谁握有国家的立法权或最高权力，谁就应该以既定的、向全国人民公布周知的、经常有效的法律，而不是以临时的命令来实行统治；应该由公正无私的法官根据这些法律来裁判纠纷；并且只是对内为了执行这些法律，对外为了防止或索偿外国所造成的损害，以及为了保障社会不受入侵和侵略，才得使用社会的力量。这一切都没有别的目的，只是为了人民的和平、安全和公众福利。[56]一句话概括就是以社会的公众福利为限。并且，只因政府所有的一切权力，既然只是为社会谋幸福，因而不应该是专断的和凭一时高兴的，而是应该根据既定的和公布的法律来行使；这样，一方面使人民可以知道他们的责任并在法律范围内得到安全和保障，另一方面，也使统治者被限制在适当范围之内，不为他们所拥有的权力所诱惑，利用他们本来不熟悉的或不愿承认的手段来行使权力，以达到上述目的。[57]这一切的基础也是因为，国家的立法权力是按照社会所一致同意的或民众为此目的而授权的代表所一致同意的规定来行使。但宗教问题是复杂的，尤其涉及人的良心自由的问题。洛克对此也是忧心忡忡。这样的一个问题显然是洛克不得不回答的：如果政府（官长）以其权威规定出一个人按其良心认为是非法的任何事情时，那该怎么办呢？

　　洛克对此假设了三种情境（见表4-2）。[58]

表 4-2 洛克所假设的三种情境

情境一	情境二	情境三
政府的管理是合法的和真诚的,而政府之所以这样做,确实是为了公共福利。尽管在洛克看来,这种情况是极少发生的。但是,如果真发生了这类事,洛克认为,私人应当拒绝做他认定是不合法的事,但他也应当接受对他来说不为非法的惩罚,因为任何个人对于为了公共利益而颁布的有关政治问题的某项法律所做的判断,并不能取消该项法律的约束力	如果法律所涉及的事情不属于政府(官长)职权范围以内,比如强迫他人或其中的任何派别,皈依某个陌生的宗教,并参加另一教会的礼拜和仪式,在这种情况下,洛克坚决地认为,不能以法律来强迫人们违反自己的良心,因为政治社会的建立并不是为了别的目的,而仅仅是为了保障每个人今生财产的所有权。对每个人的灵魂和天国里的事情的管理既不属于国家,也不能屈从于它,只能完全由每个人自己去管。国家的职责在于保卫每个人的生命和属于今生财产的安全;而官长的职责则是维护这些财产归于其合法的主人。所以,政府(官长)不得以与公民政府的目的无关的理由,将世俗事务从某人或某个教会派别手里夺走,而交予他者,也不得在其管辖的公民之间进行交换,哪怕这种交换是按法律进行的也不行,需要强调的是,这里的论述前提是以宗教为理由。因为不论人们信奉的是纯正的宗教还是伪教,都不妨害其臣民的世俗利益——这些利益是唯一属于由国家掌管的事情。不要忘记,人们联合成为国家和置身于政府之下的重大的和主要的目的是保护财产	如果官长认为这样的法律是合乎公共利益的呢?既然任何个人的私人判断,如果是错误的,并不能解除法律对他的拘束力,因此,政府(官长)的"裁决"不能赋予其对其治下公民颁布任何新法律的权利,这种权利,在政府的宪法中既没有规定,人民也没有授予政府。如果政府(官长)认为有权制定这样的法律,并认为这是为了公共的利益,而其治下公民的看法正好与他相反的话,那么裁决者只有上帝。因为,在至高无上的政府(官长)和人民之间在世上是不存在仲裁者的。在这种情况下,上帝就是唯一的法官,在末日审判时,会根据每个人的功过,即根据他是否在促进虔诚以及人类的公共福利与和平方面做过真诚、正直的努力而给以报应。归根到底,一切宗教方面的事情最终都要留待人们自己的良心做出决定。这和洛克在《政府论》中的表述颇为一致,事实上,洛克认为,一个合理的人民共同"同意"的秩序必须得到捍卫,即每个人在参加社会时交给社会的权力,只要社会继续存在,就绝不能重归于个人,而是将始终留在社会中;因为如果不是这样,就不会有社会,不会有国家,而这是违背原来的协议的。所以,同样地,如果社会已把立法权交给由若干人组成的议会,由他们和他们的后继者继续行使,并给议会规定产生后继者的范围和职权,那么,只要政府继续存在,立法权就绝不能重归于人民;因为他们既已赋予立法机关以永远继续存在的权力,他们就把自己的政治权力放弃给立法机关,不能再行收回。但是如果他们曾规定他们的立法机关的期限,使任何个人或议会只是暂时地享有这种最高权力,或如果掌权的人由于滥用职权而丧失权力,那么在丧失权力或规定的期限业已届满的时候,这种权力就重归于社会,人民就有权行使最高权力,并由他们自己继续行使立法权,或建立一个新的政府形式,或在旧的政府形式下把立法权交给他们认为适当的新人

市民社会并不是一个突兀的概念,在古代法学家那里这是一个术语,在中世纪政治哲学里,它用于指和教会机构相区别的领域。在 17 世纪,

它是自然状态的对立物，指人们生活在政府之下的一种状态。市民社会是多元的，至少，它是一个具有众多私人活动的社会。这些活动在家庭之外，且未被纳入国家之中。其中，一个秩序优良的自由民主制与一个无序的自由民主制的区别恰恰就在于"认同"上。

我们知道，在洛克的政治哲学体系中，当人们最初联合成为社会的时候，既然大多数人自然拥有属于共同体的全部权力，他们就可以随时运用全部权力来为社会制定法律，通过他们自己委派的官吏来执行那些法律，因此这种政府形式就是纯粹的民主政治。而在"宪制"民主政体中，掌管灵魂的事不属于政府的职权范围内。政府权力是由法律所规定并以惩罚作为强制手段的，而掌管灵魂的事，属于每个人自己，这种事情也只能留归他自己。如果一个人对自己的灵魂的拯救漠不关心，公民政府是否有必要做一些事情来"纠正"呢？

洛克认为，这个问题背后的预设需要认清，即宗教是个人的私事，政府是管理公共事务的，公与私之间是泾渭分明的。从这个角度说，一个人对自己的拯救漠不关心实在不是政府需要管理的事情。

> 如果他对自己的财产或健康漠不关心，而这些显然与公民政府关系更密切，那又该怎么办呢？官长能以法律保证他不会成为穷人或病夫吗？法律充其量只保障公民的财产和健康不受他人的欺诈和暴力的侵害，而不能保障所有者自己不会对财产漫不经心或管理不善。一个人不论其愿意与否，谁都无法强迫他一定要发财致富或身体健康。不，上帝自己也不会违反人们的意愿来拯救人。[59]

但是，这个逻辑关系一旦反过来，就不同了。

> 我们不妨假设有某个君王欲强迫其臣民积累财富或保养好身体。可是，能够以法律规定这些臣民只能找罗马大夫就医并遵照其开列的药方生活吗？假若人们只能服用梵蒂冈或日内瓦店铺里出售的药剂，事情会怎么样呢？或者说，为使臣民们发财致富，难道就得以法律来迫使大家都去做商人和音乐师吗？或者说，因为有些食品店主和铁匠

能够富足地供养全家并因为从事这些行业而发了大财，于是就下令让大家都去开饭铺或铁匠铺吗？[60]

可是，到天国之路却只有一条。如果人们能够正确地加以考虑，就不难发现，这些大都是微不足道的小事，是可以遵守或者不予理睬的。不过，人们不禁要问，真正通向永生之路只有一条。可是，在人们所走的如此纷繁杂芜的道路中，究竟哪一条是正路？这时，难道就得俯首听命于官长的吩咐才是万全之策吗？洛克对此甚为反感，他承认即使君王们在握有权力方面确实是生来就优于他人的，但在自然本性方面也同别人一样。但是，统治权力和统治艺术并不表示他必然同时还掌握有关其他事物的确切知识，更不要说关于纯正的宗教的知识。否则，又何以解释世上的君主们在宗教问题上存有如此巨大的分歧呢？更为重要的是，关于来世的事如果走错了路并因此而毁灭了自己，政府（官长）既没有能力弥补损失、解除痛苦，也无力使人得到任何程度的恢复，更不必说完全恢复了。"官长能够发给你什么样的进入天国的保证书呢？"[61]

洛克进一步设想了一种全新的情景，即如果人们在宗教问题上承认其权力不属于民事长官，却寻求教会的指导呢？或者说，两种势力寻求某种"合作"的关系。凡教会决定的，民事官长只是下令遵行。官长以其权威保障任何人在宗教事务上均不得去做或者去相信那些非属教会教诲的东西。因此，这些事情的决断权在教会。官长本人服从教会，也要求其他人跟着服从。如果是这样，不是皆大欢喜吗？洛克对此并不赞成。他坚持认为，拯救是个人的私事，通往天国的小道，别人不会比我更熟悉、更谨慎、更关注，而且那个所谓的引路人或许和我一样，甚至尚不如我，大家都是无知的。而且，必须承认的是，历史证明，教会在大多数场合下更易于受王室的左右而不是相反——英国近代史上可以提供更新鲜的例证。如在亨利八世、爱德华六世、玛丽女王和伊丽莎白女王当政时期，教士们如何投国王们和女王们之所好，轻易而驯服地改变他们的教会法规、信条、礼拜仪节以及其他一切。这从另一个侧面说明，宗教对国家能力的影响并没有公认的那样重要，至少现在越来越这样了。然而国王们和女王们在宗教观点上相殊甚远，颁布的法律也截然相反。人必须坚持自己的良心自由，因为虽然官长关于宗教的见解可能是可取的，他指点的道路也可能是福音之路，但是，只要我在内心里未能充分相信，我就不可能放心地跟着他走。无论我要走什么样的道路，只要它违反我的良心的指示，便不可能把我引进那幸福的圣所。[62]

总结一下，在神学看来，首要的人造主体可能是教堂，但是在法理学看来，首要的人造主体却是国家。国家作为被创造出来的人造主体，其目的是，通过假定它是这样一种实体，即其组织机构表现为受命去保护一群自然人免受外部和内部的欺诈和暴力侵扰的人的实体，可以将行动统一性授予那些组织机构。[63]基于这个认知，在政教关系的问题上，洛克的态度很鲜明和激进。在宗教事务上，相关的认可并不是由教派的代表所做出的，而是由作为公民的不同派别的个体成员们做出的。如果人们假定最根本的地位就是公民地位，那么它就应该问在原初位置中的理性个体们，他们将会认可什么样的原则来规定公民的诸项自由权。罗尔斯表示，在此情形中，同样清楚的是，他们只能承认一种平等的良心自由以及此初始地位必须是终极性的。如果每个人都将自己看作一般地服从宗教义务的（尽管他们会预期到，在他的一生中如果他的宗教观改变的话，这些义务也将会改变），那么他只能认可平等的宗教自由的原则；否则他会违反他自己对他的宗教义务的诠释。一个人只有处于一种强制的威胁下（从这些义务的立场出发看，反抗这种威胁是不明智的；也就是说，不做抵抗的话，前景就是一个人的宗教会被宽容，而抵抗则会带来更大的压迫）才会接受少于平等的宗教自由的东西。一旦每个人都理解了少于平等的自由的东西只有在这样的条件下才能被接受，那么他们就都会认为平等的良心自由的原则，是从平等的自由的原初位置出发的唯一能够获得认肯的原则，因此这个原则就是必须用来规制公民这个根本地位的诸自由权的唯一原则。此原则，也是唯一与共同体感觉一致的原则，因为在没有平等的良心自由的地方，一些公民的宗教信仰会被置于一个优先地位，而这一点是那些不享有此优先地位的公民们不能以和他们的信仰相一致的方式来加以认可的。他们只能因为被威胁说如果抵抗的话就会置其宗教于危险境地时，才会默从其宗教的下等地位。一种共同体的感觉，就它取决于正义的概念而言，它只有在所有人的权利和特权可以得到每一个人（在没有任何人被要求去违反他理解为其义务的情况下）的认可时，才是可能的。给定宗教的概念，正义的原则尤其是平等的良心自由（作为第一原则的一个特殊例子），是在宗教宽容的问题上唯一可能与一种共同体感觉相一致的原则。应该说洛克的政教分离观念只是众多理念中的一个，从理论上看，政教关系与互动的模式在实践中更为复杂和灵活多样。一个社会的宗教团体与政府关系怎样、程度如何，既取决于底线的划定，也取决于对底线的遵守。底线的划定需要社会的共识。所谓共识，不是某一方的"制定"，"取决于对底线的遵守"这句话意味着可能出现对底线的突破（不遵守），突破者有自己的企求，遵守者有自己的期盼。如果有遵守有突破，政教关系格局就会出现不稳定状况。能否形成新的底线或改变现有的关系模式，就要看各方的力量与取向，对于洛克而言，他的底线就是：教会与国家互相有别并绝对分离。

国家自治，宗教自治；政权，教权；世俗自由，信仰自由——这是洛克需要的秩序。

对于洛克来说，政治的宗教化和宗教的政治化的交替反复上演才是焦虑所在。宗教领域的争吵貌若风平浪静，政治领域的争夺却是风云变幻；危险在于宗教不再以过往直接对于王权的觊觎和权力的攫取作为直接的目标，却以一种更为隐蔽的方式为政治所用、为宗教自身的政治冲动所用；政治或是国家也不再"暴力"，而是代以教化、熏陶、篡改历史和传播的方式"控制"自由，人置身于一种新的强力之下；对宗教的利用和控制，不过是以一种暴力取代了另一种暴力，而且更为隐蔽、合理、"合法"，其对于信仰自由的"侵入"远甚于宗教冲突时代的血流成河，强迫改宗，王权神授被议会至上、国家至上所取代的结果却变成了另一个新的神话与暴力的源泉。对于洛克来说，宗教战争结束了，宗教迫害平息了，洛克的担心却刚刚开始，他所担忧的不是以信仰为名的宗教战争、宗教迫害卷土重来，而是蕴藏在宗教战争、宗教迫害背后的真正的导致这些"灾难"不断发生的深层次原因被"隐瞒"、"掩盖"或是"变形"，在人类内心深处"扎根"却不自知或是被遮蔽，这比宗教战争和宗教迫害的威胁更大，因为这些深层次的原因最终摧毁的将是人类的理性和人类自身。从这个角度说，教会与国家互相有别并绝对分离也只是一种政治理想。

第三节　"三种自由" 如何捍卫信仰？[64]

追求自由和平等的政治秩序是洛克毕生的主题，洛克对于个人自由和人类平等的捍卫不遗余力。洛克企图将人类从一切形式的绝对任意的权力中解放出来，力图从人们提供给他的几乎没有什么价值的材料中给出对人类实现文明的过程的一个真正而完全的解释。在这个解释中，激励人们寻求自身解放的主要力量是激情，也就是保存的欲望。在洛克看来，激情是人性中至上的权力，理性所能做的是服从于最有力的和最普遍的欲望并引导它达到自己的目的。只有当事情的这种秩序被理解并被接受为真正而自然的秩序时，人类的争取自由、和平和富足的斗争才可望获得胜利。是这点，而不是其他的什么东西，才是洛克政治哲学的要旨。[65]

然而，自由与奴役，常常相互最为接近。[66]套用休谟的论断，同样的，平等与暴力（迫害）也仅仅是一墙之隔：自以为是自由之路，实际上却是奴役之途；看似平等的社会结构，实际上是迫害宗教的"沃土"。在前文中，笔者已经述及了洛克和普罗斯特的争论，其实质是担忧宗教会成为一种意识形态，成为政治；担忧政治干涉、入侵宗教。在论战中，普罗斯特所认为的"适当"的"强力"对于信仰是有所裨益的观点为什么得不到洛克的"宽容"呢？因为在洛克看来，在普罗斯特的论据中，实际上就是承认被"强力"（暴力）所"滋养"的宗教变得合理化或者从宗教角度接纳合理化的"强力"（暴力）。信仰（宗教）与"强力"（暴力）的"联姻"是可怕的倾向，任何角度、任何借口的暴力都是对于政治秩序的合理合法的"有序"、政教分离和自由的直接破坏。虽然隐藏在"强迫也是一种教育"因为"你以后肯定会认识到我现在这样做的理由"（费希特）和在"没有时间的情况下"，用"强力阻止一个人跨上一座要垮塌的大桥"（约翰·密尔）是可以接受的这样一种预设下的"强力"看似合理[67]，但事实上，强力是没有界限的，强力一经使用便不受控制，尤其是在精神领域，无须在漫长的历史中寻找答案，常识已经告诉我们：通过惩罚全体来阻止个体"犯罪"的方法是行不通的。

就像以赛亚·伯林（Isaiah Belin）所问：向那些衣不蔽体、目不识丁、处于饥饿与疾病中的人提供政治权利或者保护他们不受国家干涉，等于嘲笑他们的生活状态，在他们能够理解或使用他们日益增长的自由之前，他们更需要医疗援助或受教育，对于那些不能使用自由的人，自由又有什么用呢？没有运用自由的适当条件，自由的价值何在？[68]关键问题是，用出自陀思妥耶夫斯基笔下虚无主义者之口的嘲讽来说，存在着靴子比普希金更崇高的那种状况，个人自由并非每一个人的第一需要。自由并不只是不存在任何一种挫折；这样定义自由将扩张这个词的意义以致它含义太多或含义全无。埃及农夫对衣物或医疗的需要却超过个人自由，以及他明天有可能需要的更大程度的自由，并不是某种特别属于他的自由，而是与教授、艺术家和百万富翁相同的自由。伴随而来的问题因此就是，适当的对自由的剥夺或者干涉是不是合理、合情？如果你确信他所信仰的不是"真正的宗教"，甚至是"错误的宗教"，是否应该阻止呢？洛克的《论宗教宽容》和《人类理解论》、《政府论》等著作中或明或隐地都探讨了信仰自由的话题，但自由究竟应该如何理解，像伯林的诘问一样，为了保证一些人的自由，另一些人的自由有时候必须被剥夺，这仍然是正确的，这样做必须建立在什么原则之上？这种原则谁来制定？这种原则谁来监督？这种原则如何执行？这种原则本身会不会发生改变？在和普罗斯特的争论中，洛克认真地提出了这方面的问题，并且做出了冗长却发人深思的回应。

笔者基于近当代政治哲学的巨大发展，对于洛克宗教宽容思想乃至其政治哲学提出了一种全新理解的尝试。在这一过程中，笔者期待可以透过洛克，更好地理解国家权威、政治权力和个人信仰自由之间复杂的关系和哲学含义，以及人类对于真正自由的孜孜不倦地追求的意义何在。

笔者的理解是，洛克认为，如果人们选择进入政治社会——达成了"同意"，组建国家，形成政府——秩序的诞生，人就要"服从"这个全体形成契约的国家的秩序——法律，而秩序存在的唯一理由就是保护社会成员的生命、自由与财产，舍此无他。人的明确"同意"也就产生了服从的政治义务。因之，宗教信仰和世俗社会并不必然联系在一起，世俗社会不可侵犯宗教信仰的领地，宗教信仰也不能染指世俗权力，二者截然分立。一个进入政治社会的达成契约的人并不需要带有他的"信仰身份"，而作为进入政治社会、成为社会公民的他的"信仰身份"也不能影响到、侵害到或是伤害到其他人的世俗利益和权利——公民权到哪里都是一样的。然而，透过洛克的生活经历、政治实践和哲学思考，可以肯定地说，洛克始终在理性与恐惧的两极间寻找合适的平衡点，"终极的不信任"的横亘，让洛克将对于"终极目标"的追求最终呈现于多元对抗的"动态寻求"中。正是洛克的"动态寻求"的哲学理念，让他的思想可以在实践中最终衍生出民主政治可以接受的政权组织形态和政治统治艺术，而不似其他哲学家只是曲高和寡地自我呓语。也正因此，洛克的政治哲学丰富、多元和解读的歧义也让每一个研究、使用他的理论的人都可以从不同的层面找到不同的解读方式和多维意蕴，一千个人眼中有一千个哈姆雷特。莎士比亚驰骋于舞台，洛克纵横于政治世界和思想宇宙。

如何在一个世俗社会中实现信仰自由，或者换一个角度说，如何在保持自我理性选择的信仰不受侵害的情况下融入世俗社会当中？毫不客气地说，关于信仰自由，或者说自由本身就是一个悖论。如果我们相信，自由主义就是信仰自由的人，那么，我们只能为了"自由本身"才能够"限制自由"，不能因为社会、经济、信仰等利益不同而限制"自由本身"。可是，为了"自由本身"而"限制自由"是实现和保卫"自由本身"的唯一通道，一旦为了自由而限制自由，即使是为了"自由本身"，谁又能保证这种限制就如此恰到好处地实现了"自由本身"？"自由本身"又何以"显现"和"表达"其认同为了"自由本身"而"号令"的"限制自由"的行为？谁规定了"自由本身"，"自由本身"的含义难道不是作为"限制自由"的对立面才能为理性理解和接受吗？谁又可以认定和行使为了"自由本身"而"限制自由"的行为的范围、强弱、效果？谁又能最后、最终裁定"限制自由"就一定实现了"自由本身"？即使可以判断，这个"裁量权"难道不是"限制自由"的产物或是借"自由本身"而限制自由的必然吗？这样一来，"限制自由"难道不就是对"自由本身"最大的"反讽"吗？如果理性"无力回天"而将最后的答案交给"上帝"，那么人类关于自由的讨论和人类自身的命运和存在都变得毫无意义，甚至不如动物。

自由，我们侵犯，也被侵犯。

笔者以为，对于洛克而言，基于同意（"基本自由"）、服从（"约束自由"）和反抗（"对抗自由"）是人类生活的三元分立模式，在"对抗自由"的"张力"下，尽最大的可能在"约束自由"中实现"基本自由"——人的根本自由或者说是"自然自由"。也即，人因自保或"恐惧"暴力和失序（反抗——对抗自由），遵守（服从——约束自由）国家权威（法律）与服从政治权力（政府），从而在最大限度上实现个人的全面自由（同意——基本自由）。这也能解释人何以服从、为何服从、服从什么的问题。就政治义务这一难题，也可以做出洛克式的回答，即人有"同意"（社会）的权利，则要承担"服从"（国家）义务，如果强力（政府）导致失序，人应该在"服从"（法律）的秩序中通过一定的合法手段表达和改变，如果这一强力最终破坏了平衡，则人有"反抗"的权利以恢复到"同意"（自然自由）的状态重新通过订立契约形成新的政治社会模式，恢复或重构"服从"的新秩序——在这一过程中，政府的解体，并不必然意味着国家的崩溃和社会的瓦解——这才是人类社会的理性发展模式。[69]

在这一逻辑下，根据前述内容，洛克认为，个体的自由是一切的根本，权力用来保障作为公民的自由不受侵害，宽容则是民主法治国家的基础，因为宽容必然要求多元而非一元。维系多元社会的结构必然以宽容为基础，唯此方能实现在无法达成共识或根本无须达成共识的情况下人与人之间的共存，实现个人自由、政治自由和信仰自由的稳定秩序就是洛克所追寻的。

关于洛克政治-宗教哲学的逻辑关系，列表如下（见表4-3）。[70]

表4-3　洛克政治-宗教哲学的逻辑关系

序号	哲学定义	自由状态	政治状态	政治特征	政治手段	宗教状态	人类状态
1	同意	基本自由	自由	自然	义务	上帝	信仰
2	服从	约束自由	社会	权威	说服	世俗	宽容
3	反抗	对抗自由	战争	革命	强力	撒旦	失序

接下来笔者将围绕这几组概念展开讨论，最终说明洛克何以对"强力"如此敏感和如此"反感"，并尝试表述洛克"宗教宽容困境"的问题以及笔者的思考。

笔者在阐述洛克哲学中的三组概念，即同意——基本自由，服从——约束自由和反抗——对抗自由上所花的笔墨不会一样，显然重点是同意和服从这两点，而对于"反抗自由"，我们在讨论洛克和普罗斯特的论战中已结合信仰自由和良心自由的话题展开。

（1）同意——基本自由。

政府的合法性基于同意，这一观念深嵌于西方思想之中。同样，"同意"在洛克哲学中占据着重要的位置。

首先，同意是自由的保障。

对于洛克来说，无论是公是私，未经"同意"，等同开战。洛克的逻辑如下。

一个社会，可以简单描述为，由个体 A、他者 B 和其他所有人 C，即这三个组成部分。不经个体 A 同意，将 A 置于他者 B 的权力下，当 B 确定可以控制 A 的时候，对于 B 来说，理论上，B 就是处在可以任意处置 A 的情况下，甚至也可以随意毁灭 A。但是，其他所有人 C 出于各种目的，或是无法达成一致的利益等，不能、不会、不愿意把 A 置于 B 的绝对权力之下。这是可以理解的，因为如果 B 拥有随时随地可以任意控制、处置、惩罚和安排 A 的权力，那么从理论上讲，C——无论是集体还是其中的个体，都有可能被 B 以同样的方式、方法或是手段任意控制、处置、惩罚和安排。其结果不是可能性的存在，而是必然可以预期的。如果真的是这样，A 或者 C 即只有一种可能：成为 B 的奴隶。

洛克很明确地表达了对于 B 而言，达成他的目的的手段就是"强力"，唯此，方能迫使 A 接受不利于 A 的自由权利的处境——成为奴隶。

人祈望免受"强力"的压制的念头，必然成为自我保存的唯一保障，人的理性会促使 A 把想要夺去 A 的作为自保屏藩的自由的人 B，当作危害 A 的生存的敌人看待。因此，凡欲通过"强力"图谋奴役 A 的人——B——同 A 就是处于战争状态。同理可知，在自然状态中，无论出于何种理由，想夺去 C——所有人的自由的人 B，必然被假设为具有夺去 C 的其他一切东西的企图——自然包括财产，也包括良心的自由和宗教信仰的自由。鉴于自由是其余一切的基础，同样，凡在社会状态中想夺去那个社会或国家的全体人民 C 的自由的人 B，一定被假设为企图夺去 A 和 C 的其他一切，这种"强力"将被看作对 A 和 C 的宣战，他们就是处于战争状态。这是最根本的，因为没有了自由，其他一切都无从谈起。

其次，"同意"是财产的合法性证明，无论是产权还是货币。

洛克表示，人类初期，在绝大部分的情况下，满足于未经加工的、自然所供给他们的必需品。后来在世界的一部分（那里由于人口和家畜的增多，以及货币的使用，土地不够了，因而有了一些价值），有些社会确定了各自的地界，又以法律规定了社会的私人财产，因而通过契约和协议确定了由劳动和勤劳所开创的财产。在这一历史过程中，有些国家和王国之间通过缔结的盟约，明白地或者默认地放弃了对于为对方所占有的土地的一切要求和权利，从而根据共同的同意，放弃了它们对那些国家原有的自然的公有权利的主张，于是明文的协议就在地球上的个别部分和地区确定了它们之间的财产权。虽然如此，还有大块的土地荒芜不治，比居住在上面的人们所能开垦或利用的还要多，所以它们还是公有的。不过这种情形，在已同意使用货币的那一部分人类中间，是极少会发生的。[71]对于货币，洛克说，货币的使用就是这样流行起来的：这是一种人们可以保存而不致损坏的能耐久的东西，他们基于相互同意，用它来交换真正有用但易于败坏的生活必需品。

再次，"同意"是国家的基础。

国家基于人的同意。洛克指出，在这样"同意"的前提下，结合起来并组织在一起的就是国家。而在国家中，那里的大多数人享有替其余的人做出行动和决定的权利。而基于每个人的同意组成的共同体，就因此具有作为一个整体而行动的权力，而这是只有经大多数人的同意和决定才能办到的。

这一点需要特别注意，因为在笔者后面探讨的关于"强力"和信仰的对抗中，这种"大多数人的同意"扮演着模糊而微妙的"角色"。

阿什克拉夫特指出，洛克在早年曾经指出，对于任何政治权威的正当理由的辩解均应当追溯到两个方面：上帝的直接任命或者人民的同意。

在《政府论·上篇》中，洛克认为如果费尔默关于神约的观点不被接受的话，那么就只能诉诸人民的同意。然而，洛克并不像他的批评者那样，他依然没有停止。事实上，这只是他的观点的起点而已。因为对于洛克而言，所有的政府就是人民同意的产物。然而，洛克以人民的同意作为政治权力的合法性来源，几乎不能提供任何理由将他与霍布斯区分开来。因此，洛克认为，如果反驳费尔默的话，同意是政治社会的必要（necessary）条件；而驳斥霍布斯，同意则并不构成一个充分条件（it is not a sufficient condition）。可以说，洛克拒斥了霍布斯的思路，即让强迫等同于同意。因此，他否认政府可以是强迫的产物的观点。[72]洛克认为，个体不能随意地（freely）同意，并且必须保证个体是一个"理性的存在"。例如，他不允许他的奴隶把自己屈服于他人专横的意志之下。此外，"不能设想，任何理性的动物会抱着每况愈下的目的来改变他的现状"。

同时，洛克还特别强调了"明白的同意"和"默认的同意"的区别，这对于后文探讨良心自由和国家权威、政治权力的关系时将会有涉及，这里有必要指出，既然一切人自然都是自由的，除他自己同意以外，无论什么事情都不能使他受制于任何世俗的权力，那么，究竟什么才算是一个人同意受制于任何政府的法律的充分表示？洛克认为这里有"明白的同意"和"默认的同意"两种，但二者是有区别的。洛克认为，唯有"明白的同意"加入任何社会才使任何人成为该社会的正式成员、该政府的臣民。而"默认的同意"以及它的约束力多大是值得怀疑的，即当一个人根本并未做出任何表示时，究竟怎样才可以认为他已经同意，从而受制于任何政府？对于这个问题，洛克直言，只要一个人占有任何土地或享用任何政府的领地的任何部分，他就因此表示他的"默认的同意"，从而在他同属于那个政府的任何人一样享用的期间，他必须服从那个政府的法律。事实上，只要身在那个政府的领土范围以内，就构成某种程度的默认。换言之，即使人们因为信仰不同，但如果生活在同一个"政府的领土范围以内，就构成某种程度的默认"，也就是要"服从"那里的法律和秩序。

最后，同意是一种权利——凡是权利产生之地，必是义务生成之所。

就此，根据洛克的逻辑，可以确认，政府的合法性基于同意。可以说，洛克的"同意"将每个人的政治义务合法化了。即每个自由人的"明白的同意"是其成为一国公民的唯一途径，这种逻辑下，每个人的政治义务都是自己自由选择的结果，而且我们必须为自己的选择承担责任，服从的义务由此而生。更为简单地说，如果你选择了"同意"加入一个社会和作为一个国家的人民的话就意味着你已经"同意"并"服从"政府为此目的而制定和执行的法律。这和你所带有的信仰身份无涉——这是公民权，到哪里都一样。

（2）服从——约束自由。

这种自由是经由洛克发展至密尔而奠定的。根据拉兹的解释，所谓约束自由——拉兹称之为"通过采取某些政治约束原则来捍卫自由"——主张的是，某些能够证成私人行为的理由不能适用于政治领域，而且不能用来证成某些政治行为。通过这样做，它们能够保护个体自由。这也就是密尔有名的"伤害原则"。[73]周保松指出，伤害原则充分体现了自由主义的精神：每个公民作为独立自主的个体，只要不伤害他人，便应享有充分的自由，选择自己喜欢的生活方式。这些自由包括思想和信仰自由、言论及出版自由等。因此，政府及社会应该宽容人们的选择，无论这些选择在他人眼中是多么离经叛道和难以接受。密尔不仅反对政治不宽容，也反对社会不宽容，也即托克维尔（Alexis de Tocqueville）所称的民主社会的"多数人的暴政"。这种暴政最具体的表现，是社会大多数人常常将他们的意见和价值观，透过舆论压力和其他方式，强加在少数人身上。密尔甚至说："社会暴政较那种种的政治压迫更为可怕，因为它虽不常以各种极端的刑罚为后盾，但却深入渗透于生活的每一细节，奴役人的灵魂，令人难以逃避。"要防止这种情况，首要的是确保在只关涉个人事务的领域，个人享有高度的行动上的自由。[74]

事实上，洛克也有着同样的态度，甚至从某种角度说，他不比密尔的表达力度更弱。不过，洛克显然对于"政府"还是抱有一种乐观的态度，但密尔则显得谨慎和悲观。

密尔明确区分了"运用权力的人民"和"权力所加的人民"，这对概念之于后文我们的讨论至关重要。

密尔明确表示，运用权力的"人民"与权力所加的人民并不永是同一的，所谓的"自治政府"亦非每人管治自己的政府，而是每人都被所有其余的人管治的政府。至于所谓人民意志，实际上只是最多的或者最活跃的一部分人民的意志，亦即多数或者那些能使自己被承认为多数的人们的意志。这样的结果是，人民会要压迫其自己数目中的一部分，而此种妄用权力之需加防止正不亚于任何他种。因而就要限制政府施用于个人的权力，人们必须把"多数的暴虐"列入社会所须谨防的诸种灾祸之内，这个多数的暴虐之可怕，在于它的隐蔽性：人们起初只看到它会通过**公共权威**[75]的措施而起作用。但是深思的人们则已看出，当社会本身是暴君时，就是说，当社会作为集体而凌驾于构成它的个人时，它的肆虐手段并不限于通过其政治机构而做出的措施。社会能够并且确在执行它自己的诏令。而假如它所颁的诏令是错的而不是对的，或者其内容是它所不应干预的事，那么它就是实行一种社会暴虐；而这种社会暴虐比许多种类的政治压迫还可怕，因为它虽不常以极端性的刑罚为后盾，却使人们有更少的逃避办法，这是由于它透入生活细节更深得多，由于它奴役到灵魂本身。因此，仅只防御政府的暴虐，是还不够的；对于得势舆论和得势感想的暴虐，对于社会要借行政处罚以外的办法来把它自己的观念和行事当作行为准则来强加于所见不同的人，以束缚任何与它的方式不相协调的个性的发展，甚至，假如可能的话，阻止这种个性的形成，从而迫使一切人物都按照它自己的模型来剪裁他们自己的这种趋势——对于这些，也都需要加以防御。集体意见对个人独立的合法干涉，是有一个限度的；要找出这个限度并维持它不遭侵蚀，这对于获致人类事务的良好情况，正同防御政治专制一样，是必不可少的。[76]

让密尔感到困惑的是，实践的问题在于究竟应该把这个限度划在哪里，也就是说，究竟应该怎样在个人独立与社会控制之间做出恰当的调整。正如前述章节中，在公民政府的事务与宗教事务之间划定一条清晰的界限。但如何划定？显然，这不是一个可以简单回答的问题。对于这种基于政治权威和政府权力而形成的约束的自由和信仰之间的关系，我们会在后文详尽展开，可以说，在这一点上，洛克的观点一直被忽视，我们可以深入探讨一下。不过，现在点到为止。

（3）反抗——对抗自由。

这是洛克哲学中最具有力度的一点，也是笔者认为让自由成为自由的核心张力所在。

正如我们在本章开头所说的那样，人只能为了"自由本身""限制自由"，如果一种自由没有它的对抗者的话，就要制造一个对抗者，就像诺齐克所说的"如果没有国家，就需要创造一个国家"一样。正是对于自由可能被僭越和滥用的反抗的存在，才会让自由成为真正的自由。

在《政府论·下篇》中，洛克说，法律一停止，暴政就开始。[77] 在《宗教宽容书简》中洛克同样说，在人们中间存在着两种竞争：一种靠法律来支配，另一种则靠暴力。二者的性质是：当一种结束时，另一种便取而代之。可见，法律对应的是秩序，暴力对应的是失序。

"强力"，这个洛克和普罗斯特历时 15 年的争论的焦点，只能用来反对不义和非法的事情。[78] 换言之，强力是一种以暴易暴、以牙还牙的行为，它不是一种暴力，因为强力依然属于秩序范围内的一种过分的外在的促使人的行为发生某种特定的或指向性的移动的力量，这种力量基于的是权威而非权力，却在权力的掌握者——官长——的手中。

因此，在《政府论·下篇》中，洛克探讨了"君主的命令是可以反抗的吗？"这一问题。是否一个人只要觉得自己受害，并且认为君主并不享有对他这样做的权力，就可以随时加以反抗呢？洛克认为这样就会扰乱和推翻一切制度，所剩下的不是国家组织和秩序，而只是无政府状态和混乱罢了。

对于这一点，洛克的回答是，强力只能用来反对不义的和非法的强力。凡是在其他任何场合进行任何反抗的人，会使自己受到上帝和人类的正当的谴责，所以就不会引起有些人常说的那种危险或混乱。

在这种语境下，反抗自由并非针对那种对于个人而言不满的私人情绪的宣泄所导致的反对政府行为。洛克的反抗自由对应的是暴政，对应的是良好的政治秩序无法继续的、统治者违背人民信托关系的暴政，是暴力赤裸裸的表演时刻，是超越了法律所授予的权力范围的无法控制的行为。

不过和其他研究者关注政府解体的原因和形态不同的是，笔者更关注洛克关于"人民不但享有摆脱暴政的权利，还享有防止暴政的权利"[79]中关于如何"享有防止暴政的权利"的分析。

当旧的立法机关由于受到压迫、暗算或被交给外国权力而消失以后，才告诉人民说，他们可以为自己打算，建立一个新的立法机关，这不啻是在病入膏肓已来不及救治的时候才对他们说可以希望药到病除。事实上，这等于是叫他们先成为奴隶，然后再争取自由；在他们戴上枷锁以后，才告诉他们说，他们可以像自由人那样行动。如果是这样，这是愚弄，而不是救济。[80]重要的应该是，人们能够在完全处于暴政之下以前，有逃避暴政的方法，免遭暴政的迫害。这就需要对权力有所限制，特别是使立法机构（权威）和政府行为（权力）以及个人自由（权利）之间相互制约。这就是洛克对"强力"——基于权威的"强力"——极为敏感的缘由所在。

同时要再次强调，政府解体和社会解体并不相同。洛克很明确地表示，人们必须明晰和清楚地认识到，社会的解体和政府的解体是不同的，二者之间的区别是一直存在的。在洛克的政治哲学话语体系中，构成共同体并使人们脱离涣散的自然状态而成为一个政治社会的，是每个人同其余的人所订立的契约，由此结成一个整体来行动，并从而成为一个国家。通常摧毁这种结合的唯一途径，就是外国武力的侵略。在这个情境下，属于由该国公民所构成的"那个整体的这一结合就必然终止"，因此每个人都回到了以前所处的状态，可以随意在别的社会自行谋生和为自己谋安全。"一旦社会解体，那个社会的政府当然不能继续存在。"从这个意义上说，所谓的征服者的武力是影响巨大的，它往往从根本上把受到入侵的政府打垮，并把受到入侵的国家的社会结构打碎，"使被征服或被瓦解的众人脱离原应保护他们免受暴力侵犯的社会的保护和扶持。"洛克认为，这是不辩自明的，对于这种解散政府的方法，世人了解很深并有深切的体会，决不能加以容忍。至于社会一旦解体，政府就不能继续存在，这是不言自明的——这正如构成房屋的材料为飓风所吹散和移动了位置或为地震震塌变成一堆瓦砾时，房屋的骨架就不可能再存在一样。[81]

洛克的信仰自由——任何强力不得干涉——说到底，讨论的是权威的边界条件（boundary conditions）——"约束自由"的最大效力和界限——问题。我们必须认识到，使一个自由的社会区别于一个不自由的社会的最为重要的特征之一，很可能就是在那些并不直接影响其他人确获保障的领域的行动方面，大多数人所实际遵循的规则，不仅具有一种自愿的特性，而且不能通过强制予以实施。[82]

国家是"同意"的产物，也是秩序的表达，但同意并不必然产生服从。甚至可以说，"据同意而治"是美好的政治理念和立国之基，但从另一个侧面说它是一种政治乌托邦也未尝不可。

国家的权威需要通过权利机制构筑的权利体系去实现，权力付诸实际是通过国家合法地垄断暴力（韦伯）来保障和实现的。这种状况在当代更为明显和体系化。

所有现代国家都向其公民主张权威，而正是这一点将国家与强盗团伙区分开来。但是与父母针对子女的权威不同，国家的权威还声称自己是最高的权威：即使国家没能在社会中垄断权威，当它与其他人或群体共享权威时，国家也以它自己的方式来运用权威。它主张要约束许多人，要调节他们的大多数重大利益，并且在这样做的时候要凌驾于所有其他社会控制机制之上。这种调解和控制不是简单地依靠"同意"。于洛克而言，这需要一套相互制约的权利体系下的法律机制的运行和保障。依靠权力保障权利似乎是一种必然的选择，而且这种适时的过程必然伴随着权力的难以控制的使用。如格林认为的那样，法律权威的正当性和法治观念密切联系，即作为一种社会秩序模式的法律体系的制度性权威与美德紧密联系。断言一个社会处于法治状态，这不仅仅是在提出下述描述性主张，即这个社会拥有一套有效力的法律体系，这种说法也是在说，这个社会在一定程度上成功地实现了一些具体的程序性理想，比如，法律是公之于众的、融贯的、明确的、不溯及既往的，而且一视同仁地约束公民和官员。[83]

正如恩格斯所观察到的，国家绝不是从外部强加于社会的一种力量。国家也不像黑格尔所断言的是"伦理观念的现实"，"理性的形象和现实"。确切地说，"国家是社会在一定发展阶段上的产物；国家是承认：这个社会陷入了不可解决的自我矛盾，分裂为不可调和的对立面而又无力摆脱这些对立面。而为了使这些对立面，这些经济利益互相冲突的阶级，不致在无谓的斗争中把自己和社会消灭，就需要有一种表面上凌驾于社会之上的力量，这种力量应当缓和冲突，把冲突保持在'秩序'的范围以内；这种从社会中产生但又自居于社会之上并且日益同社会相异化的力量，就是国家"。[84]国家要"把冲突保持在'秩序'的范围以内"。这点对于洛克而言就是，既然国家是"同意"的产物，故此，国家和政府被"赋予"了为了"绝大多数的自由"而采取"约束自由"（法律）的方式和手段的权力，以最大限度地保护社会成员的"基本自由"和"防止暴政"，或者说是"约束"可能产生暴政的条件以避免"对抗自由"——这是洛克政治哲学与众不同的地方。

政府的权力在哪里，自由（或暴力）的界限就在哪里？

对于洛克而言，"约束自由"和"基本自由"之间是不矛盾的，甚至从某种意义上说，"约束自由"是推动"基本自由"、促进和更大化了"基本自由"——人之为人的根本的自由，因为这种"约束自由"——法律——究其本质而言是拥有"基本自由"的人为了保护生命和财产而建构共同体将权力赋予立法机构。推进我们的探讨可以观察到，这种"约束自由"或者说对于"约束"的关注在洛克哲学中是很重要的。"约束自由"不能约束"良心自由"，更不能约束因"良心自由"而产生的并不破坏市民社会法律的"行动自由"。这也就是为什么要严格区分公民政府事务与宗教事务，并正确规定二者之间的界限。因为二者的功能是完全不同的，也因为所谓公民利益指的是生命、自由、健康和疾病以及对诸如金钱、土地、房屋、家具等外在物的占有权。如果不是为了保护他们的生命、权利和财产，如果没有关于权利和财产的经常有效的规定来保障他们的和平与安宁，人们就不会舍弃自然状态的自由而加入社会和甘受它的约束。

洛克认为，这种状况是难以设想的，即如果人们有权力这样做的话，他们会有意把支配他们人身和财产的绝对的专断权力交给一个人或较多的人，并给予官长以力量，由他任意地对他们贯彻他的毫无限制的意志。这是要把自己置于比自然状态更坏的境地，在自然状态中，他们还享有保卫自己的权利不受别人侵害的自由，并以平等的力量维护权利，不论侵犯是来自个人还是集合起来的许多人。可是，如果假定他们把自己交给了一个立法者的绝对的专断权力和意志，这不啻解除了自己的武装，而把立法者武装起来，任他宰割。一个人置身于能支配十万人的官长的权力之下，其处境远比置身于十万个个别人的专断权力之下更为恶劣。有这种支配权的人的实力虽是强大十万倍，但谁也不能保证他的意志会比别人的意志更好。因此，无论国家采取什么形式，统治者应该以正式公布的和被接受的法律，而不是以临时的命令和未定的决议来进行统治。如果以公众的集体力量给予一个人或少数人，并迫使人们服从这些人根据心血来潮或直到那时还无人知晓的、毫无拘束的意志而发布的苛刻和放肆的命令，而同时又没有可以作为他们行动的准绳和根据的任何规定，那么人类就处在比自然状态还要坏得多的状况中。因为一切权力归政府所有，既然只是为社会谋幸福，因而不应该是专断的和凭一时高兴的，而是应该根据既定的和公布的法律来行使。这样，一方面使人民可以知道他们的责任并在法律范围内得到安全和保障，另一方面，也使统治者被限制在他们的适当范围之内，不致为他们所拥有的权力所诱惑，利用他们本来不熟悉的或不愿承认的手段来行使权力，以达到上述目的。[85]这个定义和《宗教宽容书简》中的态度一以贯之：国家（官长）的全部权力仅限于上述公民事务，而且其全部民事的权力、权利和辖制权仅限于关怀与增进这些公民权利，它不能也不应当以任何方式扩及灵魂拯救。[86]

有必要对于洛克的观点做一番总结。

（1）从公民权上看，强力的存在和使用是不合宜的。人们是按照平等公民的地位来加入各种宗教团体的，洛克对这一点是很笃定的，因此，人们也应该基于这个地位来彼此进行商讨。[87]所以，如果"统治"（to rule）意味着使人服从他人的意志，那么在一个自由的社会中，政府就不具有这样的统治权力。公民之所以为公民，正是因为他不能在这种意义上被统治，被命令来、命令去，而不论他在为了实现自己的目的而选择的工作中占据着什么位置，也不论依据法律他是否暂时是一个政府的官员。然而，他却可以在如下的意义上被统治："统治"仅意味着一般性规则的实施，亦即不考虑特定的情形且须平等适用于所有的人的一般性规则的实施。因为在这里，亦即在这类规则适用于其中的绝大多数的案件中，并不要求人们根据自己的意志进行裁决；甚至当法院不得不就一般性规则如何被适用于某一特定案件的问题做出决定的时候，也是由人们所公认的整个规则体系所内含的意义来决定的，而不是由法院的意志来决定的。

但显然洛克并非没有意识到强力存在的必然性和合理性。洛克目睹了英国政治和宗教之间纠葛多年的争斗以及彼此相互利用的血腥屠杀，他寻求的是一种新的社会控制方式，这种社会控制方式不再是过去式的了。如果说，在过去社会控制的主要手段是道德、宗教和法律，那么，在开始有法律时，这些东西是没有什么区别的。但是，在近代世界，法律成了社会控制的主要手段，在当前的社会中，人们主要依靠的是政治组织社会的强力，即人们力图通过有秩序地和系统地适用强力，来调整关系和安排行为。人们最坚持的就是法律的这一方面，即法律对强力的依赖。当然，如罗斯科·庞德所洞见，如果法律作为社会控制的一种方式，具有强力的全部力量，那么它也具有依赖强力的一切弱点。[88]

（2）从宗教性上说，实际上，洛克在《宗教宽容书简》中提供了一种更为广阔也更为全面的视野，或者是对其在1689年前的全部思想的一个总结、修订和提升的视野。洛克之所以反对"强力"——基于权威的权力滥用，而非基于同意的法治社会——是因为对于洛克而言，每个人对于救赎、得救的关心，只能是他自己的事情。因为，每个人都有着不朽的灵魂，他能够享受永恒的幸福或无尽的苦难，这幸福有赖于他在今生对于那些为获取上帝恩典所必须做的事情，也就是上帝为了这个目的所规的那些事情。遵守这些规定是人类最崇高的义务，而且人应当极其关心、极其勤奋和孜孜不倦地去追求、探索和实现的是获取上帝的恩典，因为在今生没有任何东西能够比永生更值得关心。还有更重要的一点就是，一个人不可能因为他自己的错误见解和不恰当的礼拜方式而侵犯另一个人的权利，也不可能因为他自己的毁灭而给他人的事务造成危害。上帝从未授予某个人在信仰上有强迫另一个人的权威，谁也不可能凭借人民的同意给予官长这样的权力，因为无论是君主还是臣民，没有人可以放弃对自己救赎的关切，以至于盲目地让他人为其规定应该信仰或崇拜什么。即使他愿意，也没有人能够让他的信仰服从另一个人的命令。换句话说，宗教和政府之间的"适当界限"取决于这个假定，即"每个人……在宗教事务上都有为自己作判断的至高无上的、绝对的权威"。阿什克拉夫特认为仅仅这一点就可以看出，在自然法的命令上，个人和上帝之间存在直接的义务性纽带，因为正是这种联系消解了任何其他私人或官长对权力提出的任何主张。从这个立场来说，洛克可以坚持说宽容是"符合福音书和理性的"，而宗教迫害是"与福音书中的律法以及仁爱的训诫相背的"。因此，一切强力和强制应予禁止。做什么事都不得强迫命令，除了自己被说服而确信以外，谁都没有义务按照那种方式服从另一个人的劝诫和指令。在这一点上，每个人都享有至高无上和绝对的自我判断的权威。其理由就在于，任何他人都与此无干，也不可能因为他的行为而蒙受损害。[89]外部世界属于社会，抗议的权利属于个人。洛克的观点，这种绝对"分界"的观点，事实上也遭遇了很大的挑战。从某种角度看，密尔和普罗斯特的观点有着很强的相似性，从中也可以看出洛克思想的"软肋"所在。[90]

（3）从哲学层面看，强力是一种"恶"，是阻碍自由的"恶"。洛克在《人类理解论》第二卷中对人的"自由"做形而上学的探讨的过程中指出，自由有思想和运动两种，一个人如果有一种能力，可以按照自己心理的选择和指导，来思想或是不思想，来运动或是不运动，则可以说是自由的。如果一种动作的施展和停顿不是平均地在一个人的能力以内，如果一种动作的实现和不实现不能相等地跟着人心的选择和指导，则那种动作纵是自愿的，亦不是自由的。因此，所谓自由观念就是，一个主因有一种能力来按照自己心理的决定或思想，实现或停顿一种特殊那样一个动作。在这里，动作的实现或停顿必须在主因的能力范围以内，倘如不在其能力范围以内，倘如不是按其意欲所产生，则他便不自由，而是受了必然性的束缚。因此，离了思想、离了意欲、离了意志，就无所谓自由。不过就有了思想、有了意欲、有了意志，亦不必就有自由。[91]

同时，洛克不仅捍卫作为形成一切教会的先决条件的个人的良心自由，而且他还将这种"自由"列为人在必要时有权利以武力捍卫的"自然权利"之一。在《宗教宽容书简》中为这种立场辩护时，洛克提到了每一个人在自然状态中都享有的那种包括信仰自由（freedom of worship）在内的"自然的自由"（natural liberty），"这样一来，每一个人都有要求宽容的权利"。此前，洛克已经在《论宽容》（*Essay Concerning Toleration*）中下功夫论述了人们在宗教信仰上享有的"绝对的、普遍的权利"。[92]包括信仰自由（freedom of worship）在内的"自然自由"（natural liberty）这一概念，笔者认为就是罗尔斯意谓上的"良心的平等自由"，即一个人可能确实会认为，别人应该承认他所承认的那些信仰和基本原则，如果他们不那样去做，他们就是大错特错，就是在拯救灵魂的道路上迷失了方向。但是，关于宗教义务以及哲学和道德基本原则的协议表明，我们不能指望别人默认一种次等的自由权。同时，洛克论述自己观点的方式是，否定要么以个人的同意、要么以"人民的同意"来把一个人为确保其宗教救赎而尽的个人义务转嫁给另一个人的正当性。对此，阿什克拉夫特认为，洛克没有放弃自己在《宗教宽容书简》中再次确认的观点，即政治权威依赖于人们的同意，直接对公共利益负责，所以这部作品就既捍卫了基于人民同意的立法机关的合法性，又捍卫了不受一切政治权威干预的对良心自由的自然权利主张。因此，"良心自由是每一个人的自然权利"。这个观点在1681年的洛克-泰瑞尔手稿中提到了，弗格森和激进主义的不顺从国教者也提到了。这个观点的抽象性并不是从政治争论到哲学的一场撤退，相反，它体现了这场争论中最为激进的政治立场。洛克的《宗教宽容书简》通过坚持没有任何政治组织有权利制定干涉个人宗教信仰的法律，立即就让整个宽容争论超越了基于洛克生活环境的国王特权的行使 VS 议会同意的保障这个层次。

　　笔者以为，洛克担心的是"强力"，但他关心的焦点依旧是"秩序"，对强力的担忧与其说是恐惧，不如说是消解——消除对于"秩序"的威胁，这种威胁既有外部的"征服"的危险，也有内部"异化"的可能。警惕强力，强调宽容，因为宽容不仅仅就是承认信仰的多元，这是一种浅层次的宽容，真正的宽容不但要承认信仰的多元，而且要接受信仰的多元的思想和信仰多元所带来的不同于自己信仰的宗教行为，更要去适应和理解其他与自己信仰完全不同的信仰行为方式，这就构成了一种积极宽容的态度和消极宽容的态度，也间接促成了国家和政府在宗教事务管理上的不同态度。[93]对于洛克来说，法律不是"不发光的灯，不燃烧的火"，法律包含强力无可厚非，社会的调整和安排必须最终依靠一定的强力，这不是因为其他，恰恰是由于所有的人都有服从的习惯，文明有赖于摒弃专横的、固执的自作主张，而代之以理性。[94]

第四节　"保卫" 秩序

就国家权威、政治权力和信仰自由的关系而言，国家是"据同意而治"[95]，权威，而非暴力，才是国家特有的和应有的手段。人只应该服从法律——国家的权威——而非其他，人们参加社会的重大目的是和平地和安全地享受他们的各种财产，而达到这个目的的重大工具和手段是社会所制定的法律。

因此，所有国家的最初的和基本的明文法就是关于立法权的建立，目的就是保护社会以及其中的每一个成员。[96]这个立法权不仅是国家的最高权力，而且当共同体一旦把它交给某些人时，它便是神圣的和不可变更的。如果没有得到公众所选举和委派的立法机关的批准，任何人的任何命令，无论采取什么形式或以任何权力做后盾，都不能具有法律效力和强制性。因为如果没有这个最高权力，法律就不能具有成为法律所绝对必需的条件，即社会的同意。除非基于社会成员的同意和基于其所授予的权威，没有人能享有对社会制定法律的权力。基于洛克的逻辑，我们必然可以进一步推论使任何人受"最严肃的约束"而不得不表示全部服从的，归根结底是法律。人必须服从，且受所制定的法律的指导。对任何外国权力或任何国内下级权力所作的誓言，也不能使任何社会成员解除他对那根据他们的委托而行使权力的立法机关的服从，也不能强使他做到与它所制定的法律相违背的或超过法律所许可的范围的服从。"如果想象一个人可以被迫最终地服从社会中并非最高权力的任何权力，那是很可笑的。"但是，需要注意的是，在这个"成员"概念上，洛克特别强调了"在与公众福利相符的限度内"，也就是说，"约束自由"之中的"约束"是有条件的，就是成员必须接受服从的义务，即"绝大多数人"的同意，如果不这样，社会就将无法达成共识而解体。但显然，"绝大多数人"的同意并不应该——也不必然——伤害到接受服从义务的与之不同的少数人的"基本自由"，尽管往往"事实"却是"绝大多数人"的同意——无论基于善意的或是对立的情感支配，或是由于自我认为的绝对的善的理念的驱使——必然会对"少数人的自由"有着不同的意见或是行为，这就是洛克对于

"强力"的担忧所在。

颇为有意思的是，在任何一个社会，似乎最重要的纽带都不可能是对国家的认同，而是竞争性的、更为狭窄的对宗教群体与种族群体的忠诚，在很多国家，种族式的民族主义所提供的身份纽带（bonds of identity）都比政治权威所提供的更强，当它不伴随有不宽容时，它也是价值的合法来源——无论其历史基础是如何的可疑，也无论其观点是如何的狭隘。义务的这些来源要与国家争夺其成员的忠诚。然而，国家声称是至高无上的，而且积极地强制推行其主张：它决定了哪些群体要被官方承认和保护。[97]或许，在一个具有官方宗教的国家，或者在一个甚至有全国性的运动会的国家，对政权的权威的同意或许并不是对一个人的忠诚的最明确或最恰当的申明。[98]

托马斯·内格尔精辟地分析指出，任何一个对人类利益有特定信念的人，都会自然而然地倾向于获得它背后的国家权力，这不仅是为他自己，也是出于对他人的关切。[99]在一种可接受的动机分离的问题上，智识上最困难的问题不是来自利益的冲突，而是来自对什么是真正有价值的东西的看法上的冲突。受对彼此的无偏倚性关切所驱动的社会成员，如果他们对好生活由什么构成，从而对他们应当不偏不倚地为每一个人想望什么东西存在分歧的话，他们恰恰将会被那种动机引向冲突之中。因此，那些不赞同的人则会想望国家促进其他目的。这类分歧可能比单纯的利益冲突要更为强烈，也更棘手，而问题在于，是否有某种在更高层次上处理它们的、所有合乎情理的人们都应当接受的方法，从而他们不能反对它的特定结果，即使这种结果于他们不利。[100]

总之，在洛克眼中，"强力"就是不受"约束自由"约束的"权力"，或是超越了"约束自由"的"权力"，这种"权力"不是赤裸裸的"暴力"（失序），不是以武力或者"类武力"（恐惧、威胁、恫吓）形式呈现的。这种强力和绝大多数的人的"同意"息息相关，和国家政府权力的不安分守己密切关联，也就是与如何坚持"中立性"的概念紧密结合，也从侧面反映了洛克"政教分离"的绝对性的理论根基所在。

是的，人无法设计一位上帝，人也不会普遍遵守他所许下的诺言。世界并不是基督教的，也不是康德式的，基督徒和康德派与他们异教的、非道德的同胞一起生活。尽管我们浪漫地渴望想象中的天堂，我们必须直面法律强制的必要性。[101]借助于约拉姆·巴尔泽（Yoram Barze）的模型，我们可以更清晰地看清楚权力和强力的区别。约拉姆·巴尔泽根据他的国家理论模型认为，权力是强加成本的能力。从这个概念出发，笔者认为，"强力"——从国家和公民的关系角度来说——是一种强加"不正当"成本的能力。这种"不正当"成本既包括量——超过正常成本、超越契约的，也包括质——非正当的、不合法的"权力"的使用。比如在一个国家中，强使某信徒改变他的宗教信仰则是"质"上的转变和强力，而在一个不立国教的国家中，在主流文化中事实上支持某种特定宗教的社会价值观并将之和某种特定利益"连接"，则会在量上引发强力，而我们知道"量变引起质变"。实际上，当权力威胁足以使权力的所有者实现渴望的目标时，权力对于所有者就是最有用的了。强加成本使资源耗竭。如果权力的施加者与被施加者之间能够达成妥协并避免造成实际的成本增加，那么，他们将会做得比较好。如果他们准确地评估彼此的权力，那么，他们就知道谁更具优势以及优势多大。然后，他们可以估计攻击者和受害者在受害者选择抵抗的时候双方将会产生多少成本。因此，他们也认识到存在一个条款范围，将使他们比实际使用权力时要更好。尽管在现实中，由于各种因素，使用权力和抵抗程度都已变得微弱，从而使这一问题的严重性有所降低，但是，因为需要在各方之间分配节约成本的数量，所以达成协议是很困难的。更基本的问题在于必须评估双方的能力，而这种评估又容易发生误差。如果他们之间在相对权力上过度乐观而引起错误，那么，他们就可能选择使用权力。[102]这一点，并非仅仅针对权力拥有者——政府，其实对于教会、信仰者和公民都是一样的。毕竟，从某种形式看，在和政府的博弈中，教会、信仰者或是公民并非总是被统治者，有时他们也扮演着权力的使用者或是索取者的角色，即和通常意义上的权力的拥有者、阐释者——国家，扮演着同样的"角色"。暴力和长期关系都可以用来实施协议。因为这些权力同样也可以用于攫取，所以，实施服务的委托人会希望约束实施者，但是，约束也是代价高昂的。当个体可以选择不约束那些通过长期关系来强加成本的实施者时，他们就不会雇用那些使用暴力来强加成本的实施者，除非他们能够约束后者。可以通过集体行动机制来产生这种约束。

强力对于行为的控制，亦并非都是直接的暴力。在很长的一段时间里，天主教会的总部梵蒂冈的武装力量包括一支规模很小却强有力的瑞士卫兵。然而，自从意大利统一后，瑞士卫兵提供给梵蒂冈最多的是罗马城里一小块地方的实施权力。显然，对于梵蒂冈之外的大量的天主教徒来说，要使用这一点武力来让他们信守教义是没有多少用处的。然而，无数信徒遵守天主教的约束——如没有教会的同意不能离婚，即使他们定居的国家允许离婚。给定这里所采用的国家定义要求实施时使用物质性力量，那么，天主教会就不是一个国家。然而，在其实施力的程度上，它与一个国家相似，因此，我们可以认为它是一个国家，只是要加上星号。[103]问题在于：宗教权威的丧失与国家权威的上升之间形成的巨大的张力让个体信仰变得无所适从。也就是说，人在信仰的私人领域中的"基本自由"正在逐步被公共领域的"约束自由"蚕食，却难以依靠"对抗自由"实现对于真正自由的保障。或许，诚如查尔斯·拉莫尔的分析，在早期现代，在长达一个世纪的宗教战争的过程中，许多人开始痛苦地认识到，即使有世界上最善良的意志，他们也会继续在真正的信仰的性质和职责的问题上产生分歧。自那时以后，这种确信已经扩展了范围。在关于完善的生活、人类之善或自我实现的性质的一种自由和开放的讨论中，情形似乎是，我们讨论得愈多，我们的分歧就愈多（有时候甚至与我们自己的分歧也会愈多）。在这些问题上，表现得通情达理——就是说，怀抱着善意去思考和交流，并尽我们所能地运用适合于每个探究领域的一般理性能力——不是倾向于产生一致，而是倾向于引起争论。把这种经验牢记在心，自由主义思想家已经得出结论：政治联合体应当不再去表达和培植一种关于人类存在的最终目标的观念。相反，它必须在一种最低限度的道德中寻找它的原则，而这种最低限度的道德是通情达理的人们即使在宗教和伦理确信上存在可预期的分歧也是能够共享的。只有这样，必定是由强制规则统治的、有国家权力支持的政治世界才能变得不只是暴力的统治。只有这样，它才能享有透明性，其中的公民能够把他们的政治原则当作自己的意志表达。[104]

第五节　"不宽容"的洛克

洛克不宽容天主教徒几成定论，却"疑云笼罩"[105]。这似乎是历史的局限，实际上依旧是因为对于"秩序下自由"的"珍视"。

至少从《宗教宽容书简》的行文来看，洛克不宽容似乎不是那么不可理喻——走向一个坚定、有民众基础的社会改革政府的第一步，不是导致高度的民族团结，而是相反——狭隘的语言主义、种族主义、地区主义和宗教主义的增加，这是一种奇怪的辩证对立关系。[106]

洛克在《宗教宽容书简》中并没有明确的文本反对天主教。如果说有，那就是以下论述。

> 如下的教会无权得到官长的宽容，即它赖以建立的基础是，凡入会者事实上就把他们自己托付于另一个君王的保护和役使之下。因为这就意味着官长在自己的国家内承认一个外国管辖权的存在，并且看起来是容许招募他自己的属民参加外国的军队，来反对他自己的政府。[107]

显然，洛克是从政治上"考量"这个问题的。对于他来说，一个既要效忠教皇，又要效忠国王（政府）的人，是不可想象的——这种在国家与教会之间所作的轻率而荒谬的区分，不可能对这个问题提供任何解决的办法，尤其在二者都同样从属于同一个人的绝对权威之下时更是如此。[108]

但即使如此，洛克也仅仅是在这个意义上对天主教的宽容持一种"谨慎"的态度，并没有直接将天主教排除在可以宽容的范围之外，因为在后续文本中，洛克是这样说的：

> 这个人无论在纯宗教事务还是在与此有关的其他事务方面，不仅有权说服他的教会的成员按照他的所好行事，而且能够以永遭炼狱的痛苦相威胁来发号施令。下述说法显然是荒诞无稽的，即某人宣称，

他仅在宗教方面是穆斯林，而在所有其他方面则是基督教官长治下忠实的臣民，与此同时，他又承认自己要盲目服从君士坦丁堡的穆夫提，而后者又完全服从于奥斯曼帝国苏丹，并随心所欲地编造伊斯兰伪神谕。这个生活在基督徒中间的穆斯林，如果承认国家的最高官长同时也是他的教会首领，他就是更加明确地背弃了他们的政府。[109]

对此，沃尔德伦指出，阿什克拉夫特认为这里的"穆斯林"显然是对詹姆士二世的隐喻（而"君士坦丁堡的穆夫提"很可能是对教皇的隐喻）。"我不确定我们怎样才能知道这一点：也许它是以四部《宽容书简》中的其他段落为基础的，但由于并不存在排除天主教徒的明确文本支撑，所以大概也必须要对这种解释所依据的段落作非字面的解释，以构成让我们将这一段落作隐喻解读的证据。另外还要注意，这个段落也不能解读为拒绝宽容穆斯林。通观四封《宽容书简》，洛克的态度都甚为坚定而明确：'异教徒、穆斯林、犹太人都不能由于其宗教而被剥夺国家的公民权利'。这个例子不如说是用来表明如下观点的，即，如果有人确实把伊斯兰教信仰和对君士坦丁堡的穆夫提的政治效忠结合起来，他就由于这种结合而非单单因其伊斯兰教信仰，而把自身置于宽容的范围之外了。洛克对于天主教徒的立场也与此相同，甚至有过之而无不及。"[110]

沃尔德伦深刻揭示了洛克对于天主教可否宽容的关键——由于这种结合而非单单因其伊斯兰教信仰，而把自身置于宽容的范围之外了。

很明显，基于我们前述章节的内容，对于市民社会和国家的"忠诚"是洛克更为看重的，因为这关乎"秩序"的稳定与延续。

实际上，对于天主教的态度，洛克从始至终是一致的。他在 1667 年发表的一篇论宽容的文章（"An Essay on Toleration"）中也认为天主教的最大问题是"不臣服于任何君主"。沃尔德伦在细致研究文本的基础上指出，即便在明确采取这一非常强硬的路线时，洛克也承认官长可以宽容天主教，即如果官长确信"自己可以允许其中一部分而不是其他部分传播"，并且确信那些颠覆性意见"不会被所有共享其宗教崇拜的人所吸收和支持"的话。

并且，洛克在 1667 年的时候还认为，官长保有这样的确信，即确保对这些意见的分解，是非常困难的。到了写作《宗教宽容书简》时候，洛克态度极度明确：某些特定的政治信条不可得到宽容。[111]可见，《宗教宽容书简》文本中的洛克的"不宽容"是政治性的。

那么，问题来了，如果掌握了真理，为什么要宽容，我为什么要宽容不宽容者？这无数次被提出，却没有答案或者没有一个可以为大多数人接受的答案。

对于洛克宗教宽容悖论的难题，可以通过托马斯·内格尔的疑问[112]来一窥究竟。

托马斯·内格尔提供了如下的情景：

在从一种非个人的立场考虑对新教徒的礼拜自由和宗教教育的限制时，天主教徒应当把这种限制，当作在做下列哪一件事呢？

（1）防止他们把自己和他人置于永远被指责的危险中；

（2）促进皈依真正的宗教；

（3）促进皈依天主教信仰；

（4）防止他们实践他们自己的宗教；

（5）防止他们做他们想做的事。

托马斯·内格尔指出，为了论证的方便，需要假定这些事都是天主教徒关心的，于是，问题就在于，其中哪一件事情决定了他如何判断从一种非个人的立场提出的限制？

对自由主义的辩护依赖于：拒绝把"（5）防止他们做他们想做的事"作为相关的描述，并从而停止"（4）防止他们实践他们自己的宗教"，而不是继续前进到（2）或（1）。

这样看来，自由主义的立场避免了两种相反的错误。

把每个人在做他想做的事情中的利益，不管这种愿望是基于什么理由，当作权威的非个人价值加以接受，即（5），这是在确定其他人对我们的要求时，赋予他们的偏好以过多的权威。另外，赋予我们自己的价值——不管它们是什么样的价值——以非个人的重要性，即依赖于描述（1）和（2），这就没有在我们可以对他人要求什么的问题上，赋予他们以足够的权威。描述（4）为其他描述所缺乏的典型特征是，它有某种可能性，既被相关的各方当作对正在发生的事情的正确描述加以接受［这是它与（3）和（5）共享的东西］，又被相关的各方赋予同样非个人的价值［这是它或多或少、程度不等地与（1）和（2）共享的东西］。这使得（4）成为为公正评价提供基础的道德上相关的描述的一种自然选择。[113]

　　这里还必须处理几种异议。首先，为什么"防止他们做他们想做的事"不像"防止他们实践他们自己的宗教"一样公正呢？［即（4）同（5）的比较］可以说，没有人希望受到妨碍，从而不能做他想做的事。为什么我们就不能一致同意，非个人的价值应当被赋予人们做他们想做的事或得到他们想得到的东西，而不是被赋予类似礼拜自由的更有限的东西呢？但事实上我们不能这样做。赋予所有偏好的满足以非个人的价值，就是承认一种特殊的善观念，这正是某种形式的功利主义的一个成分，许多人会发现这显然是无法接受的，而且他们的拒斥并不是不合情理的。反对把这种善观念作为政治合法性的基础，就如反对把任何其他整全性的个人的善观念作为政治和社会制度的基础一样。一个功利主义的自由主义者与一个身为罗马天主教徒或唯美主义皈依者的自由主义者一样，不应当把自己的善观念强加给别人。这就是，他只应在由一种更高阶的公正强加的限度内为自己和别人追求这样理解的善。这或许是对于洛克宗教宽容思想的一个回应，但也是一个挑战。但是，这种回答导致了另一种异议：如果"（5）防止他们做他们想做的事"被排除了，为什么"（4）防止他们实践他们自己的宗教"不应当基于类似的理由被排除呢？自由的价值似乎是比偏好满足的价值更为中立的，但也许并非如此。赋予偏好的满足本身以非个人的价值［描述（5）］，这种做法的问题在于，如果人们问一位非功利主义者"如果你被妨碍了做你想做的某件事，你会作何感想呢"，他可能会回答说："那要看是什么事，以及我为什么希望做这件事。"一个类似的步骤，也可以被用来反对赋予宗教宽容以整齐划一的非个人价值——"（4）防止他们实践他们自己的宗教"。即，如果人们问一位天主教徒"如果你被妨碍而不能实践你的宗教，你会作何感想呢"，为什么他就不能回答说"那要看它是不是真正的宗教"？但在那种情况下，我们就再没有一种允许共同的描述导致共同的非个人评价的空间了。即使人们可以就描述达成一致，也未必能就评价达成一致，反之亦然。所以，公正已经被排除了。

托马斯·内格尔的分析十分精当，并且在洛克"停步"的地方开始了重要的讨论——这是一个对洛克宗教宽容理论的重大挑战。

如果我认为自己掌握的是真理，为什么要宽容"谬误"？如果我认为自己的宗教是"真正的宗教"，那么我为什么要宽容非真正的宗教？这并不是简单的道不同不相为谋。如果我相信自己正在做一件正确的事情，但我不去阻止或者劝导一个人不做错误的事情，是不是一种"冷漠"？自由主义是不是像反对者所认为的那样：容忍对共同利益性质的诚实的不同理解，意味着美德在政治上的不可靠性或不充足性。在多元化社会中，某个人愿意使私人利益服从于他所热切认同的共同利益，就其自身来说，并不能解决社会最迫切的政治矛盾和困难。实际上，为实现理解上截然对立的共同利益而做出的完全无私的努力，可能导致无意义且具有严重破坏性的冲突。

问题已经提出来了，对于如何解决"宽容悖论"，其实就像宽容本身一样，必须对"宽容悖论"的答案"宽容"——因为没有一个答案是可以为所有人接受的。

第六节　放弃洛克为时尚早

本节希望增强洛克的"生命力"，一个产生于 17 世纪的宽容文本何以在今日依然值得我们关注？他对于今天来说是否依然具有理论价值和现实意义？笔者将通过对在当代欧美社会中普遍存在的棘手的难题即信仰压制（belief suppression）问题的解答来说明洛克宽容思想的"韧性"与"耐力"，自然也少不了来自当代的诘问与怀疑。

所谓"信仰压制"问题，即在当代欧美社会语境中，所有的人——包括激进的宗教狂热分子、宗教极端人士等——是否有在公共话语中表达、听取和考虑任何宗教观点的基本权利？对此权利，国家是否应该加以中止、阻止、限制或控制，即是否需要"信仰压制"？也就是本章第三节所述的问题——"国家该如何规范宗教"？

在欧美社会的信仰面貌、思维范式、国际关系发生很大变化的今天，约翰·洛克的宗教宽容思想对这一问题的探讨依然具有现实意义和理论价值，可以丰富、扩展约翰·洛克宗教宽容思想的内涵与外延，以凸显古典自由主义宗教宽容思想的张力与活力。

如前所论，西方政体理论认为，一个自由的国家不应该使用"强制"机器来规范或控制人们对其他人（公民）的想法、感受、情感表达，以及人们选择在公共话语中表达这些想法、信念、感情的方式、方法与手段；多数人没有道德上的权利来制定和授权执行禁止或惩罚、否认特定的观点的法律；这也适用于那些表达了"剥夺"某些群体成员的所有或某些公民身份要素的愿望或希望的观点，也许有充分的理由公开表达这种观点在道德上是错误的，但即便如此，在一个自由的国家里，应该"宽容"这种信仰/宗教观念的表达。这是从宗教改革开始的世俗化进程的一大成果，但它也让信仰/宗教本身逐渐失去了社会效用功能，导致"信仰"不需要"公共"：祈祷的效果是无法衡量的，它针对的是来世的灵魂或灵魂的拯救，无法量化，不容易在今世进行"评估"，"教会的目的是传福音，而不是教化"，"把宗教带入公共政策的讨论似乎成为一种不良趣味"。[114]

然而，在客观的生存世界中，信仰、宗教、宗教组织及其信徒除了少数例外，总是会或多或少、或强或弱地对社会、文化、经济、生活的方方面面产生不可避免的、无法回避的影响，管理这种影响的积极和消极方面成为欧美社会必然存在的公共政策问题。

"信仰压制"所要面对的就是这样的悖论，即在欧美国家的公民是否具有，或者说是否应该有合法的言论自由权（言说），即使它可能导致道德上的"错事"（行动）？也就是说，是否应该有合法的权利来表达和捍卫任何（政治）宗教观点、思想，即使这样的表达让他人接触这些观点时可能在"道德"上是错误的，甚至意味着"狂热"？宗教极端分子是否也应该有权利在公共讨论中表达他们的观点，即使这些观点会造成心理伤害甚至事实暴力？

关于信仰压制的定义，克里斯蒂安·斯卡根·埃凯利（Kristian Skagen Ekeli）使用的是"the silencing effects of……"这样一个更具有哲学性的概念来表达"压制"，[115]但他的看法和本书的主旨相去较远。笔者在本书中一直强调和秉持的一个观点是，长期以来在欧美社会宗教与政治的关系问题上，将宗教视为"弱势"地位的传统思维方式极大地影响了对政治哲学的理解，以及对于经典思想特别是约翰·洛克宗教宽容思想的张力与生命力的认知。笔者所强调的是，政治和宗教是欧美社会重要的、冲突的力量，只是随着历史环境的不同而此消彼长，政治和宗教本身都具有向对方扩张的冲动与需要，宗教并不是"弱者"、受政治庇护的角色，其本身具有扩张、向前迈进一步、向政治领域提出更多诉求的冲动。这也是为什么洛克一再强调一定要在政治和宗教之间划定一条清晰的界限，划定界限本身要远远重要于划线的结果，这是对历史的考察和惨痛经历思索的结果。[116]在宗教宽容思想的集大成者和对于近代以来宗教-政治理论范式和实践都产生不可磨灭的影响的约翰·洛克看来，要实现宗教宽容、实现政教各安其位，拥有"真正的宗教"，就必须严格区分公民政府的事务与宗教事务，并正确规定二者之间的界限。笔者认为信仰压制，特别是其词源意义上和强力的关系更为准确地凸显出了笔者想说明的张力、冲击力和双方的关系。

自由主义的宽容理想要求 A（如个人、团体、国家或多数）允许 B（个人或团体）做 X，即使 A 强烈不喜欢或不赞同做 X（如 B 的行动、信仰或做法）。在欧美自由主义民主中，宗教（政治）宽容位于规范、约束、调适人们行为的政治和法律框架之下，以保护个人和团体的自由或个人和团体的选择权。宗教（政治）宽容是欧美自由民主社会政治秩序的应有之义，在这种秩序中，国家的政治和法律机构确保 B 不会被 A 阻止去做 X，因为不喜欢或不赞成做 X 的不宽容的他者（个人、团体或大多数公民及其代表），可能或者意图阻碍 B 做 X。不过，这只是一幅理想的图景。在那些捍卫自由民主的欧美国家的人中，对（政治或宗教）宽容的范围和限度实际上有很大分歧、异议——关于宗教宽容的"范围和限度"的一个重要的、不可回避的问题。在欧美政治社会生活中，是否及在多大程度上允许大多数公民和他们选出的代表制定并授权执行对极端主义言论，如否认大屠杀、鼓励宗教极端主义和宗教恐怖主义的言论进行限制？这就是"信仰压制"问题——一个需要认真思考的问题，也是笔者一再提及需要"回到洛克"的缘由所在。

为什么要"压制"信仰？或者说，经历了自宗教改革以来的欧美政教关系的建构而形成的政教分离模式为什么在"信仰压制"的问题上，如此束手无策、左右为难呢？在此，笔者将以"宽容空间"——最"狭小"的私人空间（个体）到组合的神圣空间（群体、社区、组织），再到广义的公共空间（社会、政府、国家、国家间）的阐释组合——来阐释"信仰压制"。

　　首先是个体层面的情感。事实上，现实和理论之间总是存在"鸿沟"，就个体或群体而言，在公共话语中对宗教（极端主义）言论进行某些基于观点的限制的一个根据是，关乎信仰的言论可能会产生"沉默效应"。

　　权利是非个人的，不过是在个人之间系统地"分配"，宗教宽容在生活中涉及个人态度，因此在欧美社会上以更随意的方式表现或行使。[117]与其他类型的暴力犯罪行为相比，基于信仰/宗教的"暴力"——无论是身体的还是情感的——有一些更令人震惊的地方。在战争、内战等大规模冲突的情况下，直接暴力的影响有限，仅仅是局限于武装战斗人员，普通人是作为附带损害而深受其害。在以信仰/宗教为动机的冲突中，普通人不是"附带损害"，他们成为暴力的蓄意目标，因为他们的信仰身份而不分青红皂白地受到伤害。如果不制止某些形式的宗教（极端主义）观点的公开表达，就会"阻止或抑制其他目标群体的成员"，也就是说，特定信仰/宗教群体会被阻止"像其他公民一样参与舆论的形成"。[118]在这种情况下，出于对个人安全或生计的担心，或者由于感觉自己地位"受侵犯"，欧美一些也许是许多宗教仇恨言论的受害者倾向于避免参与公共舆论的形成，调整他们所表达的偏好以适应环境，或发现即使他们决定说出来，他们所说的也会被置若罔闻，因为其他人对他们的"评价很低"。[119]

　　因此，"沉默效应"就不得不使人们追问，欧美国家（社会）应该尊重人作为思维主体的地位，如果极端主义的（政治）宗教观点能够产生"沉默效应"，而基于观点的限制将影响民主社会中人们整体参与公共讨论的自由或机会，那么欧美自由民主国家的公民即使在公共话语中表达极端主义观点是否应该拥有合法的言论自由权呢？如果一个言论行为以构成侵犯他人参与公共讨论的基本权利的方式使他人沉默或旨在使他人沉默，那么这种言论行为就不属于做道德"错事"的自由言论权的范围。人们可以认为，满足以下两个条件之一的言论行为可以使他人沉默[120]：

a. 通过威胁进行胁迫的条件。

b. 煽动即将发生的暴力的条件。

基于此，在公共话语中表达某些（政治）宗教观点，可以通过不同的方式对其他人的生活产生重大影响并改变其他人的行为背景或环境。

第一，在有关社会组织和文化的问题上，公开表达和讨论或多或少的极端观点，可以影响"我们"对"他人"和"自己"（这三者的身份是角色互换的）的看法，这可以看作"身份骚扰"。

第二，公开表达极端主义观点（例如，宗教极端主义观点、种族主义观点或基于意识形态的宗教观点和传统）会造成心理伤害，这可以称为"情绪困扰"。

第三，思想和意识形态的传播会随着时间的推移导致冲突，并成为政治冲突、暴力、战争、革命或恐怖主义的来源。尽管个人公开表达自己的观点或意识形态只是可能改变其他人思考、感受和行动的背景或环境，但公开表达关于社会文化和组织的观点或想法会构成对其他人基本道德权利的"直接侵犯"。[121]

此外，必须清醒地看到，宗教有其"阴暗面"——并非总是"光明"的，它往往将（被）其他人作为边缘化他者，这会导致群体内部的"两极分化"和相互"反感"，笔者称之为"宗教扭曲"。

除了上述（个体）情感的伤害，还存在群体——虔敬者的"宗教真理"问题。

宗教与政治是两种不同的人类历史现象，也是两种不同的社会文化事物，它们之间的相互作用不是抽象的，而是由具体的人以及由人们组成的社会群体来推动的。宗教与政治都不是孤立的现象或事项，而是处于持续的互动关系中。[122]信仰与政治、国家、社会、组织机构之间似乎纠缠不清，神圣和世俗是相互排斥的吗？在大多数欧美社会中看似有一条界限，它通常是明确的、受到认可的，允许两者协同运作，私人虔诚被留在世俗程序和国家公共机构的门外，国家与行政机构避免公开与一般的宗教或任何特定的宗教结盟，然而事实上，对于虔诚的宗教信徒来说，尤其是对于具有规定性教义的较传统宗教的信徒来说，神圣与世俗的区别是一个错误的二分法。[123]

a. 那些相信自己掌握了宗教真理的虔诚的宗教信徒认为需要通过日常生活和环境并且允许在公开场合和私下空间"自由"表现和实现他们的信仰；一个自认为民主的社会必须合理地适应这种信仰的公开表现。

b. 在非民主社会，以及在那些没有充分实行民主的社会中，国家可能认为它有权利或义务代表大多数公民的宗教——如果这对塑造他们的集体文化认同有重大贡献。

c. 尽管现代民主社会正变得更加世俗化，但对签署国具有统一约束力的越来越多的国际人权要求国家促进宗教自由并尊重和保护其所有公民的文化和信仰。[124]

随着宗教和文化变得更加多元化，神圣和世俗之间的界限也变得越来越模糊了。宗教教义使两者都无法妥协，都无法避免参与表现宗教信仰的行动。因此，正是将宗教的公共和私人部分分离的渐进过程，因为它们与行为有关，为衡量国家中立性在欧美民主社会中的普遍程度提供了主要手段。对于宗教个人和宗教组织来说，私人虔诚和公共行为应该而且必然是同义的：两者都努力确保行为符合宗教信仰；他们的观点和行动必然常常是教条式的，因为宗教教义与教条使他们无法妥协。这种区别正在迅速扩大成为当代欧美社会的一个断层和一个反差：如何将源自传统宗教信仰的道德主张与现代的平等和非歧视法相协调以确保由宗教信仰（内在）引发的宗教行为（外在）符合维持当代市民社会所需的规范？在欧美政体中，虔诚的人——无论是福音派基督徒、穆斯林还是其他人——是否要被视为"过时"的偏执者（或是超前的激进者），只有在他们符合社会规范或被"要求"退缩到"门口"的宗教"领域"才能被宽容？或者应该实行"排他性岛屿"（孤岛）政策为其参与市民社会提供便利但允许他们不受平等和非歧视法的特殊的限制？[125]

特别是，根据社会冲突理论，言论自由是社会的"压力阀"（societal pressure valve），开放的言论会带来真理，但在今天，基于群体身份的仇恨猖獗和隐蔽，这些论点是否已经失去了影响力？如果将互联网这一全球性媒介也纳入讨论范围，那些保护仇恨言论的强硬立场就会变得更加棘手。[126]因此，有学者指出，按照目前的适用情况，美国宪法第一修正案的言论自由条款预先假定了所谓自主个人之间的平等程度，而这种平等实际上并不存在。因此，某些类型的言论，包括仇恨言论，受到了保护，其前提是政府对言论的监管越少，每个人的言论权利就越大。然而，正是这种关于言论自由、平等和自治的论述进一步压制了丧失权力或边缘化群体成员的声音。[127]

借用巴赫金的一个观点就是，宗教宽容、信仰自由或是"信仰压制"就像是一个精心策划的多声部生成结构，它并没有压制不宽容的语言，比如各种形式的仇恨言论在生活中大量出现，但其结构化的声音游戏使种族主义、宗教不宽容这样的杂音也可以与其他正常看待和言说的方式对话[128]——这效果却并非所愿。

此外，信仰压制问题的另一端——国家（政府）的角色也很微妙。

加莱奥蒂（Anna Elisabetta Galeotti）就一针见血地指出了这种矛盾，即宽容作为承认的论点已经被证明是基于自由正义的原则，即不歧视、尊重、平等和包容。但有些人可能会反对公众认可——因为这意味着与自由主义原则的冲突——与中立性、普遍性和公正性的冲突。"承认"事实上似乎意味着差异的内容应该得到考虑和评估；在这样做的时候，国家及其官员将不得不以某种善的理想作为标准。但是，这样一来，欧美自由主义国家就会放弃其反完美主义的立场。[129]此观点再次"强化"了信仰压制与（国家）强力的关系与张力。

国家对宗教保持中立的原则。国家中立原则的起源及它的大部分有效性在于欧美国家在面对教条或教义时面临的困难——每一种宗教都坚决地致力于其信仰的唯一正确性、真理性，一个"务实"的国家会承认确定某一套信仰的真实性或在具有相互冲突的信仰的公民群体之间做出选择将超出其权限。此外，维持社会稳定要求国家以同样的谨慎态度对待它们。因为所有宗教都有一个共同的超验取向即向神圣而非世俗寻求权威性的指导，它们都声称有权处理自己的事务——决定自己的教义、任命神职人员、决定管理礼拜方式等——而不受国家干预。

更进一步，在国内和国际上，它使人们难以制定针对特定宗教团体的积极或消极的政策，或处理由宗教引起的暴力而不被谴责为极端主义等。国家中立性是否应该被解释为"冷漠"？可以想象，国家可能会被卷入对宗教组织的不同需求的无休止的回应，并有可能成为信仰的"人质"，因为即使是最小的宗教也可能找到一些理由来抗议国家的举措对其产生非中立的后果。在实践中，欧美国家和宗教从来没有自主地共存过：国家和宗教一直有着紧密而复杂的关系。此外，现实已经展现了，当今世界，国家和宗教/文化/民族"一致"时，当种族、宗教和地缘、领土问题"叠加"时，国家认同最有把握；当它们"不和谐"时，国家认同就变得十分不确定：多元主义和多样性是国家的标志，可是必须承认的和不得不面对的事实就是，它对统治者和国家的形成、维护和安全来说是个随时会引爆的问题。

区分可憎的"言论（行为）"和我们都希望保护的"言论（行为"）真的那么难吗？

"信仰压制"问题从某种意义上说不过是"新瓶旧酒"。西方自宗教改革以来的政治-宗教演进的历史表明，在一个国家里，在正常情况下任何诉诸强制的行为都要证成其合理性、必要性和正当性，因为只有当"压制"在道德和实践的基础上被排除时，宽容才能成为一种广泛共享的价值，而不是一种特别的政策。[130]对于生活在宗教改革后教派分立、纷争的 17 世纪的约翰·洛克而言，他的态度非常明确。

　　　　各种各样的宗教都受到法律的保护而令其免受国家的干涉，而且没有任何一种宗教能够通过僭越和滥用国家权力来支配和"压制"其他宗教。

需要特别指出的是，事实上，"回到洛克"提供的只是解决问题的方法之一，但这一解决方案也饱受质疑。

因此，我们也可以讨论其他的解决思路，比如霍耐特的"承认"，作为一种社会正义理论的选择，它承认个人只有在更大的社会背景下才能成为完整的个体。霍耐特从黑格尔的论证思路出发，指出黑格尔与卢梭和康德相似，都旨在解释国家秩序的原则。但其与黑格尔的不同之处在于，他认为法律的作用不仅仅是保护个人自由，而黑格尔的假设是：法律体系必须创造一个情境，一种状态，即让每个人的自由在其中得以实现，换言之，共同体与个人的自主权同等重要，甚至共同体更为重要。他的立场将重点从消极自由的方法上转移开来，要求政府考虑（信仰）言论对公民自由的影响，而不是将言论自由作为一种公民自由。

其实，即使是美国社会也对美国宪法第一修正案对于言论自由尤其是宗教言论的保护提出质疑。有"激进"的学者指出，第一修正案的论述本身就是一种霸权，一种教条式的意识形态，在这种意识形态下几乎没有关于自由思想的自由思考，因为与歧视性做法直接而明显的法律领域不同，第一修正案的压迫性力量是隐蔽的、看似被动的，所以要揭开第一修正案压迫性因素的面纱，必须从话语、历史和关系的角度考虑权力与言论自由之间的联系。

在当代的关于宽容问题的讨论中，关于宗教宽容的辩论似乎已经陷入僵局，一次又一次地回到同样的问题上：政府立法机构是否应该展示十字架，言论自由是否需要顾及对亵渎神明的担忧，等等。

宽容辩论中的立场已经趋于强硬。一方是对宽容话语进行批判的人，如温迪·布朗（Wendy Brown）、塔拉勒·阿萨德（Talal Asad）和迈克尔·桑德尔（Michael Sandel）；另一方是为西方自由主义传统辩护的人，这些人的起点就是洛克，如约翰·罗尔斯（John Rawls）、理查德·罗蒂（Richard Rorty）和约瑟夫·拉兹（Joseph Raz）。

在人类社会历史上，现代性和启蒙运动引入了一个重要的"停顿"（caesura），它仍然形成了当代政治哲学的问题。虽然世俗政治安排早于现代性和启蒙运动，并不具体是西方的，但正是在这一时期，世俗主义以其多种形式和含义出现。作为一种政治和知识趋势，世俗主义产生了巨大的影响，传播了国家与神圣事务分离的现代宪制实践的概念，更激进的是开辟了一个没有宗教的社会的可能性。从弗洛伊德到帕森斯和早期哈贝马斯等伟大的世俗主义思想家，都深信现代性的进步将导致上帝的死亡和宗教的致命解体。[131]

在这一特殊的历史时刻，关于宗教宽容的讨论陷入了僵局。这对处在其中的人们来说都不失为一种讽刺：每天都有宗教紧张局势的新闻、报道与消息在煽起全球或是地区的冲突的火焰，欧美国家内部的党派分歧也在不断扩大，应该和需要找到令人信服的方式来解决这些问题的必要性再明显不过了，可如何为这一紧迫但僵化的对话注入新的活力却莫衷一是。[132]

本节提供的解决思路聚焦洛克，对于洛克来说，政教分离原则中并不是没有公共利益，也不仅仅涉及私人领域，它涵盖了共同体的利益和个人利益的统一；它既保卫了世俗政治也保护了宗教信仰，二者是一样的和一致的。二者在各自的范围内拥有巨大的活力。所以，"信仰压制"这个新的话题，其实不过是旧日问题的升级版。洛克深知，信仰表达自由是所有自由当中的最难解之题，任何对宗教真理的宗派性解释都不能被承认为是对公民的约束，即法律保护言论自由和良心自由。这个问题在当代尤其重要，毕竟，"差异"的公开可见性象征性地代表了在公共场合存在的合法性。反过来，不同的信仰/宗教形态出现在公共场合的合法化，意味着不同宗教信仰者被纳入了公共领域，与其他信仰/宗教实践和行为"正常"的人处于同等地位。这种包含意味着接受相应的身份，因此接受那些以这种身份为标志的人不仅获得了在公共场合露面的可能性，而且不必隐藏与其他信仰者的差异，让他们在公共场合出现可能不再是一个让人感到尴尬的事情。换句话说，通过允许不同的行为进入公共领域，宽容象征性地肯定了该信仰行为的合法性以及公共领域中相应身份的合法性。[133]

哈里斯（Candida Harris）对美国仇恨犯罪问题的"界限"做过一个精确的表达，即如果法律在这方面的作用是对表达施加界限，那么就必须明确非法或不可接受的表达的内容或性质，以及未表达或私下表达的思想和观点与以某种方式进入公共领域的思想和观点之间的界限。[134]

宗教宽容、政教分离的原则建立在接受多元的基础上，承认在市民社会中没有一种中心原则来指导，无论是政治的或是宗教的，不同的人群生活在统一的法律架构下，法律保障人们的宗教和世俗权利，保障人们的言论、结社和思想的自由。显然，自由主义的一个核心思想是尊重人对自己的身体、心灵和独立生活拥有主权的思考者的地位比保护和促进利益或促进良好的整体、社会后果更有优先理由，在宗教问题上尤其如此，这在作为自由主义宗教宽容思想的集大成者约翰·洛克的身上体现得非常明显。然而，这些问题在当代显得尤为复杂。特别是根据上述洛克的观点，它要求在当代社会当中，一个国家（社会）给予仇恨言论者及其潜在听众（即"我们"或者"其他人"）作为发言者和听众参与公共讨论的权利不受国家施加的基于观点的限制，并不是因为他们作为自由和平等的公民的基本利益超过了仇恨言论对象的利益，相反，正是对人作为思维主体的地位及他们对自己的信仰和价值观的主权的尊重，为这一权利提供了基础——无论他们在表达、听取或考虑极端主义观点方面的利益有多重要。从欧美国家的政治传统与政治实践来说，政治机构必须尊重人作为思维主体的地位及其对自己思想的主权权威，这意味着"我"必须接受其他人有基本权利"蔑视"这个"我"，认为"我"缺乏尊严，并表达这些信念或信仰。这适用于"我"和所有其他人——无论是否属于弱势的少数群体，也无论是不是自由主义者、种族主义者、宗教激进主义者。以至于有学者不无激进地指责约翰·洛克，认为是宗教宽容的"消极"让"西方世界未能有力打击伊斯兰恐怖主义"，现在的局面"是西方思想中宽容观念的直接结果"[135]，因为宗教宽容让"保护潜在甚至公开的对手的权利的趋势很明显"。[136]这是一个很重要的问题，涉及国家权威、政治权力和信仰自由之间的困境——"强力"对于宗教信仰自由的影响。

达玛斯科就指出，关于言论自由的传统观点强调的是自主个人的特定形态，确立了我们目前声称个人存在于社会之外的说法。因此，言论保护只保护个人，几乎不考虑对更大社会群体的影响。具体就仇恨言论而言，这一长期坚持的立场已被证明无法有效确保所有个人的声音都能被听到。事实上，正如大量社会和心理学研究表明的那样，它强化了社会不平等，使某些群体进一步被污名化、边缘化和成为攻击目标。从原子化个人的角度来看待仇恨言论，将产生同样的结果。解决之道可能既显而易见又激进。我们需要从根本上转变对（言论）自由的作用及其在社会中的作用的思考方式。[137]

欧美世俗国家有充分的理由"宽容"宗教言论，给予"自由"，不因言论不符合宗教/政治要求而对其进行限制。然而，也不能忽视这样一个事实，即当处于大众或者是大多数甚至几乎所有的公民都会保持对一种或某种特定的信仰/宗教的"认同"的情况下，国家（区域）有理由对可能对宗教信徒产生高度情感影响的言论进行"管制"。从逻辑上看，国家有可能利用这一理由"干预"个人/组织的自我表达。

另外，正如洛克在17世纪讨论时所提出的问题一样，在当代欧美社会，一个"理智"的国家或政府应保护那些对宗教教义（行为准则）、宗教组织和领导人或对其所产生的社会影响表示反对的言论，公开处理宗教和意识形态的冲突比试图压制其公开表达要更为明智。在一个宽容、自由的欧美社会中，各教会和教派与社会不需要担心彼此之间出现"冲突"或是糟糕的情况，没有人能够控制国家的强制力来惩罚或压制其他信仰或是宗教，无论是个体还是组织。在很大程度上，这已经是西方政体的一个特色。

结　语

回到洛克，我们发现，对于不宽容，洛克看似并没有给出一个答案，因为他是站在"宽容"的视角谈论人何以宽容、宽容何以保障的话题。让我们回到本书一开始就强调的洛克是古典个人自由主义思想的集大成者的定位。洛克认为，在一个合理的、合法的秩序框架内，人——涵盖个人与社会——的不宽容需要的是从人的理性出发构建一个宽容的思想体系和社会，而其根本在于个人的理性。

关于宽容的绝对性也就是真理的绝对性，洛克认为，人应当在现实生活中正确地"施用同意，互相的仁爱和容忍"，究其根本是因为对于绝大部分人而言，出于各种原因，人总是对于自己所主张的真理缺乏足够"确定的证明"，因而在一个社会中，人和人之间就不可避免地存在一些不同的"意见"。就这点而言，虽然人会有不同意见，但显然人都在各自的层面上追求真理，这一点是毋庸置疑的。但是，人是一种摇摆的、脆弱的理性动物，或者说真理并不肯也不会轻易展示自己的"容貌"，人往往会在别人提出一种论证之后，呈现"无知，轻浮和愚昧"。

这就要进入宽容的相对性，也就是真理的相对性阶段。面对理性的认知的困境，人往往是在自己的认知遭遇质疑以后，就"遽然废弃自己先前的教条，那亦不能不说是无知、轻浮和愚昧的表现"。认识真理需要一定的时间，或者说是一个过程。时间和习惯已经把"教条"确立在人的心中，使他认为教条是自明的、确定的。

洛克强调，人们固执过去的判断、坚信先前的结论，往往是他们坚持错误和谬见的原因，但这并不是人的过失，人真正的过失在于"理性的惰性"或者说"人性的惰性"，即不再依靠记忆唤回先前的良好判断，他们未考察好就来判断。洛克在这里不点名地嘲笑了天主教会的"愚昧"——"许多人（且不说大多数人）相信自己对于各种事物有合理的判断么？而他们所以如此相信，不是因为他们不曾有过别的想法么？谁会想象自己的判断所以正确，只是由于他们未曾怀疑，未曾考察他们自己的意见呢？因为照这样，就无异于说，他们的判断所以正确，只是因为他们根本不曾判断过"。[1]这就是"不宽容"产生的真正沃土，将理性的判断付之于所谓的权威，并盲目地、愚昧地崇拜而不加思索，而且所谓的"宗教狂热"往往就是这些人在坚持"自己的意见"时，最为凶残和无理地"霸占"真理——愈不考察自己教义的人，通常是愈凶猛地、牢固地相信自己的教义。

所以，洛克认为，真正的宽容应该是坚持理性的自我指导。从宗教争端来看，一种宗教怎么可能凌驾于另一种宗教之上？一种政治权威怎么可以取代宗教的权威在教会内部指导人们拯救灵魂呢？我们怎能想象这样确定的意见该让步于一个生人甚至是相互敌对的论证或权威呢？人与人之间"分享上帝的肖像"，因为人是平等的，人应当竭力来怜悯人与人、你与我，每一个人的共同的愚昧，并且尽力以"文雅的劝导"——说服，而非暴力来驱除无知。

洛克指出，人应当坚持自己的理性认识但亦要学会宽容"异见"。虽然人们的意见各异，可是人与人之间、一个社会集团中的人与社会中其他成员之间都应当维持和平、培植友谊，这并非因为其他，而是因为我们并不能希望任何人甘于"谄媚地抛弃自己的意见"而放弃理性的高贵的自我指导，盲目地屈从或是不得不接受他人的理解，这其实是所不能承认的权威，这样的权威并不会接受我们的意见——理性。作为一个社会中的理性人，我们必须认识到，人的理解不论怎样易于错误，可是"它只能承认理性的帮助，并不能盲目地屈服于他人的意志和命令"。如果一个人必须先行考察然后才能同意，则你如果想使他相信你的意见，那么你就得让他自在考察各种理由，并且要使他记忆起心中所储蓄的，把各种详情加以考察，看看哪一边占优势。如果他觉得我们的论证不重要，不肯费心来考察，我们亦不必见怪，因为我们在相似的情形下，亦正是如此的，而且别人如果指令我们应当研究那几点，我们也许会发嗔的。如果他的意见是凭轻信而来的，那么我们能想象他竟然会抛弃那些教条吗？

但是，现实中的情况是，人们不肯牺牲"自己的意见"，也似乎不愿意、不情愿或是"阳奉阴违"地不肯接受其他人正确的"意见"。当然，这种正确的意见也包括其他人强加给他们的意见。对此，亦不要因此就总认为人们是"固执的""乖僻的"——在对于宽容的思考中，我们要看到人性的"卑贱"。[2]

实际上，我们在不接受他人的意见时，亦多半是一样固执的。洛克认为，对于宗教不宽容，抑或对于真理的无法接受的过程中，我们要正视一个问题，即不曾见有一个人，对自己所主张的事理的真实，所鄙弃的事理的虚伪，都有不可辩驳的证据；我们不曾见有一人可以说，自己已经把自己的或他人的意见都考察了。在"迅速的，盲目的行动状态"中，人虽然没有确定的知识，亦是不得不信仰的，虽然只有些许根据，亦是不得不信仰的，因此真正的理性的宽容态度[3]是：人正应该勤恳谨慎地来使自己增益知识，不要多事约束他人。至少那些未曾彻底考察过自己教条的人们，应该承认自己不配来指挥他人，而且他们自身如果不曾考察过自己的意见，亦不曾衡量过他们凭着哪种概然的论证来接受或拒绝某个意见，则他们如果强使别人来信仰自己的意见为真理，那是很无理由的。人们如果充分地正确地考察过，并且确乎相信了他们所宣示、所奉行的主义，则他们自然可以来要求别人跟从他们；不过这一类人毕竟是很少的，因此，人们委实不应该专横独断，亦委实不应该暴慢倨傲。我们正可以想，人们如果多使自己受点教训，则他们会少来在别人面前显露威风。[4]也就是说，出于审慎，人应当克制自己，应当坚守一条底线，即不要向他人强加一种宗派性的观点，以换取这样一种确信，即当他们发现自己处于少数派的地位时，他们会被以同样的克制来对待。这或许就是信仰上或政治上的"将心比心""移情换位"。内格尔称之为把政治宽容和无偏倚性当作次优的方案为之所作的一个论证，它们之所以可以被接受，是因为最佳的解决方案——在没有任何将来压制之风险的情况下从政治上强加你的世界观——乃是不可能的。把宽容当作权宜之计所作的这样一种辩解可以向具有根本多样性的道德和宗教立场的占据者们提出，但它是一种工具性的论证，并没有把政治领域中更高阶的无偏倚性描述为一种自在的价值。因此，对那些确信他们对社会的支配完全是安全无虞的人来讲，它不能作为宽容的一个理由而被提出来。[5]这就使自由主义要求公民再吁求国家权力去推行他们自己深信不疑的信念而不顾其他人时，他们要接受某种克制；自由主义还认为，政治权力的正当行使必须基于受到更多限定的根据而得到辩护，这些根据在某种程度上属于一种共同的或公共的领域。[6]

　　"少来在别人面前显露威风"——事实上，如果说宽容是一种美德，那么不宽容便是一种权力，即一种不赞成宽容的态度和一种阻止宽容的能力——在国家权力的运行上尤为明显。是我们的价值观决定了国家权力的运行模式，还是国家权力的运行控制了、改变了我们的价值观？

　　我们必须承认，宗教冲突似乎印证了这样的观点，即和不宽容比起来，宽容其实更显得"无可奈何"。和宗教宽容比起来，宗教暴力来得更为直接，实际上现在也更为隐蔽，而且会使施用者"上瘾"。我们实践宗教宽容和"抵抗"宗教暴力的手段的"力量"微乎其微。正如阿马蒂亚·森观察到的：各种试图克服这类暴力的努力也同样因为概念上的混乱而束手无策，因为它们也——明确地或隐含地——接受了单一划分观，从而排斥了其他明显能克服暴力的途径。结果是，基于宗教的暴力不是通过加强市民社会来克服（尽管这是一个显著的事实），而是通过动员各个宗教中的所谓的"温和"派领袖来劝说，指望这些宗教领袖们自己在他们的宗教内驱逐极端主义分子，并在必要时重新界定其宗教教义。一旦人际关系被视为一种单一的群体间的关系，诸如文明、宗教或种族之间的"交善"与"对话"，而完全忽视同一个人还属于其他群体（如各种经济、社会、政治或其他文化关系），那么，人类生活的大部分重要内容就消失无形了，个人被填塞入一个个"小盒子"之中。[7]

　　试图通过攻击宗教来为宽容申辩，这在政治上可能是自取灭亡。[8]首先，可以得出一个结论：人通过国家这个中介得到解放，他在政治上从某种限制中解放出来，是因为他与自身相矛盾，他以抽象的、有限的、局部的方式超越了这一限制。其次，可以得出这样的结论：人在政治上得到解放是用间接的方法，是通过一个中介，一个必不可少的中介。最后，还可以得出这样的结论：人即使已经通过国家的中介作用宣布自己是无神论者，他还是会受到宗教的影响，这正是因为他仅仅以间接的方法，因为他仅仅通过中介承认自己。宗教正是以间接的方法承认人，通过一个中介者承认人，而国家是人以及人的自由之间的中介者。正像基督是中介者，人把自己的全部神性、自己的全部宗教约束性都加在他身上一样，国家也是中介者，人把自己的全部非神性、自己的全部人的无约束性寄托在它身上。[9]真正的国家则不需要宗教从政治上充实自己。确切地说，它可以撇开宗教，因为它已经用世俗方式实现了宗教的人的基础。[10]对于洛克来说，我们不可否认这是他的理想[11]，也是他的局限性。"所谓基督教国家，就是通过基督教来否定国家，而决不是通过国家来实现基督教。仍然以宗教形式信奉基督教的国家，还不是以国家形式信奉基督教，因为它仍然从宗教的角度对待宗教，就是说，它不是宗教的人的基础的真正实现，因为它还诉诸非现实性，诉诸这种人的实质的虚构形象。所谓基督教国家，就是不完善的国家，而且基督教对它来说是它的不完善性的补充和神圣化。因此，宗教对基督教国家来说必然成为手段，基督教国家是伪善的国家。完成了的国家由于国家的一般本质所固有的缺陷而把宗教列入自己的前提，未完成的国家则由于自己作为有缺陷的国家的特殊存在所固有的缺陷而声称宗教是自己的基础，二者之间是有很大差别的。在后一种情况下，宗教成了不完善的政治。在前一种情况下，甚至完成了的政治具有的那种不完善性也在宗教中显露出来。所谓基督教国家需要基督教，是为了充实自己而成为国家。民主制国家，真正的国家则不需要宗教从政治上充实自己。确切地说，它可以撇开宗教，因为它已经用世俗方式实现了宗教的人的基础。而所谓基督教国家则相反，既从政治的角度对待宗教，又从宗教的角度对待政治。当它把国家形式降为外观时，也就同样把宗教降为外观。"[12]

任何解放都是使人的世界和人的关系回归于人自身。实际上，对于约翰·洛克，对于宗教宽容，我们很难说尽！

注　释

缩写凡例说明

1. 《人类理解论》、《政府论·上篇》、《政府论·下篇》和《论宗教宽容——致友人的一封信》（即第一封信）均采用商务印书馆"汉译世界学术名著丛书"译本，译文若有调整，均将注明。

2. 《宗教宽容书简》第二封信、第三封信、第四封信的相关内容均译自 *The Works of John Locke* volume Ⅵ, in Ten Volumes, Routledge/Thoemmes Press, London 1823 edition.；repr. 1997。这里需要特别说明的是，《宗教宽容书简》的全文翻译工作，由我和多位同仁一同进行，参与人有蒋瑞霞博士、陈丽博士、韦羽博士、龚昊博士、乌媛博士、陆宽宽博士、陈锐纲博士、古屿鑫博士、杨志友博士、黑颖博士和我，并得到了谭立柱教授和赵雪纲教授的倾力支持。本书中所引用文本皆译自 *The Works of John Locke*, 10 Vols.（London：1823：repr. Routledge/Thoemmes Press, 1997）。其中的第六卷为《宗教宽容书简》全部四封信的内容，共计578页。在下文引用中，我将以"L2, 72"，即"《宗教宽容书简》第二封信，全集第72页"的形式进行标注。以此类推第三封和第四封信，下不赘述。

前　言

1. 萨拜因在《政治学说史》中强调，洛克哲学超越了英国同时代的政治解决办法，在美洲和法国奠定了政治思想的基础，其影响于 18 世纪末的两次大革命中达到了顶点。洛克学说中为捍卫个人自由、个人同意以及自由获得并享有财产的不可剥夺的权利而进行抗争的思想在这两次革命中发挥了重要作用。由于所有这些权利的萌芽大大早于洛克，并自 16 世纪起成为欧洲各国人民生来就有的权利，因此，不能把这些思想在美洲和法国的存在单单归功于洛克一人。但是，对于稍微注意政治哲学的人来说，洛克是人所共知的。他的诚挚态度，他虔诚的道德观念，他对自由、人权以及人的天性的尊严所抱的真正信念，同他的温和而又通情达理的态度结合在一起，使他成为资产阶级革命的理想代言人。在宣传开明的理想而不号召暴力改革的思想家当中，洛克恐怕可居于前列。甚至连他的一些含糊不清的思想，诸如权力的分立和多数人的决定必然是明智的思想，至今仍是民主信条的一部分。洛克对于西方民主政治的影响可谓是决定性的和奠基性的，特别是在政教关系的问题上，洛克的《宗教宽容书简》的影响至今不绝。

2. 梯利：《西方哲学史》，葛力译，商务印书馆，1995，第 340 页。

3. 袁朝晖：《自由、平等、秩序与宗教宽容——约翰·洛克〈宗教宽容书简〉述评》，《世界宗教研究》2017 年第 2 期。之所以要大费周章地介绍 1688 年光荣革命至洛克逝世（1704）这段时间的背景，一则是对这一时期的研究其实是严重不够的，尤其是关于政教关系变化的研究；二则是提供给读者关于洛克宗教宽容思想形成、辩护的历史背景，以期更好地链接洛克思想中的革命性、复杂性和深度；三则也是期待通过对这一时期详尽的分析凸显笔者所认为的洛克的宗教宽容思想既是写给时代的，也是写给未来的，更表明洛克宗教宽容思想的持久生命力和理论张力所带来的影响、挑战与回应的丰富。关于这一时期英国的政教冲突，读者可参看钱乘旦主编的《英国通史》（江苏人民出版社，2016），第 3 卷第二编第四章的内容，颇为翔实。

4. 参阅钱乘旦主编《英国通史》第 3 卷，第 142~144 页。

5. 转引自 John William Tate, *Liberty*, *Toleration and Equality*: *John Locke*, *Jonas Proast and the Letter Concerning Toleration*, London：Routledge，2016, p. 143.

6. 也就是《宗教宽容书简》第一封信。

7. Peter Nicholson, "John Locke's Later Letters on Toleration," in *A Letter Concerning Toleration in Focus*, eds. by John Horton and Susan Mendus, London: Routledge, 1971, p. 164.

8. 袁朝晖：《自由、平等、秩序与宗教宽容——约翰·洛克〈宗教宽容书简〉述评》，《世界宗教研究》2017 年第 2 期。

9. 彼得·拉斯莱特：《洛克〈政府论〉导论》，冯克利译，三联书店，2007，第 48 页。

10. 彼得·拉斯莱特：《洛克〈政府论〉导论》，冯克利译，第 48 页。

11. 袁朝晖：《自由、平等、秩序与宗教宽容——约翰·洛克〈宗教宽容书简〉述评》，《世界宗教研究》2017 年第 2 期。

12. 袁朝晖：《自由、平等、秩序与宗教宽容——约翰·洛克〈宗教宽容书简〉述评》，《世界宗教研究》2017 年第 2 期。

13. 本书关注的是洛克宗教宽容思想的核心内容，特别是《宗教宽容书简》，对于洛克宽容思想的形成、宽容思想的谱系，本人已进行了研究，留待下一部专著详述。

14. Jonas Proast, *The Argument of the Letter Concerning Toleration*, *Briefly Considerd and Answerd*（1690），Early English Books Online（EEBO），下同。

15. 参见 *The Works of John Locke*, Vol. V, London: Routledge/Thoemmes Press, 1794。

16. 袁朝晖：《自由、平等、秩序与宗教宽容——约翰·洛克〈宗教宽容书简〉述评》，《世界宗教研究》2017 年第 2 期。这既是洛克一贯的作风，也是形势使然，更是一种洛克式的写作方式。

17. L3, 266.

18. Peter Nicholson, "John Locke's Later Letters on Toleratio," in *John Locke: A Letter Concerning Toleration in Focus*, eds. by John Horton and Susan Mendus, London: Routledge, 1971, pp. 163-164.

19. 实际上，从 1692 年论战的突然中断到 1704 年的战火重燃，在这段时间，两个人的各自生活和英国的社会—宗教状况都发生了很大的变化，以往的研究从思想史层面展开时，往往忽略了这一时期的历史状况给这场争论带来的影响。

20. 袁朝晖:《自由、平等、秩序与宗教宽容——约翰·洛克〈宗教宽容书简〉述评》,《世界宗教研究》2017 年第 2 期。

21. 转引自 John William Tate, *Liberty, Toleration and Equality: John Locke, Jonas Proast and the Letter Concerning Toleration*, pp. 147-148。

22. 袁朝晖:《自由、平等、秩序与宗教宽容——约翰·洛克〈宗教宽容书简〉述评》,《世界宗教研究》2017 年第 2 期。

23. 马克·戈尔迪、罗伯特·沃克勒主编《剑桥十八世纪政治思想史》,刘北成等译,商务印书馆,2017,第 95 页。

24.《潘恩选集》,马清槐等译,商务印书馆,2009,第 162 页。

25. 约翰·洛克:《论宗教宽容——致友人的一封信》,吴云贵译,商务印书馆,1982,第 5 页。

第一章　宽容的基础

1. Bill Clinton, "Speech at Harvard University," November 19, 2001, http://clintonpresidentialcenter.org; J. Judd Owen, "Locke's Case for Religious Toleration: Its Neglected Foundation in the Essay Concerning Human Understanding," *The Journal of Politics*, Vol. 69, No. 1, 2007, pp. 156-168.

2. Owen, *Locke's Case for Religious Toleration*.

3. 奥克肖特指出,洛克的宽容学说(有限的宽容)、自由学说(合理的自由)、个人主义学说(不是狂热的个人主义)、人民主权学说(主权有时被人民行使)以及财产学说,都是现代自由主义得以萌芽的种子。

4. 参看袁朝晖《自由、平等、秩序与宗教宽容——约翰·洛克〈宗教宽容书简〉述评》,《世界宗教研究》2017 年第 2 期。

5. L1, p. 4.

6. 袁朝晖:《自由、平等、秩序与宗教宽容——约翰·洛克〈宗教宽容书简〉述评》,《世界宗教研究》2017 年第 2 期。笔者探讨的是成熟时期的,也就是光荣革命后的洛克。正如昆廷·斯金纳所说的,30 岁的洛克还不是洛克。写作《人类理解论》《政府论》《宗教宽容书简》的洛克是成熟的;从历史角度客观理解洛克的思想,对于洛克理性信仰观的发展、政治宗教观的转变和宗教宽容思想的"剧变"的讨论，在后文将做出说明。

7. ECHU，1. 1. 2，p. 1.

8. ECHU，1. 1. 3，p. 2.

9. 袁朝晖：《跨越宗教纷争——约翰·洛克论信仰、真理与宗教宽容》，梁慧主编《基督教思想评论》总第 25 辑，宗教文化出版社，2023，第 258 页。

10. ECHU，赠读者，p. 12。

11. ECHU，p. 12.

12. 迈克尔·奥克肖特：《哈佛演讲录：近代欧洲的道德与政治》，顾玫译，上海文艺出版社，2003，第 57~58 页。译文略有调整。

13. 沃尔德伦：《上帝、洛克与平等——洛克政治思想的基督教基础》，郭威等译，华夏出版社，2015，第 12 页。

14. 沃尔德伦：《上帝、洛克与平等——洛克政治思想的基督教基础》，郭威等译，第 6 页。

15. 迈克尔·奥克肖特：《哈佛演讲录：近代欧洲的道德与政治》，顾玫译，第 57~58 页。

16. 袁朝晖：《跨越宗教纷争——约翰·洛克论信仰、真理与宗教宽容》，梁慧主编《基督教思想评论》总第 25 辑。本章的论述将以《人类理解论》第四卷为主体的论证框架，因为基于对于洛克哲学体系的认知和洛克自己的态度，笔者有理由认为，《人类理解论》是洛克哲学思想的集中、整体的表述，也是洛克自己认可的哲学思想的集中表述，其确定性无可置疑。同时，洛克对于上帝的认识、天赋观念的批判和自然法以及和同时代哲学家就理性和信仰的观点分歧，本章暂不论述。

17. 笔者将严格按照洛克的字面意思和原义去理解洛克，这是对待文本的基本的态度。

18. 鉴于本章的目的和本书的主题，笔者无意介入关于洛克哲学烦琐、复杂、充满喧嚣和各种或主观或历史的评价和分析的争议中，而如洛克所言：我所要说的一切都在我的书中。还洛克本来的面目，厘清洛克哲学的本义，至少是诚实地理解洛克的"言说"。

19. 袁朝晖:《跨越宗教纷争——约翰·洛克论信仰、真理与宗教宽容》,梁慧主编《基督教思想评论》总第 25 辑,第 243~265 页。

20. ECHU,赠读者,pp. 11-12。

21. 理查德·阿什克拉夫特在《革命政治与洛克的〈政府论〉》指出,泰瑞尔的《人类理解论》(*Essay Concerning Hunman Understanding*)的副本保存在大英博物馆。

22. ECHU, 1.1.4, p.3. 并参看 D. J. 奥康诺主编《批评的西方哲学史》,洪汉鼎等译,东方出版社,2005。

23. 塞缪尔·普芬道夫:《人和公民的自然法义务》,俞沂暄译,上海三联书店,2013,第 12 页。

24. 苏珊·桑塔格:《疾病的隐喻》,程巍译,上海译文出版社,2003,第 68~70 页。引文略有调整。

25. 苏珊·桑塔格:《疾病的隐喻》,程巍译,第 70 页。

26. 关于洛克和沙夫茨伯里在哲学和政治上的关系,当另文详述。

27. ECHU, 4.3.20, pp. 585-586.

28. 西格蒙德:《沃尔德伦与洛克研究的宗教转向》,沃尔德伦《上帝、洛克与平等——洛克政治思想的基督教基础》,郭威等译,附录。

29. 着重号为笔者所加。

30. 对于洛克的自然法理论,我们将在第二章中结合洛克关于个体与政府的论述,关于国家、政府的合理性和证成性的论述,以及《政府论·上篇》的革命性意义进行分析。

31. 《人类理解论》,译文还参照英文本 John Locke, *An Essay Concerning Human Understanding*, ed. by Peter Nidditch, Oxford:Oxford University Press, 1975。译文略有改动。

32. ECHU, 2.1.2, pp. 73-74.

33. 叶秀山、王树人总主编《西方哲学史》第 4 卷,凤凰出版社、江苏人民出版社,2004,第 324 页。

34. D. J. 奥康诺主编《批评的西方哲学史》,洪汉鼎等译,第 387~388 页。

35. D. J. 奥康诺主编《批评的西方哲学史》,洪汉鼎等译,第 407 页。

36. D. J. 奥康诺主编《批评的西方哲学史》，洪汉鼎等译，第 411 页。

37. 叶秀山、王树人总主编《西方哲学史》第 4 卷，第 355 页。

38. 袁朝晖：《跨越宗教纷争——约翰·洛克论信仰、真理与宗教宽容》，梁慧主编《基督教思想评论》总第 25 辑。参看 ECHU, 4.17.1, pp. 717-718。

39. 王爱菊：《洛克论理性和信仰——兼论中国儒家的宗教观》，《武汉大学学报》（人文科学版）2012 年第 6 期。

40. ECHU, 4.17.2, pp. 618-619.

41. 参看 ECHU, 4.17.4-4.17.8, pp. 719-733。

42. 当然，这只是对洛克《人类理解论》的一种解读，也有学者有不同的看法。参看袁朝晖《跨越宗教纷争——约翰·洛克论信仰、真理与宗教宽容》，梁慧主编《基督教思想评论》总第 25 辑。

43. ECHU, 4.3.17, p. 581.

44. ECHU, 4.17.24, p. 740.

45. "同意"与真理，尤其是同意，这一在洛克哲学中至关重要的概念长期被疏忽了，尤其是这一概念在政治、宗教领域的实用价值和理论深度被忽视了，关于这一问题，笔者将在第四章论述宽容和强力的关系时再深入探讨。

46. ECHU, 4.17.24, pp. 740-741.

47. ECHU, 4.17.24, pp. 740-741.

48. ECHU, 4.17.23, p. 740.

49. ECHU, 4.20.18, pp. 775-776.

50. ECHU, 4.18.1, pp. 741-742.

51. ECHU, 4.18.2, p. 742.

52. ECHU, 4.18.3, pp. 741-743.

53. ECHU, 4.18.4, pp. 743-744.

54. ECHU, 4.18.5, pp. 744-745. 译文略有改动。

55. ECHU, 4.18.5, pp. 745-746.

56. ECHU, 4.18.8, p. 748. 着重号为笔者强调。

57. 斯图亚特·布朗：《宗教与欧洲启蒙运动》，赵林、邓守成主编

《启蒙与世俗化：东西方现代化历程》，武汉大学出版社，2008，第4页。

58. 着重号为笔者强调。

59. ECHU, 4.18.10, p.749.

60. ECHU, 4.18.10, p.749.

61. 王爱菊：《洛克论理性和信仰——兼论中国儒家的宗教观》，《武汉大学学报》2012年第6期。

62. ECHU, 4.19.15, p.760.

63. Owen, *Locke's Case for Religious Toleration.*

64. ECHU, 4.18.8, p.748.

65. 袁朝晖：《跨越宗教纷争——约翰·洛克论信仰、真理与宗教宽容》，梁慧主编《基督教思想评论》总第25辑，第243~65页。参看ECHU, 4.19.16, p.761。

66. 本节暂仅就《人类理解论》中对于"宗教狂热"的分析进行。

67. ECHU, 4.19.1, pp.750-751.

68. ECHU, 4.19.1, pp.751-752.

69. ECHU, 4.19.1, p.752.

70. ECHU, 4.19.14, pp.758-759.

71. ECHU, 4.19.16, p.761.

72. ECHU, 1.1.5, pp.3-4.

73. 参见L4。

74. Owen, *Locke's Case for Religious Toleration.*

75. Owen, *Locke's Case for Religious Toleration.*

76. 袁朝晖：《跨越宗教纷争——约翰·洛克论信仰、真理与宗教宽容》，梁慧主编《基督教思想评论》总第25辑，第275~277页。

第二章　宽容的前提

1. 袁朝晖：《约翰·洛克〈政府论·上篇〉中的圣经批判及其政治意蕴》，梁工主编《圣经文学研究》第23辑，宗教文化出版社，2021。该文分析了洛克对平等的强调以及平等和宗教宽容思想整体的关联。之所以这样说，是因为"个人"自由是一个历史演进的过程，是伴随着宗教改革运动的兴起而逐渐进入讨论的视野的。

2. 阿克顿：《自由与权力》，侯建、范亚峰译，译林出版社，2014，第 271 页。

3. 本章中所有对《政府论·上篇》的引用都来自洛克《政府论·上篇》，翟菊农、叶启芳译，商务印书馆，1982；并参阅 *Two Treatises of Government*, ed. by Peter Laslett, Cambridge：Cambridge University Press, 1997 和 *Political* Essays, ed. by Goldie, Cambridge：Cambridge University Press, 1997。《洛克政治论文集》，中国政法大学出版社，2003。译文略有调整，下文引用时《政府论·上篇》标为 I，《政府论·下篇》标为 II，后附相应的节号。

4. "排斥危机"主要是指 1678～1681 年地方党、宫廷、议会和国王等之间的斗争。

5. I，2. 译文略有调整。

6. I，2.

7. 迈克尔·扎科特：《洛克政治哲学研究》，石碧球等译，人民出版社，2013，第 145 页，该书收录的《洛克〈政府论〉上篇"导论"：洛克与〈旧约〉》对于洛克《政府论·上篇》和《圣经·旧约》联系的讨论，在研究的覆盖面和深度上不及罗伯特·福克纳的《自由主义的序言：洛克的〈政府论·上篇〉与圣经》一文，更多是泛泛而论。不过，迈克尔·扎科特在另一本著作《自然权利与新共和主义》（*Natural Rights and the New Republicanism*）中，对于洛克的《政府论·上篇》和当时历史环境、政治环境和话语体系的分析条理清晰、深入，对于我们正确理解《政府论·上篇》有着很大的作用。迈克尔·扎科特：《自然权利与新共和主义》，王崇兴译，吉林出版集团有限责任公司，2008。同时读者亦可参阅洛克《论自然法则》，徐健选编，苏光恩等译，华东师范大学出版社，2014。本章中对于迈克尔·扎科特《洛克〈政府论〉上篇"导论"：洛克与〈旧约〉》的译文主要参考苏光恩等的译本。

8. I，5.

9. I，3.

10. I，3.

11. I，3.

12. I，3.

13. I，3.

14. 袁朝晖：《约翰·洛克〈政府论·上篇〉中的圣经批判及其政治意蕴》，梁工主编《圣经文学研究》第 23 辑。限于篇幅，笔者将在不得不征引费尔默的主张的时候，才会花费篇幅将洛克-费尔默论战还原或是引用大段的文字，在不影响表达的情况下，笔者将在准确的前提下尽可能直接表述洛克的观点。同时，为了更好地理解洛克，笔者试图通过将洛克观点分类整理的方式清晰地展现出洛克的观点，尽管这样做无法清晰再现洛克和费尔默论战的精彩。请读者知晓。

15. 迈克尔·扎科特《洛克〈政府论〉上篇"导论"：洛克与〈旧约〉》，参阅洛克《论自然法则》，苏光恩等译，第 260 页。

16. I，43.

17. I，16. 译文略有调整。

18. I，16. 译文略有调整。

19. I，17.

20. I，18.

21. I，18.

22. I，18.

23. I，19.

24. I，15.

25. I，42.

26. I，42.

27. 沃尔德伦：《上帝、洛克与平等——洛克政治思想的基督教基础》，郭威等译，第 27 页。

28. 《圣经》，采用新标点和合本。

29. I，45.

30. I，45.

31. I，47.

32. 《圣经》（创世记 25：23）。

33. Ⅰ，48.

34. 沃尔德伦：《上帝、洛克与平等——洛克政治思想的基督教基础》，郭威等译，第33页。

35. 此处加粗部分为笔者强调。参看袁朝晖《约翰·洛克〈政府论·上篇〉中的圣经批判及其政治意蕴》，梁工主编《圣经文学研究》第23辑。

36. 约翰·洛克：《基督教的合理性》，王爱菊译，武汉大学出版社，2006，第2页。

37. 袁朝晖：《约翰·洛克〈政府论·上篇〉中的圣经批判及其政治意蕴》，梁工主编《圣经文学研究》第23辑。此处的"秩序"是传统的盲信与服从，而非在《宗教宽容书简》中所构筑的基于信任的、法治的政治社会的真正的对于秩序的"服从"。

38. 约翰·洛克：《基督教的合理性》，王爱菊译，第2页。

39. 沃尔德伦：《上帝、洛克与平等——洛克政治思想的基督教基础》，郭威等译，第33~34页。

40. Ⅰ，50.

41. Ⅰ，51.

42. 这一章是整个《政府论·上篇》中篇幅最长的一章。

43. 上述内容参看Ⅰ，51~59。

44. 在此不必引述洛克和《圣经》的烦琐论证，有兴趣的读者可参阅Ⅰ，60~63。

45. Ⅰ，67.

46. 约翰·洛克：《基督教的合理性》，王爱菊译，第1~2页。加粗部分是笔者所强调的。

47. Ⅰ，67.

48. Ⅰ，126.

49. Ⅰ，81.

50. Ⅰ，81.

51. Ⅰ，81.

52. Ⅰ，81.

53. 参见 I , 86, I , 92。

54. 纳坦·塔科夫:《为了自由:洛克的教育思想》,邓文正译,三联书店,2001,译者序。

55. 雷蒙·阿隆:《知识分子的鸦片》,吕一民、顾杭译,译林出版社,2012,第 271 页。

56. 查尔斯·泰勒:《现代社会想象》,林曼红译,译林出版社,2014,第 43~44 页。

57. 林国基:《洛克的"创世纪"——读〈政府论〉》,《政法论坛》2011 年第 5 期。

第三章　宽容的含义

1. L1, 15-16.

2. "国家的角色,不是教人民应该如何生活,而是提供一个正义的制度框架。"参阅周保松《自由人的平等政治》,三联书店,2010,第 114 页。

3. 这就回答了自由主义政治哲学的疑问:不同信仰的人如何生活在一起?

4. 袁朝晖:《跨越宗教纷争——约翰·洛克论信仰、真理与宗教宽容》,梁慧主编《基督教思想评论》总第 25 辑。

5. 《马克思恩格斯选集》第 1 卷,第 135 页。

6. 袁朝晖:《跨越宗教纷争——约翰·洛克论信仰、真理与宗教宽容》,梁慧主编《基督教思想评论》总第 25 辑。

7. 《马克思恩格斯选集》第 1 卷,第 139 页。

8. 周保松:《自由人的平等政治》,第 113~114 页。

9. L1, 5.

10. 哈丁:《自由主义、宪政主义和民主》,王欢、申明民译,商务印书馆,2008,第 205 页。

11. 詹姆斯·M. 布坎南:《自由的界限》,董子云译,浙江大学出版社,2012,第 136 页。

12. 孙向晨:《洛克政治哲学的神学维度》,《复旦学报》2006 年第

5 期。

13. 茱迪·史珂拉:《恐惧的自由主义》,《政治思想与政治思想家》,左高山等译,上海人民出版社,2009。该文发表于《自由主义与道德生活》(*Liberalism and the Moral* Life, ed. by Nancy Rosenblum, 1989)一书。

14. 这和霍布斯、休谟所开启的另一条通往价值多元论的路径其实是不同的,但两条路径的异同不在本书讨论范围内,特此说明。

15. 约翰·密尔:《论自由》,程崇华译,商务印书馆,1959,第 8 页。

16. 本书并非对于洛克政治哲学的探讨,因此笔者将直接选取同宗教宽容思想相关的内容,因此在论述上有所取舍,并不就政治哲学思想史上的种种对洛克的看法进行充分阐发。请读者理解。

17. 对于反抗的诱因、具体方式和如何行使反抗的权利,笔者会放在下一章关于"强力"与信仰的关系中进行讨论。

18.《政府论·下篇》一开头就说,基于《政府论·上篇》我们可以明晰,亚当并不基于父亲身份的自然权利或上帝的明白赐予,享有对于他的儿女的那种权威或对于世界的统辖权,如同有人所主张的:即使他享有这种权力,他的继承人并无权利享有这种权力;即使他的继承人们享有这种权力,但是由于没有自然法也没有上帝的明文法,来确定在任何场合谁是合法继承人,就无从确定继承权因而也无从确定应该由谁来掌握统治权;即使这也已被确定,但是谁是亚当的长房后嗣,早已绝对无从查考,这就使人类各种族和世界上各家族之中,没有哪个比别的更能自称是最长的嫡裔而享有继承的权利。这实际上宣告"旧秩序"的不正当性。

19. Ⅱ, 3.

20. Ⅱ, 136.

21. Ⅱ, 14.

22. 沃尔德伦:《自然法像什么?》,朱振译,《世界哲学》2016 年第 6 期。

23. Ⅱ, 13.

24. 小詹姆斯·R. 斯托纳:《普通法与自由主义理论——柯克、霍布斯及美国宪政主义之诸源头》,姚中秋译,北京大学出版社,2005,第 213 页。

25. 沃尔德伦:《自然法像什么?》,朱振译,《世界哲学》2016 年第 6 期。

26.《政府论·下篇》的副标题是"论政府的真正起源、范围和目的",洛克接下来的任务就是,寻找关于政府的产生,政治权力的起源和关于用来安排和明确谁享有这种权力的方法的说法。

27. Ⅱ, 22.

28. Ⅱ, 22.

29. Ⅱ, 22.

30. 参与英国政治革命活动让洛克发现,议会和国王一样不可靠,议会的暴虐与独裁和国王如出一辙,对绝对权力的恐惧始终萦绕着洛克。根据洛克的哲学理论,只有人民才是合格的仲裁者。洛克的成就就是使自由主义的政治理论宪法化(constitutionalize),用法律来约束政治权力。参见小詹姆斯·R.斯托纳:《普通法与自由主义理论——柯克、霍布斯及美国宪政主义之诸源头》,姚中秋译,第213页。

31. Ⅱ, 57.

32. 徐向东:《自由主义、社会契约与政治辩护》,北京大学出版社,2005,第37页。

33. 参看约翰·洛克《论自然法则》,第9~10页。

34. 李季璇:《从权利到权力:洛克自然法思想研究》,江苏人民出版社,2017,第71页。

35. 约翰·洛克:《教育片论》,熊春文译,上海人民出版社,2005,第204页。

36. 参看约翰·洛克《论自然法则》,苏光恩等译,第53~54页。

37. Ⅱ, 13.

38. Ⅱ, 14.

39. 参看布坎南《自由的界限》,董子云译,第116~117页。

40. 卡尔·J.弗雷德里希:《超验正义——宪政的宗教之维》,周勇、王丽芝译,三联书店,1997,第72页。

41. 同上书,第73~74页。

42. Ⅱ, 124-126.

43. Ⅱ, 124-126.

44. Ⅱ, 124-126.

45. 参看约拉姆·巴泽尔《国家理论——经济权利、法律权利与国家范围》，钱勇、曾咏梅译，上海财经大学出版社，2006，第 330 页。

46. Ⅱ，88.

47. 曼斯菲尔德：《驯化君主》，冯克利译，译林出版社，2005，第 215 页。

48. 迈克尔·奥克肖特：《哈佛演讲录：近代欧洲的道德与政治》，顾玖译，第 55 页。

49. 迈克尔·奥克肖特：《哈佛演讲录：近代欧洲的道德与政治》，顾玖译，第 57 页。

50. Ⅱ，96-97.

51. 参阅丛日云《在上帝与恺撒之间：基督教二元政治观与近代自由主义》，三联书店，2003。

52. 洛克虽然语焉不详，但显然洛克并没有否认人可以退回到自然状态，也就是赤裸生命的原初状态。在笔者看来，这对政治社会是一种潜在的制约，尽管这种制约随着社会发展越来越弱。不可否认，这是一种和霍布斯、马基雅维利迥然不同的政治话语方式。实际上，赤裸生命的原初状态中的宗教信仰个体的政治选择与国家政治权力塑造，在洛克的话语体系中颇为值得探讨，它可能涉及了原始宗教哲学、宗教人类学、宗教社会学、政治哲学的交叉研究，很有意思，但限于本书的研究范围，暂不探讨，希望可以在未来深入研究。

53. 李猛：《革命政治——洛克的政治哲学与现代自然法的危机》，吴飞主编《洛克与自由社会》，上海三联书店，2012，第 56～57 页。参看Ⅱ，149。

54. 特权不等于强力，此方面的写作参考了霍伟岸《洛克权利理论研究》，法律出版社，2011。

55. Ⅱ，158.

56. 李猛：《革命政治——洛克的政治哲学与现代自然法的危机》，吴飞主编《洛克与自由社会》，上海三联书店，2012，第 56～57 页，参看Ⅱ，149。

57. 孟德斯鸠：《波斯人信札》，罗大冈译，人民文学出版社，1958，第 50 页。

58. 茱迪·史珂拉：《恐惧的自由主义》，《政治思想与政治思想家》，左高山等译，第 7 页。

59. 同上。

60. L1，1.

61. Ibid.

62. Ibid.

63. Ibid.

64. L1，3.

65. L1，3.

66. L1，4.

67. Ibid.

68. Ibid.

69. L1，5.

70. 袁朝晖：《跨越宗教纷争——约翰·洛克论信仰、真理与宗教宽容》，梁慧主编《基督教思想评论》总第 25 辑，第 243~265 页。该文提供了关于洛克理性和信仰的关系问题的整体思考。

71. L1，6.

72. Ibid.

73. L1，2.

74. 普芬道夫：《就公民社会论宗教的本质与特性》，俞沂暄译，上海三联书店，2013，第 8 页。

75. 参阅沃尔德伦《上帝、洛克与平等——洛克政治思想的基督教基础》，郭威等译，第七章第二部分的论述。

76. L1，43.

77. 着重号和黑体为笔者添加。

78.《保罗书信注疏》：ii. 588。

79. L3，224. 参阅沃尔德伦《上帝、洛克与平等——洛克政治思想的基督教基础》，郭威等译，第 245 页。

80. L1，6.

81. 阿克顿：《自由与权力》，侯建、范亚峰译，第 287 页。

82. L1，6.

83. 约翰·密尔：《论自由》，程崇华译，第 126~127 页。

84. Ⅱ，202.

85. Ⅱ，158.

86. L1，7.

87. 约翰·洛克：《论自然法则》，苏光恩等译，第 224 页。

88. L1，7.

89. 罗尔斯：《宪政自由权与正义的概念》，《罗尔斯论文全集》，陈肖生译，吉林出版集团有限责任公司，2013，第 100 页。

90. 同上书，第 106 页。

91. 昆廷·斯金纳：《近代政治思想的基础》下卷，奚瑞森、亚方译，商务印书馆，2002，第 498 页。

92. 洪堡：《论国家的作用》，林荣远等译，中国社会科学出版社，1998，第 77~78 页。

93. 本节部分内容参见袁朝晖《秩序与信仰——约翰·洛克"宗教宽容"论中的教会与个人》，《中央社会主义学院学报》2019 年第 2 期。

94. L1，29.

95. Ibid.

96. 袁朝晖：《秩序与信仰——约翰·洛克"宗教宽容"论中的教会与个人》，《中央社会主义学院学报》2019 年第 2 期。

97. 袁朝晖：《秩序与信仰——约翰·洛克"宗教宽容"论中的教会与个人》，《中央社会主义学院学报》2019 年第 2 期。

98. L1，9.

99. L1，10.

100. Ibid.

101. L1，11.

102. 袁朝晖：《秩序与信仰——约翰·洛克"宗教宽容"论中的教会与个人》，《中央社会主义学院学报》2019 年第 2 期。

103. L1，11-12.

104. L1，12.

105. Ibid.

106. Ibid.

107. 洛克指的是上帝，然而这就意味着在世俗社会中，谁也没有权力裁决一种宗教信仰或是某个教会的绝对真理。

108. L1，13.

109. Ibid.

110. L1，16.

111. Ibid.

112. L1，17.

113. Ibid.

114. Ibid.

115. Ibid.

116. 约翰·洛克：《政府论·下篇》，叶启芳、瞿菊农译，商务印书馆，1964，第 59 页。

117. L1，8.

118. 袁朝晖：《秩序与信仰——约翰·洛克"宗教宽容"论中的教会与个人》，《中央社会主义学院学报》2019 年第 2 期。

119. 王海洲：《政治仪式中的权力结构及其动态分析》，《南京社会科学》2011 年第 3 期。

120. 参阅伯尔曼《法律与革命——西方法律传统的形成》，贺卫方译，中国大百科全书出版社，1996。

121. L1，25.

122. Ibid.

123. 限于本书的研究范围，笔者暂不涉及洛克的神学思想研究。

124. L1，25-26.

125. 约翰·洛克：《论宗教宽容——致友人的一封信》，吴云贵译，第 28~29 页。

126. L1，31.

127. 洛克的话语背景是基督教的，这点需要注意。

128. L1，29.

129. L1，29-30. 黑体和着重号为笔者添加。

130. T1，58.

131. 参阅大卫·阿米蒂奇《现代国际思想的根基》，陈茂华译，浙江大学出版社，2018。

132. T1，58.

133. L1，30.

134. 约翰·洛克：《论宗教宽容——致友人的一封信》，吴云贵译，第 30 页。着重号为笔者添加。

135. ECHU，4，20，18，pp. 775-776.

136. 约瑟夫·拉兹：《表达自由与人的身份认同》，张伟涛译，张文显、杜宴林主编《法理学论丛》第 7 卷，法律出版社，2013。

137. ECHU，2，29，9，pp. 369-370.

138. L1，34.

139. 约翰·洛克：《论宗教宽容——致友人的一封信》，吴云贵译，第 34~35 页。着重号为笔者添加。

140. 参阅《人类理解论》第 4 卷第 16 章。

141. 约翰·洛克：《论宗教宽容——致友人的一封信》，吴云贵译，第 35~37 页。

142. 约瑟夫·拉兹：《表达自由与人的身份认同》，张伟涛译，张文显、杜宴林主编《法理学论丛》第 7 卷。

143. 特伦斯·G. 卡罗尔：《世俗化与国家的现代性》，张顺译，许章润、翟志勇主编《历史法学》第 7 卷，法律出版社，2013，第 333~334 页。

144. 罗斯科·庞德：《通过法律的社会控制》，沈宗灵译，商务印书馆，2010，第 52 页。

145. 罗尔斯：《罗尔斯论文全集》，陈肖生译，第 618 页。

第四章　宽容的限度

1. 亨利希·海涅：《论德国宗教和哲学的历史》，海安译，商务印书馆，2016，第 86 页。

2. L2.

3. 这个观点得益于中央民族大学韩思艺教授的分析，在此致谢。

4. 这方面的总结，读者可参阅 Peter Nicholson, "John Locke's Later Letters on Toleration," J. W. Gough, "The Development of Locke's Belief in Toleration," P. J. Kelly, "John Locke: Authority, Conscience and Religion Toleration," in *A Letter Concerning Toleration in Focus*, eds. by John Horton and Susan Mendus, London: Routledge, 1971, pp. 163-187, 57-78, 125-146.

5. L2, 62-63.

6. L2, 63.

7. L2, 64.

8. L2, 65.

9. L2, 66.

10. L1, 47.

11. L2, 69-70.

12. L2, 71-72.

13. L2, 73.

14. L1, 48.

15. Ibid.

16. L2, 74.

17. L2, 74-76.

18. L2, 78-79.

19. L2, 79-80.

20. 大卫·休谟：《自然宗教对话录》，陈修斋、曹棉之译，商务印书馆，1962，第101页。

21. 密尔：《论自由》，程崇华译，第91页。

22. L2, 69-70.

23. L2, 69.

24. L2, 69-70.

25. L2, 70.

26. L2, 70-71.

27. L2, 72.

28. L2, 72-73.

29. L2, 73.

30. L2, 73-74.

31. L2, 74.

32. L2, 75.

33. L2, 76.

34. L2, 76-77.

35. L2, 78.

36. L2, 78-79.

37. L2, 84.

38. L2, 84-85.

39. 参看 L3。

40. 密尔:《论自由》,程崇华译,第101页。

41. L1, 39-40.

42. L2.

43. L1, 40-41.

44. 应奇编《自由主义中立性及其批评者》,江苏人民出版社,2007。

45. 同上。

46. 沃尔德伦:《上帝、洛克与平等——洛克政治思想的基督教基础》,郭威等译,第261页。

47. Dunn, "What is Living and What is Dead in the Political Theory of John Locke?" p.19. 转引自沃尔德伦《上帝、洛克与平等——洛克政治思想的基督教基础》,郭威等译,第262~263页。

48. L2, 68. 上述内容可参看沃尔德伦《上帝、洛克与平等——洛克政治思想的基督教基础》,郭威等译,第七章第五部分的论述。

49. 同上书,第84页。

50. 同上书,第81页。

51. 参看沃尔德伦《上帝、洛克与平等——洛克政治思想的基督教基础》,郭威等译,第七章第五部分的论述。

52. 霍布豪斯：《自由主义》，朱曾汶译，商务印书馆，1996，第73页。

53. 同上书，第74页。

54. 霍布豪斯：《自由主义》，朱曾汶译，第5页。

55. 弗里德里希·冯·哈耶克：《法治的政治理想》，转引自斯迪尔顿《自由与法治——论法治和自由之间的道德联系》，庞永译，王焱编《宪政主义与现代国家》总第7卷，三联书店，2003，第242页。

56. Ⅱ, 131.

57. Ⅱ, 137.

58. Ⅱ, 243.

59. L1, 18.

60. L1, 19.

61. L1, 19.

62. L1, 22.

63. 约翰·齐普曼·格雷：《国家》，龙卫球译，郑永流主编《法哲学与法社会学论丛》第5辑，中国政法大学出版社，2002。

64. 这一思想是笔者总结的，但受到了罗尔斯和拉兹的启迪，尤其是受到约翰·罗尔斯的《政治自由主义》中"政治的个人观念"（第一讲第5节）的内容和约瑟夫·拉兹《自由主义、自主性和中立关心的政治》一文的启发。约翰·罗尔斯：《政治自由主义》，万俊人译，译林出版社，2011，第26~32页；约瑟夫·拉兹：《自由主义、自主性和中立关心的政治》，孟军等译，应奇编《自由主义中立性及其批评者》，江苏人民出版社，2007，第145~147页。

65. 列奥·施特劳斯、约瑟夫·克罗波西主编《政治哲学史》，李洪润等译，法律出版社，2009，第509页。

66. 休谟：《关于新闻自由》，《休谟政治论文选》，张若衡译，商务印书馆，2010，第1页。

67. 参阅以赛亚·伯林《自由论》，胡传胜译，译林出版社，2011，第198页。

68. 以赛亚·伯林：《自由论》，胡传胜译，第198页。

69. 参阅哈耶克《自由秩序原理》，邓正来译，三联书店，1997，第83~84页。

70. 关于基本自由、约束自由和对抗自由的观点是笔者提炼、提出的。

71. Ⅱ，45.

72. Richard Ashcraft, *Revolutionary Politics and Locke's Two Treatises of Government*，未刊稿。

73. 参阅密尔《论自由》，程崇华译，第10~11页。

74. 周保松：《自由人的平等政治》，第129~130页。

75. 黑体、着重号为笔者添加。

76. 密尔：《论自由》，程崇华译，第4~5页。

77. Ⅱ，202.

78. Ⅱ，204.

79. Ⅱ，220.

80. Ⅱ，220.

81. Ⅱ，212.

82. 哈耶克：《自由秩序原理》，邓正来译，第180页。

83. 莱斯利·格林：《国家的权威》，毛兴贵译，中国政法大学出版社，2013，第11~12页。

84. 《马克思恩格斯选集》第4卷，人民出版社，1995，第170页。

85. Ⅱ，137.

86. L1，5. 参看哈耶克《自由秩序原理》，邓正来译，第190~191页。

87. 参看哈耶克《自由秩序原理》，邓正来译，第170页。

88. 参看罗斯科·庞德《通过法律的社会控制》，沈宗灵译，第12页。

89. 参看哈耶克《自由秩序原理》，邓正来译，第180页。

90. 参看密尔《论自由》，程崇华译，第42~43页。

91. ECHU，2.21.8.

92. Richard Ashcraft, *Revolutionary Politics and Locke's Two Treatises of*

Government.

93. 参看密尔《论自由》，程崇华译，第79~81页。

94. 参看罗尔斯《罗尔斯论文全集》，陈肖生译，第618页。

95. 约瑟夫·拉兹：《公共领域中的伦理学》，葛四友主译，江苏人民出版社，2013，第414页。

96. Ⅱ，33-34.

97. 莱斯利·格林：《国家的权威》，毛兴贵译，第216~217页。

98. 同上书，第217页。

99. 托马斯·内格尔：《平等与偏倚性》，谭安奎译，商务印书馆，2016，第168页。

100. 同上。

101. 布坎南：《自由的界限》，董子云译，第164页。

102. 约拉姆·巴泽尔：《国家理论——经济权利、法律权利与国家范围》，钱勇、曾咏梅译，第26页。

103. 约拉姆·巴泽尔：《国家理论——经济权利、法律权利与国家范围》，钱勇、曾咏梅译，第42页。

104. 查尔斯·拉莫尔：《政治自由主义的道德基础》，应奇译，《马克思主义与现实》2010年第1期。

105. 在这一领域中，全面和颇具深度的研究当推沃尔德伦的《上帝、洛克与平等——洛克政治思想的基督教基础》。在该书中，尤其是第八章的研究值得被充分重视，本节的写作也得益于这本著作的精辟分析。

106. 格尔茨：《文化的解释》，韩莉译，译林出版社，2014，第308页。

107. L1，41.

108. L1，41.

109. Ibid.

110. 沃尔德伦：《上帝、洛克与平等——洛克政治思想的基督教基础》，郭威等译，第275页。

111. 同上书，第276~277页。

112. 下列讨论的相关内容均引自托马斯·内格尔《道德冲突与政治

合法性》，应奇译，应奇编《自由主义中立性及其批评者》，第16~36页。

113. 托马斯·内格尔：《道德冲突与政治合法性》，应奇译，应奇编《自由主义中立性及其批评者》，第25页。

114. 理查德·罗蒂：《后形而上学希望》，张国清译，上海译文出版社，2009，第133页。

115. Kristian Skagen Ekeli， "Toleration，Respect for Persons，and the Free Speech Right to Do Moral Wrong," Mitja Sardoč ed.，*The Palgrave Handbook of Toleration*，Switzerland：Palgrave Macmillan，2022，p. 167.

116. 袁朝晖：《自由、平等、秩序与宗教宽容——约翰·洛克〈宗教宽容书简〉述评》，《世界宗教研究》2017年第2期。

117. David Heyd，"The Mutual Independence of Liberalism and Toleration," Johannes Drerup and Gottfried Schweiger，eds.，*Toleration and the Challenges to Liberalism*，London：Routledge，2021，p. 82.

118. Kristian Skagen Ekeli， "Toleration，Respect for Persons，and the Free Speech Right to Do Moral Wrong," Mitja Sardoč，ed.，*The Palgrave Handbook of Toleration*，pp. 167-168.

119. Kristian Skagen Ekeli， "Toleration，Respect for Persons，and the Free Speech Right to Do Moral Wrong," Mitja Sardoč，ed.，*The Palgrave Handbook of Toleration*，p. 168.

120. Kristian Skagen Ekeli， "Toleration，Respect for Persons，and the Free Speech Right to Do Moral Wrong," Mitja Sardoč，ed.，*The Palgrave Handbook of Toleration*，pp. 168-169.

121. Kristian Skagen Ekeli， "Toleration，Respect for Persons，and the Free Speech Right to Do Moral Wrong," Mitja Sardoč，ed.，*The Palgrave Handbook of Toleration*，p. 166.

122. 金泽：《论宗教与政治》，《宗教学研究》2017年第6期。

123. 参看诺思等《暴力与社会秩序：诠释有文字记载的人类历史的一个概念性框架》，杭行、王亮译，上海人民出版社，2013，第83~92页。

124. Kristian Skagen Ekeli， "Toleration，Respect for Persons，and the

Free Speech Right to Do Moral Wrong," Mitja Sardoč, ed., *The Palgrave Handbook of Toleration*, p. 166.

125. Kristian Skagen Ekeli, "Toleration, Respect for Persons, and the Free Speech Right to Do Moral Wrong," Mitja Sardoč, ed., *The Palgrave Handbook of Toleration*, pp. 155-157.

126. Demaske, *Free Speech and Hate Speech in the United States*, p. 11.

127. Demaske, *Free Speech and Hate Speech in the United States*, p. 12.

128. Paul Yachnin, "Shylock, Conversion, *Toleration*," in Alison Conway and David Alvarez, eds., *Imagining Religious Toleration*: *ALiterary Historyof an Idea, 1600-1830*, Toronto: University of Toronto Press, 2019, p. 22.

129. Anna Elisabetta Galeotti, *Toleration as Recognitiong*, Cambridge: Cambridge University Press, 2002, p. 14.

130. Galeotti, *Toleration as Recognitiong*, p. 94.

131. Camil Ungureanu and Paolo Monti, *Contemporary Political Philosophy and Religion*: *Between Public Reason and Pluralism*, London: Routledge, 2018, p. 1.

132. Alison Conway, "*Introduction*: *Imagining Religious Tole*ration," in Alison Conway and David Alvarez, eds., *Imagining Religious Toleration*, p. 3.

133. Galeotti, *Toleration as Recognitiong*, p. 104.

134. 转引自 Demaske, *Free Speech and Hate Speech in the United States*, p. 21。

135. Scott Robinson, *John Locke and the Uncivilized Society*: *Individualism and Resistance in America Today*, Lanham: Lexington Books, 2021, p. 191.

136. Robinson, *John Locke and the Uncivilized Society*, p. 192.

137. Demaske, *Free Speech and Hate Speech in the United States*, p. 123.

结　语

1. ECHU, 4. 16. 3, p. 656.

2. 参看托马斯·内格尔《平等与偏倚性》，谭安奎译，第 170 页。

3. 着重号为笔者添加。

4. 参见 ECHU，4.16.3-4，pp.707-710。

5. 参阅托马斯·内格尔《平等与偏倚性》，谭安奎译。

6. 同上。

7. 参阅阿马蒂亚·森《身份与暴力》，李凤华等译，中国人民大学出版社，2013，第 2 页。

8. 参阅托马斯·内格尔《平等与偏倚性》，谭安奎译。

9.《马克思恩格斯文集》第 1 卷，人民出版社，2009，第 29 页。

10. 同上书，第 34 页。

11. 尽管洛克的信仰基础是基督教的。

12.《马克思恩格斯文集》第 1 卷，第 33~34 页。

参考文献

洛克原作

Locke, John. *The Works of John Locke*, third edition, London: A. Bettesworth, E. Parker, J. Pemberton, and E. Symon, 1727.

——*A Letter Concerning Toleration*, Patrick Romanell, ed., Englewood Cliffs, NJ: Prentice-Hall, 1950.

—— "A Discourse of Miracles," in *The Reasonableness of Christianity, with A Discourse of Miracles and Part of a Third Letter Concerning Toleration*, I. T. Ramsey, ed., Stanford, CA: Stanford University Press, 1958.

——*The Reasonableness of Christianity As Delivered in the Scriptures*, George W. Ewing, ed., Washington, DC: Regnery, 1965.

——*The Correspondence of John Locke*, E. S. De Beered, ed., Oxford: Clarendon Press, 1978.

——*An Essay Concerning Human Understanding*, Peter H. Nidditch, ed., New York: Oxford Press, 1979.

——*An Essay Concerning Human Understanding*, A. D. Woozley, ed., Cleveland, OH: Meridian Books, 1966.

——*Paraphrase and Notes on the Epistles of St. Paul*, Arthur W. Wainwright, ed., Oxford: Clarendon Press, 1987.

——*Two Treatises of Government*, Mark Goldie, ed., London: Everyman,

1993.

——*Political Writings of John Locke*, David Wootton, ed. , New York: Penguin, 1993.

——*Some Thoughts Concerning Education* and *of the Conduct of the Understanding*, Ruth W. Grant and Nathan Tarcov, eds. , Indianapolis, IN: Hackett Publishing Company, 1996.

——*Political Essays*, Mark Goldie, ed. , Cambridge: Cambridge University Press, 1997.

——*The Correspondence of John Locke*, 8 Vols. , E. S. de Beer, ed. , Oxford: Clarendon Press.

——*An Essay Concerning Toleration and Other Writings on Law and Politics*, *1667–1683*, J. R. Milton and P. Milton, eds. , Oxford: Clarendon Press, 2006.

——*Essays on the Law of Nature*, W. von Leyden, ed. , Oxford: Oxford University Press, 1954.

—— "A Letter to the Right Reverend Edward, Lord Bishop of Worcester, Concerning Some Passages Relating to Mr. Locke's Essay of Humane Understanding: In a Late Discourse of His Lordship's, " in *Vindication of the Trinity*, London, 1697.

—— "Mr. Locke's Reply to the Right Reverend the Lord Bishop of Worcester's Answer to his Second Letter, " London, 1699.

——*Of the Conduct of the Understanding*, fifth edition, Thomas Fowler, ed. , Oxford: Oxford University Press, 1901.

——*Some Thoughts Concerning Education*, John W. Yolton and Jean S. Yolton, eds. , Oxford: Clarendon Press, 1989.

——*The Works of John Locke*, new edition, 10 Vols. , London, 1823; repr. 1963.

洛克著作中文译本

《基督教的合理性》，王爱菊译，武汉大学出版社，2006。

《教育漫话》，傅任敢译，教育科学出版社，1999。

《教育片论》，熊春文译，上海人民出版社，2005。

《理解能力指导散论》，吴棠译，人民教育出版社，2005。

《论降低利息和提高货币价值的后果》，徐式谷译，商务印书馆，1997。

《论自然法则》，徐健选编，苏光恩等译，华东师范大学出版社，2014。

《论宗教宽容——致友人的一封信》，吴云贵译，商务印书馆，1982。

《人类理解论》，关文运译，商务印书馆，1981。

《政府论》，瞿菊农、叶启芳译，商务印书馆，1982。

《自然法论文集》，刘时工译，上海三联书店，2015。

论著

B. 曼德维尔：《蜜蜂的预言》，肖聿译，商务印书馆，2016。

D. 贝尔：《资本主义文化的矛盾》，赵一凡、蒲隆、任晓晋译，三联书店，1989。

G. A. 柯亨：《自我所有、自由和平等》，李朝晖译，东方出版社，2008。

H. L. A. 哈特：《法律的概念》，徐家馨、李冠宜译，法律出版社，2006。

J. 马里旦：《人和国家》，霍宗彦译，商务印书馆，1964。

P. 蒂利希：《存在的勇气》，成显聪、王作虹译，贵州人民出版社，1998。

阿克顿：《自由史论》，胡传胜等译，译林出版社，2001。

阿克顿：《自由与权力》，侯健、范亚峰译，商务印书馆，2001。

阿拉斯戴尔·麦金太尔：《谁之正义？何种合理性？》，万俊人、吴海针、王今一译，当代中国出版社，1996。

阿拉斯戴尔·麦金太尔：《追寻美德》，宋继杰译，译林出版社，2011。

阿马蒂亚·森：《身份与暴力》，李风华等译，中国人民大学出版社，2009。

阿马蒂亚·森：《正义的理念》，王磊、李航译，中国人民大学出版社，2012。

阿马蒂亚·森：《理性与自由》，李风华译，中国人民大学出版社，2013。

阿马蒂亚·森：《以自由看待发展》，任赜、于真译，中国人民大学出版社，2013。

阿米·古特曼、丹尼斯·汤普森：《民主与分歧》，杨立峰、葛水林、应奇译，东方出版社，2007。

阿诺德·汤因比：《历史研究》，曹未风译，上海人民出版社，1959。

阿诺德·汤因比：《一个历史学家的宗教观》，晏可佳、张龙华译，四川人民出版社，1998。

阿萨勃里格斯：《英国社会史》，陈叔平等泽，中国人民大学出版社，1991。

爱德华·吉本：《罗马帝国衰亡史》，黄宜思、黄雨石译，商务印书馆，1997。

安东尼·阿巴拉斯特：《西方自由主义的兴衰》，曹海军等译，吉林人民出版社，2005。

安东尼·吉登斯：《民族-国家与暴力》，吴宗泽、赵力涛译，三联书店，1998。

安东尼·吉登斯：《现代性的后果》，田禾译，三联书店，1998。

安东尼·吉登斯：《现代性与自我认同》，赵旭东、方文译，三联书店，1998。

安东尼·吉登斯：《政治学、社会学与社会理论：经典理论与当代思潮的碰撞》，何雪松、赵方杜译，格致出版社、上海人民出版社，2015。

奥古斯丁：《上帝之城》，中国政法大学出版社，1995。

奥若拉·奥尼尔：《迈向正义与美德：实践推理的建构性解释》，应奇、陈丽微、郭立东译，东方出版社，2009。

芭芭拉·赫尔曼：《道德判断的实践》，陈虎平译，东方出版社，2006。

巴里：《正义诸理论》，孙晓春、曹海军译，吉林人民出版社，2004。

鲍桑葵：《关于国家的哲学理论》，汪淑钧译，商务印书馆，1995。

贝拉米：《重新思考自由主义》，王萍、傅广生、周春鹏译，江苏人民出版社，2005。

彼特·拉斯莱特：《洛克〈政府论〉导论》，冯克利译，三联书店，2007。

柏拉图：《理想国》，郭斌和、张竹明译，商务印书馆，1986。

博兰尼：《自由的逻辑》，冯银江、李雪茹译，吉林人民出版社，2010。

伯纳德·威廉姆斯：《道德运气》，徐向东译，上海译文出版社，2007。

邦雅曼·贡斯当：《古代人的自由与现代人的自由》，阎克文、刘满贵译，商务印书馆，1999。

蔡骐：《英国宗教改革研究》，湖南师范大学出版社，1997。

查尔斯·泰勒：《自我的根源：现代认同的形成》，韩震译，译林出版社，2012。

查尔斯·泰勒：《世俗时代》，张容南等译，上海三联书店，2016。

查尔斯·拉莫尔：《现代性的教训》，刘擎、应奇译，东方出版社，2010。

柴惠庭：《英国清教》，上海社会科学院出版社，1994。

陈德荣：《洛克意义理论研究》，湖南教育出版社，1992。

陈思贤：《西洋政治思想史近代·英国篇》，吉林出版集团，2008。

陈修斋主编《欧洲哲学史上的经验主义和理性主义》，人民出版社，1986。

慈继伟：《正义的两面》，三联书店，2001。

邓正来主编《布莱克维尔政治思想百科全书》，中国政法大学出版社，2011。

笛卡尔：《第一哲学沉思集》，庞景仁译，商务印书馆，1998。

笛卡尔：《谈谈方法》，王太庆译，商务印书馆，2001。

笛卡尔：《哲学原理》，关文运译，商务印书馆，1958。

伏尔泰：《哲学通信》，高达观译，上海人民出版社，2005。

弗兰克尔：《道德的基础》，王雪梅译，国际文化出版公司，2007。

盖尔斯敦：《自由多元主义》，佟德志等译，江苏人民出版社，2008。

顾肃：《自由主义基本理念》，中央编译出版社，2003。

郭方：《英国近代国家的形成——16世纪英国国家机构与职能的变革》，商务印书馆，2007。

哈贝马斯：《交往行为理论》第 1 卷，曹卫东译，上海人民出版社，2005。

哈贝马斯：《公共领域的结构转型》，曹卫东等译，学林出版社，1999。

哈贝马斯：《在事实与规范之间：关于法律和民主法治国的商谈理论》，童世骏译，三联书店，2003。

哈灵顿：《大洋国》，何新译，商务印书馆，1963。

哈罗德·伯尔曼：《法律与革命——西方法律传统的形成》，贺卫方等译，中国大百科全书出版社，1996。

哈耶克：《法律、立法与自由》，邓正来、张守东、李静冰译，中国大百科全书出版社，2003。

哈耶克：《通往奴役之路》，王明毅等译，中国社会科学出版社，1997。

哈耶克：《致命的自负》，冯克利、胡晋华译，中国社会科学出版社，2000。

哈耶克：《自由宪章》，杨玉生等译，中国社会科学出版社，2015。

汉娜·阿伦特：《极权主义的起源》，林骧华译，三联书店，2014。

汉娜·阿伦特：《过去与未来之间》，王寅丽、张立立译，译林出版社，2011。

汉密尔顿、杰伊、麦迪逊：《联邦党人文集》，程逢如、在汉、舒逊译，商务印书馆，1980。

黑格尔：《法哲学原理》，范扬、张企泰译，商务印书馆，1982。

黑格尔：《历史哲学》，王造时译，上海书店出版社，1999。

黑格尔：《哲学史讲演录》，贺麟、王太庆译，商务印书馆，1983。

黄伟合：《英国近代自由主义研究——从洛克、边沁到密尔》，北京大学出版社，2005。

霍布斯：《利维坦》，黎思复、黎廷弼译，商务印书馆，1985。

霍布斯：《论公民》，应星、冯克利译，贵州人民出版社，2003。

基佐：《一六四〇年英国革命史》，伍光建译，商务印书馆，1985。

江宜桦：《自由民主的理路》，新星出版社，2005。

蒋孟引主编《英国史》，中国社会科学出版社，1988。

杰里米·边沁:《道德与立法原理导论》,时殷弘译,商务印书馆,2000。

金泽:《英雄崇拜与文化形态》,香港商务印书馆,1991。

金泽:《中国民间信仰》,浙江教育出版社,1990。

金泽:《宗教禁忌》,社会科学文献出版社,1996。

金泽:《宗教人类学导论》,宗教文化出版社,2001。

金泽:《宗教人类学学说史纲要》,中国社会科学出版社,2009。

卡尔·波普尔:《开放社会及其敌人》第1卷,陆蘅等译,中国社会科学出版社,2007。

凯克斯:《反对自由主义》,应奇译,江苏人民出版社,2002。

凯克斯:《为保守主义辩护》,应奇、葛水林译,江苏人民出版社,2003。

康德:《道德形而上学原理》,苗力田译,上海人民出版社,1986。

康德:《法的形而上学原理——权利的科学》,沈叔平译,商务印书馆,1991。

李秋零主编《康德著作全集》,中国人民大学出版社,2013。

康帕内拉:《太阳城》,陈大维等译,商务印书馆,1960。

肯尼斯·摩根主编《牛津英国通史》,王觉非等译,商务印书馆,1993。

昆廷·斯金纳:《霍布斯与共和主义自由》,管可秾译,上海三联书店,2011。

昆廷·斯金纳:《近代英国政治话语》,潘兴明、周保巍等译,华东师范大学版社,2005。

昆廷·斯金纳:《现代政治思想的基础》,奚瑞森、亚方译,译林出版社,2011。

昆廷·斯金纳:《自由主义之前的自由》,李宏图译,上海三联书店,2003。

莱奥尼:《自由与法律》,秋风译,吉林人民出版社,2004。

李普赛特:《政治人:政治的社会基础》,张绍宗译,上海人民出版社,2011。

李强：《自由主义》，吉林出版集团有限责任公司，2007。

李韦：《宗教改革与英国民族国家建构》，人民出版社，2015。

列奥·施特劳斯、约瑟夫·克罗波西主编《政治哲学史》，李天然等译，河北人民出版社，2005。

列奥·施特劳斯：《古今自由主义》，马志娟译，江苏人民出版社，2010。

列奥·施特劳斯：《霍布斯的政治哲学》，申彤译，译林出版社，2001。

列奥·施特劳斯：《什么是政治哲学》，李世祥译，华夏出版社，2011。

列奥·施特劳斯：《自然权利与历史》，彭刚译，三联书店，2005。

刘军宁：《共和·民主·宪政——自由主义思想研究》，上海三联书店，1998。

刘军宁等编《自由与社群》，三联书店，1998。

刘新成：《英国都铎王朝议会研究》，首都师范大学出版社，1995。

卢梭：《论人类不平等的起源和基础》，李常山译，商务印书馆，1997。

卢梭：《社会契约论》，何兆武译，商务印书馆，1982。

卢国龙主编《宗教在文化战略中的地位和作用》，中国社会科学出版社，2014。

卢国龙：《宋儒微言：多元政治哲学的批判与重建》，华夏出版社，2001。

罗尔斯：《罗尔斯论文全集》，陈肖生等译，吉林出版集团，2013。

罗尔斯：《万民法》，陈肖生译，吉林出版集团有限责任公司，2013。

罗尔斯：《正义论》，何怀宏、何包钢、廖申白译，中国社会科学出版社，1988。

罗尔斯：《政治自由主义》，万俊人译，译林出版社，2011。

罗尔斯：《作为公平的正义——正义新论》，姚大志译，中国社会科学出版社，2012。

罗纳德·L. 约翰斯通：《社会中的宗教——一种宗教社会学》，尹今黎、张蕾译，四川人民出版社，1991。

罗纳德·德沃金：《法律帝国》，李常青译，中国大百科全书出版社，1996。

罗纳德·德沃金：《认真对待权利》，信春鹰、吴玉章译，上海三联书店，2008。

罗纳德·德沃金：《身披法袍的正义》，周林刚、翟志勇译，北京大学出版社，2010。

罗纳德·德沃金：《原则问题》，张国清译，江苏人民出版社，2005。

罗纳德·德沃金：《至上的美德——平等的理论与实践》，冯克利译，江苏人民出版社，2003。

罗纳德·德沃金：《自由的法：对美国宪法的道德解读》，刘丽君译，上海人民出版社，2001。

罗塞利：《自由社会主义》，陈高华译，吉林出版集团有限责任公司，2008。

吕大吉：《洛克物性理论研究》，中国社会科学出版社，1982。

马德普：《普遍主义的贫困——自由主义政治哲学批判》，人民出版社，2005。

马克·布洛赫：《封建社会》，张绪山译，商务印书馆，2004。

马克·里拉、罗纳德·德沃金、罗伯特·西尔维斯编《以赛亚·柏林的遗产》，刘擎、殷莹译，新星出版社，2009。

马克斯·韦伯：《经济与社会》，林荣远译，商务印书馆，1998。

马克斯·韦伯：《新教伦理与资本主义精神》，陈维纲译，三联书店，1987。

马基雅维里：《君主论》，潘汉典译，商务印书馆，1985。

马赛多：《自由主义美德：自由主义宪政中的公民身份、德性与社群》，马万利译，译林出版社，2010。

迈克尔·沃尔泽：《正义诸领域：为多元主义与平等一辩》，褚松燕译，译林出版社，2002。

迈克尔·H. 莱斯诺夫：《二十世纪的政治哲学家》，冯克利译，商务印书馆，2001。

迈克尔·H. 莱斯诺夫等：《社会契约论》，刘训练、李丽红、张红梅译，江苏人民出版社，2005。

孟德斯鸠：《波斯人信札》，梁守锵译，商务印书馆，2010。

孟德斯鸠：《论法的精神》，张雁深译，商务印书馆，1982。

孟德斯鸠：《罗马盛衰原因论》，许明龙译，商务印书馆，2016。

缪勒：《比较神话学》，金泽译，上海文艺出版社，1989。

缪勒：《宗教的起源与发展》，金泽译，上海人民出版社，1989。

莫尔顿：《人民的英国史》，谢琏造等译，三联书店，1976。

诺齐克：《无政府、国家与乌托邦》，何怀宏等译，中国社会科学出版社，2011。

皮埃尔·莫内：《自由主义思想文化史》，曹海军译，吉林人民出版社，2004。

浦薛凤：《西洋近代政治思潮》，北京大学出版社，2007。

钱乘旦、陈晓律：《在传统与变革之间——英国文化模式溯源》，浙江人民出版社，1991。

钱乘旦、陈晓律：《英国文化模式溯源》，上海社会科学院出版社、四川人民出版社，2003。

乔·萨托利：《民主新论》，冯克利、阎克文译，东方出版社，1998。

萨拜因：《政治学说史》上册，盛葵阳、崔妙因译，商务印书馆，1986。

萨尔沃·马斯泰罗内主编《当代欧洲政治思想（1945—1989年）》，黄华光译，社会科学文献出版社，1998。

塞缪尔·亨廷顿：《第三波——20世纪后期的民主化浪潮》，刘军宁译，上海三联书店，1998。

塞缪尔·亨廷顿：《文明的冲突与世界秩序的重建》，周琪译，新华出版社，1999。

桑德尔：《民主的不满：美国在寻求一种公共哲学》，曾纪茂译，江苏人民出版社，2012。

桑德尔：《公共哲学：政治中的道德问题》，朱东华等译，中国人民大学出版社，2013。

桑德尔：《自由主义与正义的局限》，万俊人等译，译林出版社，2011。

沈汉、刘新成：《英国议会政治史》，南京大学出版社，1991。

斯宾诺莎：《神学政治论》，温锡增译，商务印书馆，1982。

斯宾诺莎：《政治论》，冯炳昆译，商务印书馆，1999。

斯马特：《世界宗教》，高师宁等译，北京大学出版社，2004。

斯特伦：《人与神——宗教生活的理解》，金泽、何其敏译，上海人民出版社，1991。

施米特：《霍布斯国家学说中的利维坦》，应星、朱雁冰译，华东师范大学出版社，2008。

石元康：《当代西方自由主义理论》，上海三联书店，2000。

塔利、布利克利：《重思〈近代政治思想的基础〉》，胡传胜、邵怡译，华东师范大学出版社，2010。

塔塔里诺娃：《英国史纲（1640—1815）》，何清新译，三联书店，1962。

谭安奎编《公共理性》，浙江大学出版社，2011 。

谭安奎：《政治的回归：政治中立性及其限度》，中央编译出版社，2007。

谭安奎：《政治哲学：问题与争论》，中央编译出版社，2015。

梯利：《西方哲学史》，葛力译，商务印书馆，1999。

托克维尔：《旧制度与大革命》，冯棠译，商务印书馆，1992。

托克维尔：《论美国的民主》上卷，董果良译，商务印书馆，1988。

托马斯·阿奎那：《阿奎那政治著作选》，马清槐译，商务印书馆，1982。

威尔·金里卡：《当代政治哲学》，刘莘译，上海三联书店，2004。

威廉·洪堡：《论国家的作用》，林荣远等译，中国社会科学出版社，1998。

温斯顿·丘吉尔：《英语民族史》，薛力敏、林林译，南方出版社，2007。

沃格林著，刘小枫主编《政治观念史稿》卷三，段保良译，华东师范大学出版社，2009。

沃拉斯：《政治中的人性》，李辉译，江苏教育出版社，2006。

沃特金斯：《西方政治传统——现代自由主义发展研究》，黄辉、杨健译，吉林人民出版社，2001。

吴增定：《家庭、政治与教育》，《外国哲学》第 18 辑，商务印书馆，2006。

西塞罗：《论共和国、论法律》，王焕生译，中国政法大学出版社，1997。

夏皮罗：《政治的道德基础》，姚建华、宋国友译，上海三联书店，2006。

夏勇：《人权概念起源：权利的历史哲学》，中国政法大学出版社，1992。

辛向阳：《政府理论第一篇：解读洛克的〈政府论下篇〉》，山东人民出版社，2003。

休谟：《道德原则研究》，曾晓平译，商务印书馆，2001。

休谟：《人性论》，关文运译，商务印书馆，1980。

休谟：《休谟政治论文选》，张若衡译，商务印书馆，1993。

休谟：《宗教的自然史》，曾晓平译，商务印书馆，2014。

徐大同主编《西方政治思想史》，天津教育出版社，2000。

徐向东：《自由主义、社会契约与政治辩护》，北京大学出版社，2005。

徐向东编《美德伦理与道德要求》，江苏人民出版社，2007。

徐向东编《自由意志与道德责任》，江苏人民出版社，2006。

亚当·斯密：《道德情操论》，蒋自强等译，商务印书馆，1998。

亚当·斯威夫特：《政治哲学导论》，萧韶译，江苏人民出版社，2006。

亚里士多德：《形而上学》，苗力田译，中国人民大学出版社，2003。

亚里士多德：《尼各马可伦理学》，苗力田译，中国人民大学出版社，2003。

亚里士多德：《政治学》，颜一、秦典华译，中国人民大学出版社，2003。

阎照祥：《英国政党政治史》，中国社会科学出版社，1993。

姚大志：《当代西方政治哲学》，北京大学出版社，2011。

姚大志：《何谓正义：当代西方政治哲学研究》，人民出版社，2007。

叶·阿·科斯明斯基、雅·亚·列维茨基主编《十七世纪英国资产阶级革命》，何清等译，商务印书馆，1990。

伊曼纽尔·华勒斯坦等：《自由主义的终结》，郝名玮、张凡译，社会科学文献出版社，2002。

以赛亚·伯林：《自由及其背叛》，赵国新译，译林出版社，2005。

以赛亚·伯林：《自由论》，胡传胜译，译林出版社，2011。

应奇：《从自由主义到后自由主义》，三联书店，2003。

应奇编《自由主义中立性及其批评者》，江苏人民出版社，2007。

应奇、刘训练编《共和的黄昏：自由主义、社群主义和共和主义》，吉林出版集团有限责任公司，2007。

应奇、张培伦编《厚薄之间的政治概念：〈政治与社会哲学评论〉文选》卷一，吉林出版集团有限责任公司，2008。

应奇、张培伦编《厚薄之间的政治概念：〈政治与社会哲学评论〉文选》卷二，吉林出版集团有限责任公司，2009。

俞可平：《社群主义》，中国社会科学出版社，2005。

袁柏顺：《寻求权威与自由的平衡：霍布斯、洛克与自由主义的兴起》，湖南人民出版社，2006。

袁久红：《正义与历史实践：当代西方自由主义正义理论批判》，东南大学出版社，2003。

约翰·格雷：《自由主义》，曹海军、刘训练译，吉林人民出版社，2005。

约翰·格雷：《自由主义的两张面孔》，顾爱彬、李瑞华译，江苏人民出版社，2005。

约翰·格雷、G.W.史密斯主编《密尔论自由》，樊凡、董存胜译，吉林人民出版社，2011。

约翰·麦克里兰：《西方政治思想史》，彭淮栋译，海南出版社，2003。

约翰·密尔：《论自由》，程崇华译，商务印书馆，1959。

约翰·密尔：《功利主义》，徐大建译，上海人民出版社，2008。

约瑟夫·熊彼特：《资本主义、社会主义与民主》，吴良健译，商务印书馆，1996。

扎科特:《自然权利与新共和主义》,王崇兴译,吉林出版集团有限责任公司,2008。

詹姆斯·布坎南:《财产与自由》,韩旭译,中国社会科学出版社,2002。

张志刚:《理性的彷徨——现代西方宗教哲学理性观比较》,东方出版社,1997。

张志刚:《猫头鹰与上帝的对话:基督教哲学问题举要》,东方出版社,1993。

张志刚:《宗教文化学导论》,人民出版社,1993。

张志刚:《宗教哲学研究:当代观念、关键环节及其方法论批判》,中国人民大学出版社,2009。

张志刚:《走向神圣——现代宗教学的问题与方法》,人民出版社,1996。

周保松:《自由人的平等政治》,三联书店,2010。

周濂:《现代政治的正当性基础》,三联书店,2008。

朱学勤:《道德理想国的覆灭》,上海三联书店,2003。

邹化政:《〈人类理解论〉研究》,人民出版社,1987。

Aaron, Richard I. *John Locke*, Oxford: Oxford University Press, 1937; 3rd ed. 1971.

Aarsleff, Hans. "The State of Nature and the Nature of Man in Locke," in *John Locke: Problems and Perspectives*, John Yolton, ed., Cambridge: Cambridge University Press, 1969.

—— "Locke's Influence," in *The Cambridge Companion to Locke*, Vere Chappell, ed., Cambridge: Cambridge University Press, 1994.

Ashcraft, Richard. "Faith and Knowledge in Locke's Philosophy," in *John Locke: Problems and Perspectives*, John Yolton, ed., Cambridge: Cambridge University Press, 1969.

——*Revolutionary Politics and Locke's Two Treatises of Government*, Princeton, NJ: Princeton University Press, 1986.

——*Locke's Two Treatises of Government*, London: Allen & Unwin, 1987.

—— "The Politics of Locke's *Two Treatises of Government*," in Edward J. Harpham, ed., *John Locke's Two Treatises of Government*, New Interpretations: University Press of Kansas, 1992.

—— "Simple Objections and Complex Reality: Theorizing Political Radicalism in Seventeenth-Century England," *Political Studies*, Vol. 40, 1992, pp. 99-115.

—— "Anticlericalism and Authority in Lockean Political Thought," in Roger Lund, ed., *Margins of Orthodoxy*, Cambridge: Cambridge University Press, 1995.

Ashcraft, Richard, ed., *John Locke: Critical Assessments*, 4 Vols., New York: Routledge, 1991.

Chappell, Vere, ed., *The Cambridge Companion to Locke*, Cambridge: Cambridge University Press, 1994.

Coffey, J. "Puritanism and Liberty Revisited: The Case for Toleration in the English Revolution," *Historical Journal*, Vol. 41, 1998, pp. 961-985.

——*Persecution and Toleration in Protestant England*, *1558 - 1689*, Harlow: Pearson, 2000.

——*John Goodwin and the Puritan Revolution: Religion and Intellectual Change in 17th Century England*, Woodbridge: Boydell Press, 2006.

Colman, John. *John Locke's Moral Philosophy*, Edinburgh: Edinburgh University Press, 1983.

Cox, Richard. *Locke on War and Peace*, Oxford: Clarendon Press, 1960.

Dworkin, Ronald. "The Foundations of Liberalism," in *The Tanner Lectures on Human Values*, Salt Lake City: University of Utah Press, 1991.

Dunn, John. "Justice and the Interpretation of Locke's Political Theory," *Political Studies*, Vol. 16, 1968, p. 67.

——*The Political Thought of John Locke*, New York: Cambridge University Press, 1969.

——*Locke*, New York: Oxford University Press, 1984.

—— "What Is Living and What Is Dead in the Political Theory of John

Locke?" in *Interpreting Political Responsibility*: *Essays 1981 – 1989*, John Dunn, Princeton, NJ: Princeton University Press, 1990.

Goldie, Mark. "The Theory of ReligiousIntolerance in Restoration England," *From Persecution to Toleration*: *The Glorious Revolution and Religion in England*, Ole Peter Grell, Jonathan I. Israel, and Nicholas Tyacke, eds., Oxford: Clarendon Press, 1991.

—— "John Locke, Jonas Proast and Religious Toleration, 1688 – 92," *The Church of England c. 1688 – c. 1833*, John Walsh, ed., Cambridge University Press, 1993.

Gough, J. W. *John Locke's Political Philosophy*: *Eight Studies*, Oxford, 1950.

——*The Social Contract*: *A Critical Study of Its Development*, Oxford, 1957.

Harris, Ian. "The Politics of Christianity," in *Locke's Philosophy*: *Content and Contexts*, G. A. J. Rogers, ed., New York: Oxford University Press, 1994.

——*The Mind of John Locke*, Cambridge: Cambridge University Press, 1994.

Harrison, John, and Peter Laslett. *The Library of John Locke*, Oxford: Oxford University Press, 1965; 2nd ed. 1971.

Jolley, Nicholas. *Locke*: *His Philosophical Thought*, New York: Oxford University Press, 1999.

——*Leibniz and Locke*, Oxford: Clarendon Press, 1984.

Jordan, W. K. *The Development of Religious Toleration in England*, *1558–1660*, 4 Vols., London: Allenand Unwin, 1932–1940.

King, Peter. *The Life and Letters of John Locke*, New York, 1972.

Laski, Harold. *The Rise of European Liberalism*, New York: Barnes and Noble, 1962.

Laslett, Peter. "Introduction," in *Two Treatises of Government*, John Locke, Cambridge: Cambridge University Press, 1960.

Lowe, E. J. *Locke on Human Understanding*, London: Routledge, 1995.

Macpherson, C. B. *The Political Theory of Possessive Individualism*, London: Oxford University Press, 1962.

Marshall, John. *John Locke: Resistance, Religion and Responsibility*, New York: Cambridge University Press, 1994.

——*John Locke, Toleration and Early Enlightenment Culture*, Cambridge, New York: Cambridge University Press, 2006.

McCann, Edwin. "Locke's Philosophy of Body," in *The Cambridge Companion to Locke*, Vere Chappell, ed. , Cambridge: Cambridge University Press, 1994.

Milton, J. R. "Locke's Life and Times," in *The Cambridge Companion to Locke*, Vere Chappell, ed. , Cambridge: Cambridge University Press, 1994.

Mitchell, Joshua. *Not by Reason Alone: Religion, History and Identity in Early ModernThought*, Chicago: University of Chicago Press, 1993.

Mortimer, S. *Reason and Religion in the English Revolution: The Challenge of Socinianism*, Cambridge: Cambridge University Press, 2010.

Myers, Peter. "Locke on Reasonable Christianity and Reasonable Politics," in Douglas Kries, ed. , *Piety and Humanity*, New York: Rowman & Littlefield, 1997.

——*Our Only Star and Compass: Locke and the Struggle for Political Rationality*, New York: Rowman & Littlefield, 1998.

Nicholson, Peter. "John Locke's Later Letters on Toleration," in John Horton and Susan Mendus, eds. , *A Letter Concerning Toleration in Focus*, London: Routledge, 1971.

Nidditch, Peter H. "Introduction," in *An Essay Concerning Human Understanding*, John Locke, New York: Oxford Press, 1979.

Nozick, Robert. *Anarchy, State, and Utopia*, United States: Basic Books, 1974.

Nuovo, Victor. *John Locke and Christianity: Contemporary Responses to The Reasonableness of Christianity*, Dulles, VA: Theommes Press, 1997.

Oakley, Francis and Elliot W. Urdang. "Locke, Natural Law, and

God," *Natural Law Forum*, Vol. 11, 1966, pp. 92–109.

Oakley, Francis. "Locke, Natural Law, and God – Again," *History of Political Thought*, Vol. 18, 1997, pp. 624–651.

Pangle, Thomas. *The Spirit of Modern Republicanism*, Chicago: University of Chicago Press, 1988.

Perry, Michael. *Love and Power: The Role of Religion and Morality in American Politics*, New York: Oxford University Press, 1991.

——*Religion in Politics*, New York: Oxford University Press, 1997.

Pocock J. A. G. *The Ancient Constitution and the Feudal Law: A Study of English Historical Thought in the Seventeenth Century*, Cambridge: Cambridge University Press, 1957.

Rawls, John. *A Theory of Justice*, Cambridge, MA: Harvard University Press, 1971.

——*Political Liberalism*, New York: Columbia University Press, 1993.

Rogers, G. A. J., ed., *Locke's Philosophy: Content and Contexts*, New York: Oxford University Press, 1994.

Rogers, G. A. J. "John Locke: Conservative Radical," in *Margins of Orthodoxy*, Roger Lund, ed., Cambridge: Cambridge University Press, 1995.

Rorty, Richard. "Postmodernist Bourgeois Liberalism," in Robert Hollinger, ed., *Hermeneutics and Praxis*, Notre Dame: University of Notre Dame Press, 1985.

—— "Taking Philosophy Seriously," *The New Republic*, Vol. 11, 1988.

—— "The Priority of Democracy to Philosophy," in Merrill Peterson and Robert Vaughan, eds., *The Virginia Statute for Religious Freedom*, Cambridge: Cambridge University Press, 1988.

—— "Religion as Conversation – Stopper," *Common Knowledge*, Vol. 3, 1994.

Stanton, T. "The Name and Nature of Locke's Defence of Nonconformity," *Locke Studies*, Vol. 6, 2006, pp. 143–172.

—— "Letters Concerning Toleration," in S. J. Savonius Wroth,

P. Schuurman, and J. C. Walmsley, eds. , *The Continuum Companion to Locke*, London: Continuum, 2010, pp. 257-264.

Seliger, Marti. *The Liberal Politics of John Locke*, New York, 1969.

Simmons, A. John. *The Lockean Theory of Rights*, Princeton, NJ: Princeton University Press, 1992.

Skinner, Quentin. *The Foundations of Modern Political Thought*, Cambridge: Cambridge University Press, 1978.

——*Liberty Before Liberalism*, Cambridge: Cambridge University Press, 1998.

Spellman, W. M. *John Locke and the Problem of Depravity*, Oxford: Clarendon Press, 1988.

Strauss, Leo. *Natural Right and History*, Chicago: University of Chicago Press, 1953.

Tate, John William. *Liberty, Toleration and Equality: John Locke, JonasProast and the Letter Concerning Toleration*, London: Routledge, 2016.

—— "Toleration, Neutrality and Historical Illiteracy," *Journal of European Studies*, Vol. 40, No. 2, pp. 129-157.

—— "Locke, Toleration and Natural Law: A reassessment," *European Journal of Political Theory*, Vol. 16, No. 1, 2017, pp. 109-121.

—— "Locke, Rationality and Persecution," *Political Studies*, Vol. 58, 2010, pp. 988-1008.

—— "Locke, God, and Civil Society: Response to Stanton," *Political Theory*, Vol. 40, No. 2, pp. 222-228.

—— "Locke and Toleration: Defending Locke's liberal credentials," *Philosophy & Social Criticism*, Vol. 35, No. 7, pp. 761-791.

Tocqueville, Alexis de. *Democracy in America*, New York: Perennial Library, 1988.

Tuckness, Alex. *Locke and the Legislative Point of View: Toleration, Contested Principles, and the Law*, Princeton: Princeton University Press, 2002.

—— "Rethinking the Intolerant Locke," *American Journal of Political Science*, *Vol*. 46, No. 2, 2002, pp. 288-298.

Tully, James. *A Discourse on Property*, Cambridge: Cambridge University Press, 1980.

——*An Approach to Political Philosophy*: *Locke in Contexts*, New York: Cambridge University Press, 1984.

Vernon, Richard. *The Career ofToleration*: *John Locke*, *Jonas Proast and After*, Montreal: McGill Queen's University Press, 1997.

Waldron, Jeremy. *God*, *Locke*, *and Equality*: *Christian Foundations in Locke's Political Thought*, Cambridge: Cambridge University Press, 2002.

——*Law and Disagreement*, Oxford: Oxford University Press, 2002.

——*The Right to Private Property*, Oxford: Clarendon Press, 2002.

Walsham, A. *Charitable Hatred*: *Tolerance and Intolerance in England 1500-1700*, Manchester: Manchester University Press, 2006.

Walzer, Michael. *Spheres of Justice*, United States: Basic Books, 1983.

——*The Revolution of the Saints*: *A Study in the Origins of Radical Politics*, New York, 1969.

Williams, Stephen. *Revelation and Reconciliation*: *A Window on Modernity*, New York: Cambridge University Press, 1995.

Wolterstorff, Nicholas. "Locke's Philosophy of Religion," in Vere Chappell, ed., *The Cambridge Companion to Locke*, Cambridge: Cambridge University Press, 2000.

——*John Locke and the Ethics of Belief*, Cambridge: Cambridge University Press, 1996.

Wood, Neal. *The Politics of Locke's Philosophy*, Berkeley: University of California Press, 1983.

Woolhouse, Roger. "Locke's Theory of Knowledge," in Vere Chappell, ed., *The Cambridge Companionto Locke*, Cambridge: Cambridge University Press, 1194.

——*Locke's Philosophy of Science and Knowledge*, London: Barnes and

Noble, 1971.

——*Locke*, Minneapolis: University of Minnesota Press, 1983.

Wootton, David. "John Locke: Socinian or Natural Law Theorist?" in James Crimmins, ed. , *Religion*, *Secularization and Political Thought*: *Thomas Hobbes to J. S. Mill*, London: Routledge, 1989.

—— "John Locke and Richard Ashcraft's *Revolutionary Politics*," *Political Studies*, Vol. 40, 1992, pp. 79-98.

Yaffe, Gideon. *Liberty Worth the Name*: *Locke on Free Agency*, Princeton, NJ: Princeton University Press, 2000.

—— "Locke on Refraining, Suspending and the Freedom of the Will," *History of Philosophy Quarterly*, Vol. 18, 2001, pp. 373-391.

Yolton, John W. *John Locke and the Way of Ideas*, London: Oxford University Press, 1956.

Yolton, John W. , ed. , *John Locke*: *Problems and Perspectives*, Cambridge: Cambridge University Press, 1969.

Yolton, John W. *Locke and the Compass of Human Understanding*, Cambridge: Cambridge University Press, 1970.

——*Locke*: *An Introduction*, Oxford: Basil Blackwell, Ltd. , 1985.

—— "Locke on the Law of Nature," in Richard Ashcraft, ed. , *John Locke*: *Critical Assesments*, New York: Routledge, 1991.

——*A Locke Dictionary*, Oxford: Blackwell, 1993.

——*The Two Intellectual Worlds of John Locke*: *Man*, *Person*, *and Spirits in the "Essay"*, Ithaca: Cornell University Press, 2004.

Zagorin, Perez. *How the Idea of Religious Toleration Came to the West*, Princeton: Princeton University Press, 2003.

Zuckert, Michael. " Of Wary Physicians and Weary Readers: The Debates on Locke's Way of Writing," *The Independent Journal of Philosophy*, Vol. 2, 1978, pp. 55-66.

—— "An Introduction to Locke's First Treatise," *Interpretation* Vol. 8, 1979, pp. 58-74.

—— "Locke and the Problem of Civil Religion," in J. Jackson Barlow, Leonard W. Levy, and Ken Masugi, eds. , *The American Founding*: *Essays on the Formation of the Constitution*, United States: Greenwood Press, 1988.

——*Natural Rights and the New Republicanism*, Princeton: Princeton University Press, 1994.

——*Launching Liberalism*: *On Lockean Political Philosophy*, Lawrence: University Press of Kansas, 2002.